François Fillon, le secret et l'ambition

François Fillon, le secret et l'ambition

Christine Kelly

ÉDITIONS DU MOMENT

Du même auteur

L'Affaire Flactif : enquête sur la tuerie du Grand-Bornand
Calmann-Lévy 2006

ÉDITIONS DU MOMENT
26 avenue Marceau
75008 Paris

Le petit François

Printemps 1971. Au Mans, lycée Notre-Dame de Sainte Croix, une surprenante manifestation vient troubler l'habituelle tranquillité de cette institution tenue par des frères jésuites. Les enseignants n'en croient pas leurs yeux. Les responsables de l'établissement sont stupéfaits. Un petit groupe d'élèves rassemblés dans la cour, tiennent des banderoles à bout des bras. Du jamais vu.

Les élèves protestent contre un professeur d'anglais, une femme qu'ils jugent incompétente. Ils réclament son départ. « *Démission ! Démission !* » lit-on sur leurs banderoles improvisées. Les jeunes crient des slogans, le poing levé. En tête de cortège, un lycéen aux cheveux noirs, arrivé l'année précédente dans l'établissement, un certain François Fillon. Il est réputé pour être turbulent et insolent. Son père l'avait inscrit chez les jésuites dans l'espoir d'améliorer son comportement et ses résultats scolaires. L'incident vaudra à M. Fillon père une convocation au lycée. Il est prié de venir récupérer son fils dans les plus brefs délais. Le jeune François est renvoyé de Notre-Dame de Sainte Croix.

La manifestation se poursuit de plus belle, cette fois, sans lui. De nouvelles inscriptions fleurissent sur les calicots : « *Libérez Fillon ! Libérez Fillon !* » Les camarades réclament leur chef à cor et à cri. Le préfet de discipline, l'équivalent du proviseur, réunit les lycéens : « *Fillon est un bon garçon, soit, mais n'en faisons pas un martyr !* » François revient, triomphant. Il peut réintégrer le lycée, à la seule condition qu'il ne soit plus pensionnaire à la rentrée.

François est un adolescent révolté. Il se rebelle contre tout, contre l'école et contre ses parents. Il estime qu'il ne reçoit pas assez d'argent de poche. Il juge son père à bien des égards trop sévère. Il souffre d'un manque de liberté. Dès que ses parents ont le dos tourné, il file rejoindre ses camarades. Il n'hésite pas à subtiliser l'automobile de son père bien qu'il n'ait pas encore son permis de conduire. Les emprunts de la 2 Cv ne passent pas tous inaperçus. De temps en temps, il y a même un peu de casse, comme ce samedi soir où il voulait se rendre à La Suze pour une soirée entre amis, lorsqu'il accroche la porte du fond du garage, celle qui communique avec la buanderie. Il va inventer l'inimaginable pour justifier l'inexplicable. Ce n'est que six ans plus tard que les parents de François apprendront la vérité au sujet de la carrosserie endommagée de la 2 Cv.

Dès que ses parents s'absentent quelques jours, François invite des copains à la maison, improvise des fêtes, n'hésite pas à se servir dans la cave en prenant soin de bien dissimuler ses pillages. Il cache les bouteilles vides derrière les pleines. Lorsqu'il a décidé de se faire plaisir, rien ne peut l'arrêter. À cette époque, il s'évade même régulièrement par le toit de la maison, souvent suivi par ses petits frères, pour aller s'amuser avec leurs copains. Des voisins le révèleront à leurs parents des années plus tard. Jeune épicurien, épris de liberté, François n'accepte pas facilement les remarques. Il n'aime pas non plus les critiques. Il claque souvent la porte de la maison pour revenir, en général, quelques heures plus tard. Il est un adolescent aux tentations libertaires. Son père souhaiterait lui apprendre à devenir prudent et économe car il s'inquiète sérieusement de l'avenir scolaire et professionnel de son fils. « *Tu ne feras jamais rien dans la vie si tu continues comme ça !* » le sermonne-t-il souvent. Les punitions, les colles du dimanche n'apaisent pas le jeune homme. À l'école, il s'ennuie ferme. Enfant précoce, François apprend avec une facilité déconcertante. Rien ne va assez vite, il n'y a jamais assez d'action, il veut toujours que ça bouge. Jusqu'en 6e, il s'applique à être le premier. Ensuite, il décidera de s'en tenir au minimum, de s'occuper autrement.

Non, il n'est plus ce bébé idéal qui faisait l'admiration de toute la famille. Sa grand-mère maternelle s'enthousiasmait : « *Avec un premier-né aussi facile à vivre, tu ne sauras jamais ce que c'est qu'élever un enfant, tant que tu en auras des comme ça !* » lançait-elle à sa fille. François est un bébé qui ne pleure jamais. Tout le ravit, il sourit quand il mange, il gazouille quand on le lave, il s'endort sans un bruit quand on le met au lit. Les premières années de ce petit enfant furent un pur bonheur pour ses deux parents, Anne et Michel.

Anne et Michel

Le bonheur des parents de François commence à *« la Catho d'Angers »*, cette université où Anne Soulet étudie les lettres et Michel Fillon le droit. Anne est en première année lorsque l'une de ses camarades du foyer lui propose de faire du théâtre. Il s'agit de remplacer une comédienne dans la troupe médiévale. *« Tu ferais ça très bien, tu sais, c'est très sympa, viens ! »* lui assure son amie. Pourquoi ne pas essayer ? Anne se lance. À l'occasion des fêtes, la troupe joue dans plusieurs villes, aussi bien dans l'enceinte d'abbayes, sous les porches d'églises, que sur les places et les parvis. Michel Fillon, jeune étudiant en 2e année, en fait partie. Leur passion pour le théâtre ne cessera de les rapprocher au point de tomber amoureux. Anne est une jolie jeune fille aux longs cheveux châtain foncé, le regard bleu comme le ciel. Elle est souriante, spontanée, joviale, pleine de vie, toujours prête à engager la conversation. Elle s'émerveille de tout et prend la vie du bon côté. Michel, lui, arbore un regard très expressif, parfois mystérieux. Il s'abrite derrière une très grande discrétion naturelle. Son sérieux apparent laisse de temps à autre s'échapper une pointe d'humour et de douceur, à condition qu'il se sente en confiance et en bonne compagnie. Anne et Michel s'épanouissent dans cette troupe de théâtre qui les unit. D'ailleurs ils s'amusent des rôles qui leur sont distribués. Lorsque Michel joue le démon, Anne joue Notre Dame. Si Anne prend le rôle d'Ève, Michel tient celui d'Adam. Le 16 mai 1953, le jour de leur mariage, le souvenir de tous ces rôles fût évoqué. Anne allait avoir bientôt 22 ans, Michel en avait 24.

Ce jour-là, ce sont deux mondes qui s'unissent. La famille d'Anne est originaire du pays Basque et celle de Michel de

Vendée. Annie Soulet, surnommée Anne, est née le 6 novembre 1931 au Mans. Sa mère Germaine est une femme au foyer qui élève ses enfants. Son père, Marcel représente une usine de câbles électriques. À 20 ans, il dirige déjà le garage Peugeot du Mans avant de trouver un emploi dans une société qui installe et répare des ascenseurs. C'est un homme qui aime les chiffres et les mathématiques, mais il n'a jamais pu donner libre cours à ses envies d'études. Après avoir préparé et réussi le concours d'entrée de l'École des travaux publics à Paris, il doit tout arrêter. Son père et tous les membres de sa famille choisissent de se consacrer aux soins de Marie, atteinte de rhumatismes déformants, qui 24 ans durant vont la paralyser. La mère de Marcel est soignée aux sels d'or et par les cures les plus coûteuses. Son fils sacrifie ses études pour tenter de la sauver. Marcel Soulet, fou de mécanique, a toujours nourri une passion pour les photos, les voitures et les avions. Il a même été témoin du premier vol des frères Wright en 1908 sur la ligne droite des Hunaudières, à côté du Mans. Un incroyable vol d'une minute et quarante-cinq secondes en présence d'une centaine de témoins. En 1923, il assiste à la première édition de la course des 24 heures du Mans. Il aurait voulu y participer, mais son épouse Germaine trouvait cette aventure bien trop dangereuse. Germaine Loutre-Sivert est originaire du pays Basque. Marcel Soulet, lui, se partage entre ses origines berrichonnes et sarthoises. Au lendemain de leur mariage, ils emménagent au Mans. Ils ont deux enfants : Michel puis Anne, de 7 ans sa cadette.

La jeune Anne vit une enfance heureuse, élevée dans une famille traditionnelle où elle reçoit une éducation encadrée sans être stricte. Catholique, elle va à la messe tous les dimanches.

À l'école primaire, elle grandit dans une pension privée non religieuse, avant de poursuivre à l'Institution Saint-Julien du Mans jusqu'au baccalauréat. Anne se souviendra toujours de la période d'exode face aux Allemands. C'était en 1940. Elle avait 9 ans. *« Mon père était dans l'aviation, parti avec son régiment en Angleterre. Ma mère, craignant que son fils de 17 ans ne soit requis par l'armée allemande, décida se s'enfuir. »* Bien des années plus tard, Anne fut en mesure d'apprécier l'acte de courage de sa mère. Germaine emmène sa fille de 9 ans, son fils de 17 ans et son beau-père en voiture jusqu'au pays Basque. Après la guerre, la vie reprend lentement son cours. La jeune Anne poursuit sa scolarité au Mans. Elle voudrait devenir professeur de philo, mais son père émet un veto formel en lui expliquant que *« ce n'est pas avec ce métier qu'elle pourra nourrir son mari »*. La jeune fille qui aime beaucoup les lettres gardera toujours au fond d'elle cette envie d'enseigner. Après son baccalauréat, elle étudie à l'université d'Angers. C'est là qu'elle rencontre Michel Fillon, le futur compagnon de sa vie.

Michel Fillon est né aux Essarts en Vendée le 18 février 1929. Son père Amand est un autodidacte. L'homme au prénom rare monte une entreprise de chauffage central, sanitaires et salles de bain. Il épouse Gabrielle avec laquelle il aura 5 enfants, une fille et 4 garçons. Michel est l'avant-dernier. Il est élevé dans un petit village où il fréquente l'école primaire tenue par des religieux. L'empreinte catholique restera forte tout au long de sa vie. Lorsqu'il obtient son certificat d'études, il poursuit sa scolarité au collège Richelieu, à La Roche-sur-Yon, à 20 kilomètres de chez lui. Les années de collège furent assez difficiles, en grande partie sous l'occupation allemande. La maison de ses parents avait partiellement été réquisitionnée pendant la guerre pour loger des officiers allemands. *« Nous avons toujours eu affaire à des hommes d'une culture et d'une correction remarquables »* se souvient Michel Fillon. Le collège Richelieu est tenu par des prêtres du Diocèse. Michel est heureux. Il s'épanouit. Il aime apprendre avec des professeurs qu'il admire. Il apprécie beaucoup le chant et la musique. Dès son plus jeune âge, il participe à une troupe de chanteurs, Les Compagnons de la joie, une formation qui ressemble à celle des Compagnons de la chanson, ce groupe vocal né au début de l'occupation durant la seconde guerre mondiale. Les Compagnons de la joie furent créés sur le même principe par un abbé. Les artistes mimaient et chantaient de vieilles chansons au gré des salles de spectacles, des casinos et des théâtres. Les recettes assuraient à la troupe un mois de vacances à la montagne. *« Cet abbé est l'être le plus extraordinaire que j'aie rencontré »* confie Michel Fillon. Après son baccalauréat, il veut étudier à Poitiers, mais son père, en bon chrétien, ne peut concevoir que son fils n'entre pas dans une institution catholique. C'est donc à l'Université catholique d'Angers, *la Catho*, qu'il l'envoie étudier le droit pendant trois ans. C'est là qu'il fait la connaissance d'un certain Joël Le Theule, un condisciple, qui deviendra son ami pour toujours. C'est là aussi qu'il rencontre la jeune Anne Soulet dont il tombe amoureux. Il répètera souvent à sa fiancée, comme Aragon dans le poème C : *« J'ai traversé les ponts de Cé, c'est là que tout a commencé… »*

Le militaire

Sa licence en droit en poche, Michel Fillon accomplit son service militaire en 1952. Il part faire ses premières armes à Coblence en Allemagne. Il appartient à un régiment blindé, le

7e régiment de Chasseurs d'Afrique. Il passe six mois outre-Rhin, dans une ville entièrement détruite par la guerre. Il devient brigadier avant d'être envoyé à Saumur pour être élève-officier de réserve. Voilà qui l'arrange bien : Saumur le rapproche du Mans où demeure sa fiancée. Michel est promu aspirant. Après son service militaire, il retourne à la vie civile. Enfin, il épouse Anne. Sur les conseils de ses beaux-parents, il entame une carrière de notaire qu'il commence par un stage.

Après son mariage, le jeune couple vit au moins pendant un an chez les parents d'Anne avant de trouver un logement, deux rues plus loin. Anne arrête ses études mais son mari notaire stagiaire ne gagne pas suffisamment d'argent pour subvenir aux besoins de la famille. Elle décide alors d'enseigner, et travaille au sein de deux institutions, au Mans, avec des élèves de la 6e à la seconde. Elle enseigne le latin, le français et l'anglais. Le 4 mars 1954, le petit François Charles Amand voit le jour. Quelques années plus tard, pour lui faciliter la vie au quotidien, les religieuses l'autorisent à amener son jeune fils de trois ans au jardin d'enfants. Voilà qui permet au petit François Fillon de fréquenter l'école plus tôt que les autres enfants. « *Et de façon assez étonnante, il s'est très vite exprimé comme un adulte* » dit sa mère. L'enfant livre parfois de surprenantes réflexions pour son âge.

Au printemps 1956, une nouvelle vient ébranler la petite famille. Plusieurs dizaines de milliers de jeunes Français doivent partir pour combattre en Algérie. En qualité d'officier de réserve, Michel Fillon est appelé. Il a 27 ans. Depuis deux ans, les troubles en Algérie font rage et de jeunes Français sont régulièrement envoyés pour combattre les indépendantistes du

FLN (Front de libération nationale) et de l'ALN (Armée de libération nationale), décision du gouvernement socialiste de Guy Mollet qui a choisi d'intensifier la guerre. Le service militaire passe de 18 à 27 mois. Le 12 novembre 1954, Pierre Mendès-France avait planté le décor : « *L'Algérie, c'est la France.* » En clair, il n'était pas question de ne pas aller se battre en Algérie, pour la France patrie. Au cours du printemps 1956, de nombreuses manifestations organisées contre les départs des jeunes soldats éclatent. Des mères et des fiancées vont jusqu'à se coucher sur les voies pour empêcher les trains de partir. Les rappelés coulent du ciment dans les aiguillages, tentent de bloquer les locomotives, refusent de monter à bord, tirent les sonnettes d'alarme. Les manifestations s'enchaînent, le 18 avril à Vauvert dans le Gard, le 10 mai à Saint-Aignan-des-Noyers dans le Loir-et-Cher, le 17 mai au Mans. Le 18 mai, à Grenoble, se tient la manifestation la plus violente. Des rassemblements s'organisent également dans les ports et se poursuivent pendant tout l'été. Mais rien n'y fait, les soldats doivent partir, ils savent qu'ils ne reviendront pas tous. En avril 1956, c'est dans ce contexte que Michel Fillon part pour 6 mois. Son régiment était cantoné près d'Alger en réserve pour être envoyé dans le Djebel en cas de « *coups durs* ».

Comme beaucoup de Françaises, Anne reste seule avec son fils. Elle passe de longues soirées l'oreille collée à la radio dans l'espoir d'entendre des nouvelles des soldats français engagés sur le front des embuscades. Lettre après lettre, elle tente de rester en contact avec son mari en priant le ciel de le retrouver sain et sauf. Mais les courriers se font attendre. À la radio, elle apprend régulièrement la mort de soldats français victimes de guets-apens. Souvent, elle s'effondre. Le petit François, spectateur de la détresse de sa mère, tente de la consoler avec les mots d'un enfant de deux ans qu'elle n'oubliera jamais : *« Pleure pas maman, ton papa, il reviendra ! »*

En Algérie, sur le terrain, Michel Fillon participe à des opérations difficiles. Physiquement, il a bien du mal à tenir le choc. Tous les jours, il faut parcourir plusieurs dizaines de kilomètres. Réveils en pleine nuit, stress, et toujours cette crainte de ne pas connaître le lendemain. Il faut ratisser différentes zones avec ses hommes, comme les fonds de l'Oued où son regard se perd souvent devant la beauté des paysages, avec ces lauriers roses qui lui font oublier qu'il s'agit d'une guerre. Au cours d'une opération, Michel Fillon s'évanouit suite à une fatigue intense. Ses hommes le transportent à dos de mulet puis sur un brancard improvisé à l'aide de fusils et de toile de tente. Dans un premier temps, le commandant décide de l'envoyer au plus vite à l'hôpital de Blida où il restera 15 jours. Afin de lui permettre de se reposer et de revoir sa famille, on lui accorde une courte permission en France. Il en profite mais les jours passent vite, et bientôt, il doit s'arracher à son foyer, repartir à Marseille pour prendre l'avion vers Alger. Il n'oubliera jamais cet instant où il retire son billet : il aperçoit juste au-dessus du guichet un petit écriteau : *« Les rappelés qui se trouvent sur le sol métropolitain n'ont pas à retourner en Algérie. »* Michel Fillon n'en croit pas ses yeux, il fait demi-tour, court se renseigner auprès du commandant de Marseille. Non, il ne rêve pas. On lui confirme qu'il peut être rapatrié sur Le Mans, ce qu'il fait sur le champ. Cette fois Michel Fillon retrouve sa famille pour ne plus la quitter. Sa femme l'accueille émue et son fils François se blottit dans ses bras. Un mois après son retour, il reçoit sa solde de soldat. Sur le talon du mandat, Blaise, le trésorier militaire, indique que tout le peloton de Michel Fillon est tombé dans une embuscade. À la stupeur de Michel, aucun homme n'a survécu.

Retour à la vie

Michel Fillon termine son stage de notaire, passe ses examens et cherche à reprendre une étude. Il en trouve une, à 25 kilomètres du Mans, à Cérans-Foulletourte, un petit village de la Sarthe. Dans cette étude, tout est poussiéreux, il lui faudra rebâtir la clientèle et les dossiers. Il prend son courage à deux mains et s'endette pour s'installer au 138 de la Route nationale. Septembre 1958, c'est le premier déménagement important de la petite famille. François a quatre ans et Pierre, le nouveau-né, à peine deux mois. Anne est obligée de quitter ses élèves du Mans. Une nouvelle vie commence. Pendant trois mois, Anne reste à la maison pour s'occuper de Pierre et de François. Mais très vite, elle est appelée à remplacer la comptable de l'étude notariale, victime d'un accident. Il aurait été difficile financièrement d'embaucher quelqu'un d'autre. Le couple doit travailler dur pour se donner les moyens de redresser l'étude et de rembourser les dettes. Anne apprendra son nouveau métier sur le tas. Venue pour deux mois, elle restera quinze ans. Les Fillon s'investissent beaucoup dans leur travail. Ils sont aussi actifs lors des réunions à la paroisse, fidèles à leurs engagements au sein de l'Église. Michel s'occupe également d'une troupe de théâtre à Cérans-Foulletourte, passion qu'il n'a jamais abandonnée. Avec toutes ces activités, les heures passées à la maison en compagnie des enfants sont rares. Le petit François ne compte pas rester indifférent à ce changement de rythme. Un soir, alors que sa mère l'embrasse, il lui glisse à l'oreille : *« Ils ont bien de la chance les petits enfants des parents qui sont moins chrétiens. »*

Il a quatre ans. Souvent, ses parents sont étonnés par ces petites phrases énoncées après les avoir mûrement réfléchies. Comme ce jour où François dit très sérieusement à sa maman : *« Je me demande avec qui je me marierai. Il y a bien des cousines, mais le pape ne veut pas. Le pape ne veut pas qu'on se marie avec sa cousine. »* Ces réflexions dépeignent le tempérament du petit garçon. Il écoute les adultes, se fait sa petite histoire et revient confronter ses idées aux principes de ses parents. Un jour, Michel discute avec Anne de questions d'héritage abordées chez des clients de l'étude, de sempiternelles disputes entre frères et sœurs. François intervient : *« Et pourquoi des frères peuvent se disputer ? » « Il arrive que des frères se disputent pour une maison, par exemple parce que chacun la veut »* lui explique sa maman. *« Ah bon ? »* répond François. Quelques jours plus tard, l'enfant revient vers sa mère : *« Tu sais, cette maison-là, elle sera pour moi quand je serai grand parce que je suis l'aîné ! »* Anne fait le lien avec la conversation d'il y a quelques jours : *« Tu vois c'est comme ça ! C'est comme ça que les disputes commencent entre frères. Peut-être que Pierre, même s'il est bébé aujourd'hui, il la voudra aussi cette maison un jour. »* François s'en va dans un coin pour réfléchir. Quelques heures plus tard, il lance à sa mère d'un ton décidé : *« Comme je serai pilote de chasse, je n'aurai pas besoin de la maison. Je la laisse donc à Pierre. »*

À cette époque, François aurait bien aimé jouer avec son frère, hélas encore trop petit. Il apprend donc à s'amuser tout seul. Souvent il s'ennuie, d'autant que le déménagement l'a éloigné de l'école du Mans et du jardin d'enfants où l'emmenait sa mère. Pour l'instant, fini les petits copains de classe. Il est trop jeune, il faudra attendre encore deux ans avant de rejoindre les bancs de l'école. Un jour, par hasard, ses parents découvrent comment leur fils passe ses journées. Entre les deux étages de leur maison se trouve un palier où ils ne mettent jamais les pieds. Là, surprise, ils tombent sur une forêt de fils installés dans tous les sens, *« un véritable laboratoire »* se souvient sa mère. Le jeune garçon a laissé libre cours à son imagination. Ses parents sont stupéfaits.

Le petit François a toujours aimé regarder son grand-père bricoler. Quand Anne rend visite à ses parents au Mans, il ne rate pas une occasion de s'accrocher au pantalon de *« Papi »*, comme il l'appelle. S'il passe beaucoup de temps avec sa grand-mère Germaine pour jouer, écouter des histoires, apprendre à lire, il reste fasciné par les outils, l'établi si bien entretenu de son grand-père. D'autre part, Marcel Soulet est un photographe amateur. Il est président d'une association de photographes. Très vite, François se déclare à son tour séduit par les appareils photo. Il s'attarde dans la chambre noire où son grand-père développe avec soin ses clichés noir et blanc. La magie de l'image opère sur lui. Cette passion ne le quittera jamais.

Marcel appelle son petit-fils *« Paquito »* qui signifie « Petit François » en espagnol, ou le nomme *« Panchoua »*, François en basque. Avec lui, il partage presque tout comme cette passion pour Les 24 heures du Mans, lui qui a toujours rêvé de participer à la toute première édition en 1923. L'enfant n'a que deux ans quand son grand-père l'emmène pour la première fois sur un circuit. Il raconte à Paquito comment tout a commencé avec Georges Durand et ses amis passionnés. Comment ils ont créé le Comité du circuit de la Sarthe en 1905, puis l'Automobile-Club de l'Ouest en 1906, et, de fil en aiguille, comment ils ont réussi à faire naître la première course des 24 heures du Mans, l'épreuve d'endurance la plus célèbre du monde. À l'époque, les automobiles étaient des voitures de tourisme. Le vainqueur gagnait 100 000 francs, une fortune. Pour se qualifier, il fallait rouler au moins 20 tours, capote fermée, entre 38 et 66 km/h de moyenne. Les pilotes devaient réparer seuls leur véhicule. Les retours au stand n'étaient permis que si des cycles minimums de 20 tours de circuits avaient été parcourus. La passion transmise par son grand-père ne quittera jamais François Fillon.

École primaire

Enfin 6 ans, le petit François peut reprendre le chemin de l'école. Cette fois, il s'agit d'un établissement laïc. S'il avait commencé à apprendre à lire au jardin d'enfants de l'institution catholique où sa mère enseignait, il va maintenant s'initier à l'écriture, comme tous les garçons de son âge. En onzième, appellation du « privé » qui correspond au « cours préparatoire » du « public », l'enfant se trouve dans une classe de 40 élèves, ce qui à l'époque n'avait rien d'anormal. François est un enfant sage et attentif en classe. L'instituteur, Jean-Pierre Miachon, ne garde pas vraiment de souvenir particulier de lui, sauf lorsqu'il regarde les photos de la classe. Les enfants portent tous une blouse. François est debout au 2e rang. Sur une autre photo, il est assis à la 4e rangée. Dans cette classe de garçons, il est très facile de le repérer. Celui qui a la posture la plus timide, le regard tendre et quelques doigts dans la bouche, c'est lui, François. Sa timidité ne l'empêche en rien d'être observateur, attaché au moindre détail. S'il ne se fait pas remarquer en classe, il rapporte tout à sa petite maman. L'instituteur se souvient de la remarque de madame Fillon : « *Mon fils est très impressionné par les pull-overs que vous portez !* »

Vient le temps de la classe de 7e, l'équivalent du CM2 dans le public. Son maître, François s'en souvient encore, un certain Monsieur Sélicoux, « *Monsieur le Directeur* ». Il est impressionné par cet homme représentant de l'autorité. « *Il le regardait avec des yeux émerveillés* » souligne sa mère. En classe, François est réservé au point que même s'il connaît la réponse à une question, il n'ose pas lever le doigt. De même, dans la cours de récréation, c'est avec les autres enfants timides qu'il aime s'amuser. À la maison, Pierre commence à grandir. Les deux frères peuvent enfin jouer ensemble, lorsque naît Arnaud, en avril 1963. Il est à son tour trop petit pour partager la complicité grandissante de Pierre et de François. Une entente presque fusionnelle unit les plus grands. Ils deviennent très vite inséparables. Pierre est en admiration devant son grand frère. François est le patron, l'aîné qui ne manquera jamais de se comporter en chef. Quand François fait une grosse bêtise, il explique à Pierre : « *Toi, tu vas t'accuser parce que si c'est toi, on ne dira rien, t'es trop petit. Et je te donnerai une petite voiture en échange.* » À chaque fois, Pierre a bien du mal à expliquer à ses parents les raisons de « *sa* » grosse bêtise. Après tout, ce n'est pas grave car une petite voiture de plus, ça vaut bien toutes les accusations du monde.

Le chef

Les années passent, la famille Fillon s'agrandit de nouveau. En février 1968, François a bientôt 14 ans, Pierre 10 ans, Arnaud 5 ans, lorsque naît Dominique, le petit dernier. Les frères Fillon évoluent dans une belle et étonnante complicité. François, l'aîné, joue son rôle de chef de bande pour son plus grand bonheur. Lorsqu'il est chargé de corvée à la maison par ses parents, il se décharge sur Pierre, qui à son tour demande à Arnaud d'accomplir la tâche à sa place. Évidemment, dès qu'il sera en âge d'être corvéable, Arnaud ordonne à Dominique de s'exécuter. Le benjamin, en bout de chaîne, se plaint de n'avoir que le chat après lui.

L'arrivée du petit Dominique coïncide avec un nouveau déménagement. Michel a construit une maison de notaire, toujours à Cérans-Foulletourte, à quelques centaines de mètres de la première. Une vraie demeure avec un très grand jardin dans lequel Anne s'applique à planter des arbres qu'elle admire encore aujourd'hui. La principale préoccupation de Michel est de nourrir sa famille, donc de faire fonctionner l'étude. Heureusement le boom immobilier a transformé la profession de notaire ce qui donne un sérieux coup de pouce à l'affaire familiale. Michel mène sa carrière à Cérans-Foulletourte jusqu'en 1972. Puis il s'associe avec un voisin pour créer une étude à Arnage, tout près du Mans. Ses responsabilités se multiplient très vite : président de la Chambre des notaires de la Sarthe, président du Conseil régional de la Cour d'appel à Angers, membre du conseil d'administration du Centre de formation professionnelle des notaires de Rennes et président du Centre de formation des notaires du Grand Ouest pendant 15 ans.

Anne, de son côté, quitte l'étude de son mari. Combative, elle reprend à 39 ans le chemin de l'Université. Elle termine une licence, obtient une maîtrise et soutient, en 1982, un doctorat d'histoire. Lcs Mémoires d'un villageois – Louis Simon, étaminier au XVIIIe siècle – trouvées dans les papiers de famille d'un client de l'étude, nécessitent le dépouillement de cent cinquante ans d'archives notariales. Anne sera en 1983 maître de conférence à l'Université du Maine, puis, en 1990, professeur des Universités. Curieuse de tout et passionnée par la transmission du savoir au plus grand nombre, elle crée en 1974 l'association Liaison Université. Des experts sont invités dans le cadre d'un cycle annuel de conférences, en sciences humaines, arts, droit, et sciences exactes. Sur les bancs de l'amphi, se côtoient les étudiants, mais aussi des Sarthois soucieux d'élargir la palette de leurs connaissances. En 1978, elle est à l'origine de la fondation du CUEP, Centre universitaire d'éducation permanente, service de formation continue de l'ensemble de l'Université.

François est ainsi élevé dans une famille active et attentive. Son enfance est heureuse. *« Avec une mère très présente, très chaleureuse et un père plus sévère, plus rigoureux »* note-t-il. Quand son père le punissait, sa mère le dispensait souvent de l'exécution de la sanction.

Après avoir été inscrit dans une école primaire laïque, c'est dans un établissement catholique que François passe ses années de collège comme ses autres frères, à l'Institution Saint-Michel-des-Perrais installée dans un magnifique château entouré d'un parc. Pour se rendre à Parigné-le-Pôlin, il fallait parcourir quatre kilomètres, un trajet qu'il devait parfois accomplir à pied pour rentrer lorsque sa mère, accaparée par son travail à l'étude, ne venait pas le chercher. Ni le décor de Saint-Michel ni les cours ne retiendront vraiment l'attention de François. Il s'ennuie terriblement. Lors d'un devoir écrit, il emporte un jour avec lui une ampoule lacrymogène qu'il lâche dans la classe en pleine composition. Tous les élèves doivent alors évacuer d'urgence. François est sévèrement réprimandé. Le père supérieur appelle Michel Fillon, s'insurge contre ce qu'il qualifie d'*« attentat à la bombe »*. Michel Fillon déplore l'acte, mais n'admet pas pour autant les termes employés par le directeur de l'établissement. Il attache une importance toute particulière aux mots. Il envoie donc un courrier pour expliquer ce qu'est véritablement un *attentat à la bombe*, dictionnaire à l'appui. Malgré l'intervention paternelle, François sera exclu trois jours, première expulsion avant l'épisode au lycée en 1971. À son retour, il est contraint à des travaux d'intérêt général, comme le ponçage de la rampe de l'escalier du collège.

En faire le moins possible, telle est la nouvelle devise de François, sans pour autant risquer de mauvaises notes. Il suffit de se pencher sur son carnet de notes en classe de 3e pour se rendre compte qu'il est largement au-dessus des autres sans fournir le moindre effort. Premier trimestre en histoire : 17,5. Le deuxième de la classe ne dépasse pas 13. Au 3e trimestre, il obtient 18 de moyenne en géographie. Le deuxième n'a que 13. Il a 19 en histoire, devant la deuxième meilleure note, à 13,5. Tout est facile pour lui. « *C'est un élève modèle* » reconnaît son professeur Daniel Laulanné. Mais l'élève modèle a décidé de ne plus travailler depuis longtemps. Cela se ressent jour après jour. Il tourne en rond. C'est à cette époque que vont commencer les petites frictions avec son père. Celui qui veut le meilleur pour son fils ne comprend pas qu'il ne donne pas le meilleur de lui-même.

L'éveil politique

À la maison, on a ses opinions et on parle volontiers de politique. Les parents de François sont gaullistes, son père plutôt conservateur, sa mère « *gaulliste sociale* ». « *Elle n'est pas de gauche, elle est gaulliste, mais ma mère est très sociale,* explique Pierre Fillon. *Elle aime la justice, elle déteste léser quelqu'un.* » En 1958, de Gaulle représentait l'espoir pour la France, comme pour Anne et Michel. En 1968, ils prennent alors leur carte au parti de droite l'UDR. Ils se disent « *non militants* » mais leurs enfants pensent largement le contraire. « *Mon père est militant gaulliste depuis toujours, ma mère est militante gaulliste de gauche* » tranche François Fillon. Michel passe ses nuits à coller des affiches pour son parti au moment des élections, pour le général de Gaulle comme pour Georges Pompidou. Anne et Michel participent également à plusieurs actions comme la fondation du centre Emmaüs du Mans, en 1962. « *Mes parents étaient très engagés, ils adhéraient à de nombreuses associations,* se souvient Pierre Fillon. *Ils ne se sont jamais présentés à une élection mais restent actifs et attentifs à leur environnement politique.* » Par la suite, Anne et Michel renoncent quelques années à tout parti, mais en 1976, ils reprennent leur carte lorsque Jacques Chirac prend la tête du RPR, le nouveau mouvement de droite. « *Il n'était pas question d'être pour Jacques Chirac mais de voter contre François Mitterrand* » expliquent les parents de François Fillon.

Les discussions politiques en famille sont parfois conflictuelles. François et son père s'affrontent. « *Je trouvais qu'il était trop à droite, on s'accrochait régulièrement et ma mère prenait plutôt ma défense,* se souvient François. « *J'étais insolent et impertinent et mon père le supportait assez mal.* » Ils se disputent à propos de l'Espagne de Franco par exemple. Michel Fillon ne soutenait pas du tout ce régime mais par goût de la provocation y relevait parfois des points positifs, ce qui exaspérait François. Les discussions politiques s'articulent aussi autour de l'ami d'Anne et de Michel, Joël Le Theule. Il avait abandonné l'enseignement pour se lancer dans la politique comme il le souhaitait depuis longtemps, était devenu député de la Sarthe, puis, en 1959, à 29 ans, maire de la commune voisine de Sablé-sur-Sarthe.

François a 14 ans lorsqu'il découpe un portrait du général de Gaulle dans une revue et le colle dans sa chambre. Pour lui, « *c'était une fascination romantique pour un personnage romanesque ».* Il éprouve toujours de l'admiration pour ceux qui mènent une vie romanesque et vivent des épopées. Le général de Gaulle, pour lui comme pour beaucoup de Français, c'est celui qui traduit l'idée d'une France forte, grande, un pays immense qui a son rôle à jouer dans le monde. « *La France exerce, qu'on le veuille ou non, une influence sur une partie du monde grâce à cette grandeur et cette "certaine idée de la France" que le général voyait dans son pays* » explique François Fillon. Adolescent, si François n'a pas encore de fibre politique, il se sent gaulliste, attaché à la grandeur de la France, déjà plutôt de droite. « *À cet âge-là, je sais que je ne suis pas marxiste* » tranche-t-il. Il ne va pas pour autant passer son temps à penser politique. Il aime lire, et se plonge dans tous les livres de la bibliothèque familiale. Il aime les héros, les épopées, les mystères. À cette époque, sur un mur de sa chambre, le portrait du général, sur l'autre, le chapeau de scout d'un enfant qui avait perdu son père à Dien Bien Phu. François est un garçon attaché aux symboles.

Scout toujours

Attiré par l'action, il s'engage chez les scouts à l'âge de 17 ans parce qu'il s'ennuie à l'école. Il veut s'occuper, avoir des responsabilités, se sentir utile. Il demande la direction d'une équipe bien qu'il n'ait pas encore 18 ans. Il insiste auprès de ses parents qui obtiennent une dérogation pour leur jeune fils. François est en terminale lorsqu'il commence à encadrer de jeunes collégiens. Il montre une maturité qui inspire confiance. Pendant près de cinq ans, il emmène son équipe tour à tour au pays Basque, en Autriche. Enfin ça bouge. Avec le scoutisme, il se passe quelque chose, pas comme au lycée où c'est le calme plat. François sèche même les cours. Un jour, son père l'a surpris dans la rue, avec sa troupe de scouts, alors qu'il aurait dû être en cours. Cependant, il semble avoir trouvé sa voie avec cette nouvelle activité qui l'intéresse au plus haut point. Il planifie des sorties, élabore des projets, les mène à bien. Il peut exercer son autorité ce qui n'est pas pour lui déplaire. *« Avoir 17 ans et la responsabilité d'une trentaine de jeunes du collège Saint-Michel-des-Perrais âgés de 13-14 ans, c'était très impressionnant »* reconnaît son ami d'enfance Michel Legendre. Impressionnant pour les autres peut-être, mais pas pour lui.

Dès que François est investi de cette mission d'encadrement, Michel Legendre, âgé d'un an de plus, lui propose ses services. Il veut être son bras droit, son assistant. François hésite, mais finit par accepter et lui faire confiance. Michel restera pour toujours son ami fidèle. Il n'a jamais quitté François parce qu'il appréciait son sens des responsabilités, sa capacité à fédérer autour de lui : *« Il savait se faire écouter et apprécier. Il se comportait toujours en chef. Posé, serein. Après la prière du matin, il animait sa réunion, donnait son programme du jour et ses instructions aux scouts. Dans les circonstances les plus dramatiques, il ne perdait jamais son calme »* se souvient Michel. Comme ce jour, lors du premier camp scout de François, un jeune adolescent se coupe un doigt. Il se tranche littéralement la phalange qui tombe dans un fossé. Sans céder à la panique générale, François a la présence d'esprit de récupérer le doigt parmi les brins d'herbe. Quand l'équipe arrive à l'hôpital, le chirurgien qui procédera à la greffe félicite le jeune chef scout dont le sang-froid l'impressionne : *« Tu as sauvé le doigt de ton copain !* » Cette version racontée par Anne Fillon est tempérée par François qui ne voit là aucun acte héroïque. « *Ma mère a exagéré l'histoire !* »

Un peu plus tard, c'est un déplacement en Autriche qui a failli tourner au cauchemar. Michel et François emmènent 33 jeunes pour un voyage de trois semaines. Ils prennent soin de confier le suivi des dépenses à un intendant. Pourtant, au bout d'une semaine, ils découvrent qu'ils n'ont plus un centime en poche. La somme d'argent qui leur a été confiée est partie en fumée. Il reste deux semaines à tenir avec une trentaine de jeunes de 14 ans à nourrir tous les jours. Il y a bien sûr la possibilité d'appeler les responsables du Mans ou les parents à la rescousse, mais François préfère continuer à gérer seul les dépenses et la nourriture. « *On a mangé du pain perdu pendant deux semaines* » se souvient son frère Pierre qui était du voyage.

Les jeunes seront toujours reconnaissants à François Fillon d'avoir constitué cette troupe de scouts, de les avoir sortis d'une routine inhérente à leur institution scolaire. C'est ce que raconte notamment Jean-Louis Bougard, professeur d'éducation musicale et animateur de théâtre au collège. Cet ami loyal l'accompagne lors d'un autre déplacement avec les scouts. François lui propose de monter un spectacle en plein air. Les deux jeunes gens lancent leur projet, organisent des répétitions. Malheureusement, beaucoup d'efforts pour rien car la météo en décide autrement. Peu importe, les projets s'enchaînent, les randonnées se multiplient, de refuges en circuits. Ce sont autant de moments d'aventure et de partage inoubliables pour François et ses amis. Il faut penser à tout, ravitaillement, équipements, météo, trouver un toit pour la nuit. Un jour, un refuge autrichien refuse d'accueillir la troupe de jeunes scouts français. Les responsables l'annoncent complet. Mais la nuit tombe, le mauvais temps est là, les jeunes veulent se reposer et n'ont nulle part où aller en pleine montagne. François passe alors un temps fou à négocier. Il tient tête, explique qu'il faut trouver une solution pour héberger tout le monde, en poussant les tables si nécessaire. Il obtient finalement gain de cause.

Premier de cordée

Pour François, scoutisme rime avec alpinisme. Planifier les trekkings en montagne, c'est sa spécialité. Il profite de chaque occasion pour s'évader, découvrir des paysages, escalader les montagnes, crapahuter, chausser des skis et partir à la recherche de sensations fortes en altitude. Telle est sa principale activité lorsqu'il passe ses vacances en famille au pays Basque. La Pierre Saint-Martin est sa station favorite, entre la plaine du Béarn et les Pyrénées espagnoles, dans la vallée de Barétous, à 1 650 mètres d'altitude. Été comme hiver, il aime se rendre au pays Basque avec des groupes d'amis qu'il emmène dans la maison familiale à Etchebar. Il s'y rend souvent au mois de septembre, juste avant la reprise des cours à la faculté, profitant de l'absence de ses parents déjà rentrés à Cérans-Foulletourte. François invite notamment son ami Michel Legendre avec qui il étudie le droit. Il leur arrive d'y passer de longs week-ends d'hiver et de rentrer dans la Sarthe dans la nuit du dimanche au lundi, histoire de reprendre les cours à temps, la peau marquée par le soleil de la montagne. C'est pourquoi à l'université, on les surnomme « les touristes ». Michel se souvient du bonheur de son ami dans la nature, lui qui détestait les boîtes de nuit. Son autre pêché mignon, c'était de fumer de temps à autre la pipe en tant que chef scout, puis, un peu plus tard, parfois le cigare. Mais c'est en montagne qu'il s'épanouit. D'ailleurs, François est toujours le premier à imaginer des idées de randonnées. Il se voit même devenir guide de montagne.

C'est son père, Michel, qui a commencé à l'emmener sur les chemins de randonnée, à lui donner le goût de la montagne et de l'aventure, dès son plus jeune âge. Il y a les sorties en montagne ou encore le tennis en famille. Michel Fillon aime prendre du temps pour jouer au tennis avec ses fils, mais François s'avère piètre joueur, contrairement à son frère Pierre. Plus grand, François s'inscrit au Club Alpin, et c'est bientôt lui qui entraîne son père et ses frères à la recherche de sites éblouissants, toujours en marche vers les sommets. Michel Fillon sourit lorsqu'il se remémore que son fils l'emmenait vers des sommets toujours plus hauts. *« François adore organiser les sorties, il nous guidait, et jamais il ne nous a perdus. Nous sommes toujours rentrés sains et saufs malgré les risques que comporte la montagne »* reconnaît-il, non sans fierté.

Et des risques, il y en a eu comme en pleine descente du Pic du Palas, à près de 3 000 mètres d'altitude. François est alors surpris par un violent orage. Il est accompagné de trois copains et de ses frères, Pierre et Arnaud. C'est la panique totale, les jeunes ne savent pas comment s'en sortir. *« François a géré la situation, sans paniquer. Avec le souci de protéger son plus jeune frère âgé d'une douzaine d'années »* raconte Jean-Louis Bougard.

Durant l'été 1989, François est en manque de montagne. Il a de moins en moins de temps. Et pour cause, il est marié depuis neuf ans déjà, père de trois enfants, bientôt quatre. Ses responsabilités politiques croissantes le mènent de Paris à Sablé-sur-Sarthe dont il est maire. À 35 ans, il est aussi député, conseiller général de la Sarthe et vice-président du conseil général. Il n'empêche qu'il profite de ses vacances dans le Valais suisse avec sa famille pour appeler son ami Jean-Louis qui réside pour quelque temps dans cette région. Ils avaient l'habitude de se retrouver adolescents au pays Basque ou au Club alpin, mais avaient dû renoncer au rythme effréné de leurs escapades pour faire face chacun aux responsabilités de leurs vies d'adultes. Mais un coup de fil suffit pour les faire repartir comme avant à l'assaut des sommets. Cette fois, l'altitude est plus élevée. Jean-Louis ne s'est pas préparé. Peu importe, il fait confiance à François. Direction le Mont Blanc de Cheilon, à 3 870 mètres d'altitude. Sommet simple pour des alpinistes aguerris, mais pas franchement facile pour deux jeunes grimpeurs. François n'aime pas avoir de guide. Il préfère se préparer seul, bien étudier les topos, les itinéraires, les cartes, les détails de chaque passage pour laisser le moins de place possible à l'improvisation. Il ne s'agit plus de randonnées mais d'alpinisme. François et Jean-Louis montent à la cabane des Vignettes le premier jour, l'une des plus célèbres des Alpes. Le deuxième jour, ils grimpent jusqu'au sommet. En haut du glacier, au moment de rejoindre un rocher pour atteindre le pic, ils se trouvent devant une difficulté toute simple mais dangereuse : un rappel de 10 mètres. C'est une première pour Jean-Louis. « *Je n'avais jamais fait ça et j'ai mis 20 minutes à descendre au lieu d'y passer deux minutes.* » Jean-Louis se souvient de sa frayeur. François l'a « *assuré* », comme on dit en escalade, en utilisant la corde destinée à retenir les alpinistes en cas de chute. Plus de peur que de mal, mais François avait surestimé les capacités de son coéquipier. Il était devenu un bon grimpeur et n'hésitait pas à prendre des voies difficiles. Il a atteint le niveau 6 en alpinisme sur une échelle de 3 à 8, il arrive donc à tenir des positions techniques assez compliquées. « *Concentration et préparation technique* » sont ses maîtres-mots, affirme Jean-Louis.

Les deux amis partent aussi vers le glacier du Trient, plateau entouré de plusieurs montagnes à plus de 3 000 mètres d'altitude. Ils escaladent l'aiguille du Tour à 3 500 mètres, mais aussi l'aiguille Purtscheller, une sortie au cours de laquelle François montre son caractère bien trempé. Sur le chemin, en pleine montagne, apparemment, il se trompe de voie. Il faut choisir une direction parmi toutes les pistes qui s'offrent à eux à quelques mètres les unes des autres. Difficile de s'y retrouver, même après avoir longuement étudié les topos. François s'engage alors dans une voie qui s'avère finalement plus difficile que prévue. Il n'est pas question de se plaindre ni de faire demi-tour. Il n'est pas question non plus de se laisser intimider par l'inquiétude de son compagnon de cordée. *In extremis*, il trouve un système artificiel pour passer. Ils passent, et atteignent leur but. Il n'a jamais laissé paraître qu'il s'était trompé de voie.

En 1995, toujours plus dur, toujours plus haut, François part à la conquête des sommets de 4 000 mètres. Il grimpe régulièrement avec son père. Il s'évade aussi avec des amis. En quatre jours, il escalade plusieurs sommets avec Jean-Louis : Castor, à la frontière entre le canton du Valais et la région d'Aoste, Pollux, le Mont-Rose, le second plus haut sommet des Alpes, et le Breithorn, qui offre une vue absolument sublime. Pas forcément difficile techniquement mais compliqué d'un bon nombre de dénivelés, ce parcours exige une bonne condition physique. À chaque fois, lorsqu'ils atteignent leur but, ils profitent du paysage, prennent des photos, admirent et respirent. Depuis qu'il a été initié à la montagne par François, Jean-Louis, à son tour, n'a jamais cessé d'y retourner. Depuis quelques années, il y va sans son ami trop accaparé par ses responsabilités politiques.

Tous les amis et proches de François s'accordent à noter un point particulier du Fillon sportif en montagne. C'est une règle à respecter : pas question de marcher devant lui. Il ne le supporte pas. Il se débrouille toujours pour être en tête. Il aime diriger le groupe. Et lorsqu'il a pris sa décision, il est quasiment impossible de le faire changer d'avis. Ses parents ont toujours été impressionnés par cette détermination qu'il tiendrait de son grand-père Marcel. *« Quand il dit qu'il fera quelque chose, pas facile de le faire changer d'avis »* assure Anne. *« Impossible de le faire changer d'avis ! »* renchérit Michel. Et s'il est un homme sensible, jamais il ne montre ce qu'il considère comme une fragilité. Il préfère afficher son caractère. Parfois un fichu caractère. Premier en sport, souvent second en politique.

En quête de liberté

Détermination et autonomie, ces deux mots se situeront au cœur de ses crises de jeunesse. François est souvent insolent. *« Un jour, j'étais tellement énervé que mon père a dû me mettre sous la douche. Ça reste pour moi un souvenir mémorable »*, confie-t-il. Il ne supportait pas les reproches de son père qui surlignait en rouge les montants débiteurs de son compte bancaire. Il dépense pour partir au ski et pour ses voyages. François, assez orgueilleux, n'aime pas demander, il commence à travailler tôt, dès le début de ses études universitaires, en quête d'autonomie. Grâce à ses premiers revenus, l'étudiant gagne une part d'autonomie, loge dans une chambre, s'achète une petite Renault 4L.

À 16 ans, pour la première fois, François est amoureux. Elle s'appelle Dominique. Il l'a rencontrée après son renvoi du pensionnat du Lycée Notre-Dame-de-Sainte-Croix, manifestation oblige. À la rentrée suivante, on lui a interdit le statut de pensionnaire et ses parents ont demandé à des amis d'héberger François. C'est là qu'il rencontre la belle Dominique, la fille des amis en question.

Quand il obtient son baccalauréat de philosophie à 18 ans en 1972, sans mention, et qu'il entame ses études de droit, le supérieur du collège Saint-Michel-des-Perrais lui propose de donner des cours aux élèves de 6e en retournant dans l'établissement qu'il avait quitté quelques années plus tôt. Proposition qu'il accepte avec le plus grand plaisir. Il donne des cours d'instruction civique et d'histoire. Son petit frère Arnaud est justement en 6e et devient alors son élève. François lui dit : *« Tu m'appelleras Monsieur comme tout le monde et tu me diras vous. »* Mais un jour François punit tout un groupe d'élèves dont son frère. Le jeune Arnaud lui fait face : *« Monsieur, nous n'accepterons cette punition qu'à condition de la comprendre ! »* François était hors de lui face à cette insolence qu'il vivait soudain de l'autre côté de la barrière, lui qui n'avait jamais aimé obéir à qui que ce soit.

Scoutisme, alpinisme, cours, études, il mène tout de front. Il a toujours étonné sa famille par ses intenses et multiples activités. Toujours imaginatif, il organise des expéditions en radeau, des campements, il apprend à ses jeunes frères à nager, il les embarque dans de nombreuses aventures.

« Il pouvait déplacer des montagnes ! » raconte l'un de ses frères. *« C'est quelqu'un qui m'a toujours étonné. Quand nous étions étudiants, il ne restait jamais une heure sans rien faire, il était toujours en activité »* note Michel Legendre. Il touche à tout et s'essaie à tout. À cette époque, il s'offre un petit bateau avec lequel il s'aventure avec son ami sur un petit lac à côté du collège Saint-Michel-des-Perrais, après les cours. Le dériveur Duo, proche du fameux 505 mais pas aussi réputé, se révélait trop voilé pour sa coque et peu stable. François l'avait acheté peu cher à un ami. Il prenait l'eau, mais François n'en avait cure. Il avait toujours besoin d'être en action, surtout lorsqu'il pouvait relever des challenges.

Objectif journaliste

Parmi ses défis, longtemps prima celui de devenir journaliste. Il ne cache pas ses ambitions ce jour de l'été 1972 alors que ses parents reçoivent des amis pour un barbecue. Joël Le Theule, l'ami de toujours, fait partie des invités. François vient d'obtenir son baccalauréat. Anne dit à son ami Joël que son fils souhaite se lancer dans le journalisme. Le Theule, chargé de l'information jusqu'en 1969 dans le cabinet Couve de Murville, semble bien placé pour discuter avec le jeune bachelier qu'il félicite. François confirme à l'ancien ministre et maire de Sablé-sur-Sarthe son souhait de découvrir ce métier. Dès le lendemain, c'est le président de l'AFP en personne qui appelle François Fillon : *« Il paraît que vous voulez devenir journaliste ? »* François part rapidement pour Madrid pour trois mois de stage. Les relations ont du bon.

Pas facile de s'adapter. Le directeur de l'AFP sur place l'accueille avec le sourire en lui expliquant qu'il peut partir à la plage, persuadé que ce jeune « *pistonné* » était sans doute venu prendre des vacances. Mais François insiste pour travailler. Sa première dépêche consiste à écrire la notice biographique de Franco alors âgé de 80 ans. Il se retrouve ensuite tout seul à l'agence le 21 juillet 1972 lorsque le train El Curvo déraille, faisant 76 morts. Il écrira seul sa dépêche. Il rédige des petites brèves sur l'augmentation du prix du ticket du Prado, réalise une interview de l'actrice Danielle Darrieux de passage dans la capitale espagnole. Petits exercices qui resteront de beaux souvenirs.

Il apprend à aimer ce métier, découvre des grands noms, des vies et du pays. Il apprend aussi à aimer la corrida. En réalité, il avait déjà découvert la tauromachie en vacances avec ses parents en Espagne, mais pendant son stage de journalisme il se passionne pour cet art. Les professionnels de l'agence trouvent là le prétexte de se « débarrasser » du jeune Français dont ils se méfient. Ils l'envoient en doublon, avec un vieil Espagnol correspondant de l'AFP qui couvre toutes les courses de taureau. François a l'art de tirer parti des situations. Et le voilà qui rédige des comptes rendus sur le fil Amérique Latine de l'AFP. Pendant trois mois, le vieil homme et le stagiaire se baladent à travers tout le pays pour suivre les corridas. L'apprenti et le vieil *aficionado* s'installent toujours aux premières loges. Le mentor sait tout de ce noble art, il connaît les *toreros* personnellement. Fillon sera conquis à jamais. Il lira des dizaines d'ouvrages sur la corrida, ne s'en vantera pas, soucieux de ne pas s'attirer les foudres des amis des animaux.

Sa formation à l'AFP s'achève. L'été suivant, il part pour un nouveau stage de trois mois à Bruxelles. Il devait ensuite partir pour Saïgon, mais, en 1975, la guerre du Vietnam bat son plein, ce qui lui interdit de se rendre sur place. Saïgon, QG des Américains pendant la guerre, vient de tomber entre les mains des communistes. Petit retard dans son programme. Mais François se voit plus que jamais journaliste reporter.

Joël Le Theule

Joël Le Theule, l'ami d'Anne et Michel Fillon, poursuit une brillante carrière politique. Il a été plusieurs fois ministre, occupe aux plans local et régional diverses fonctions. En 1976, il est maire de Sablé-sur-Sarthe, député et conseiller général de la Sarthe. Le cumul des mandats commence déjà à se généraliser. La politique se médiatise, le jeu parlementaire se transforme. Il est primordial de bien contrôler son territoire pour être réélu à l'échelle nationale. L'Assemblée nationale se modernise. Dans ce contexte, est créée la fonction d'assistant parlementaire. Le 13 novembre 1975, le bureau de l'Assemblée nationale décide de permettre à chaque député, dès janvier 1976, de recruter un collaborateur. Les nouveaux frais seront pris en charge par le budget de l'Assemblée nationale. C'est l'aboutissement d'un long processus qui répond aux souhaits des députés.

Joël Le Theule se met en quête d'un assistant parlementaire et tout naturellement il se tourne vers François Fillon. Il l'a vu grandir, il connaît sa détermination et sa motivation quand il décide de s'impliquer. Le Theule le verrait bien dans la fonction. Mais à cette époque, François n'a qu'une envie, devenir journaliste. Il décline l'offre de l'ami de ses parents. Il répond qu'il trouvera bien des copains intéressés. Mais autour de lui, personne ne répond favorablement et ne prête attention à ce nouveau métier. Un mois plus tard, lors d'un dîner chez les Fillon, Joël Le Theule revient à la charge et demande à François d'accepter ce poste, ne serait-ce qu'à mi-temps. Il argumente que ça lui permettrait de poursuivre ses études, et ajoute que, si d'aventure la fonction ne lui plaît pas, il pourra toujours agir à sa guise.

François veut absolument terminer ses études. Il obtient sa maîtrise de droit public à l'université du Mans été 1976, et il enchaîne dès l'automne avec la préparation d'un DEA de droit international à l'université René Descartes à Paris V. Ses cours ont lieu à Vanves, dans l'ancienne école Supélec. En 1977, c'est un DEA de sciences politiques que François Fillon entame à Sciences Po (la Fondation nationale des sciences politiques). Il achèvera ce troisième cycle de l'Institut d'études politiques de Paris en 1978.

Séduit par l'idée d'acquérir enfin son autonomie financière et attiré par une nouvelle activité, un nouveau défi, François Fillon accepte la proposition de Joël Le Theule. Il entame sa fonction d'attaché parlementaire parallèlement à ses études en 1976 à mi-temps, pour un salaire de 2 000 francs par mois. Il occupera ce poste pendant 2 ans. « *J'étais un stagiaire curieux, étudiant au cœur du pouvoir* » note-t-il. En quoi consiste sa tâche ? Il rédige des questions écrites, répond aux courriers, prépare les dossiers de Joël Le Theule en vue de ses interventions en séance. Il travaille beaucoup sur les sujets de défense puisque Joël Le Theule est à l'époque rapporteur général du budget des Armées. François partage le travail avec un autre collaborateur, un capitaine de l'armée de terre à la retraite, chargé, lui, de tout le courrier parlementaire. Petit à petit, sa mission prend de l'ampleur. François commence à se déplacer dans la Sarthe, le week-end, pour accompagner Joël Le Theule sur des manifestations, voire tenir quelques permanences hebdomadaires à sa place. Ce sont autant de moments impressionnants pour le jeune homme qui passe sa journée à discuter avec les habitants de Sablé. *« À cette époque, je considérais mon activité dans le domaine politique comme un job d'étudiant »* se souvient François Fillon.

Le jeune attaché parlementaire est ravi d'avoir un revenu et de poursuivre ses études. À chaque fois qu'il en trouve le temps, il profite de la bibliothèque du Palais Bourbon pour travailler. Sa mère se souvient que ce poste à l'Assemblée nationale l'intéressait en tant que juriste et non comme tremplin politique. *« Il voulait être journaliste sur le terrain, peut-être un jour grand reporter »*, dit-elle, ce qui amènera à plusieurs reprises Joël Le Theule à confier à son amie Anne Fillon : *« Ton fils perd son temps. »*

La politique, François Fillon commence toutefois à y prendre goût. En 1977, à 23 ans, il adhère pour la première fois au RPR. *« J'ai ressenti le besoin de m'impliquer personnellement dans la bataille des législatives »* explique-t-il. Il est élu secrétaire de la circonscription de son domicile à Cérans-Foulletourte et dirige les militants de sa section. Certains articles de presse laisseront entendre que le jeune étudiant milite dans une association d'extrême droite à cette époque, mais des enquêtes poussées ne confirmeront pas cette hypothèse. *« Je n'ai jamais vu le moindre document ou témoignage sur ses sympathies pour la droite nationale »* affirme un spécialiste de l'extrême droite, expert en archives et dossiers sur les personnalités qui ont de près ou de loin côtoyé un mouvement nationaliste. *« C'est n'importe quoi,* répond l'intéressé, *bien au contraire, toute ma vie je me suis battu contre l'extrême droite. »*

Plus Joël Le Theule travaille avec François Fillon, plus il voit en lui quelqu'un qui pourrait s'engager et devenir un homme politique d'avenir. Il en parle souvent aux parents de François ou à son équipe politique : *« Ce sera lui mon successeur »,* un peu comme un père qui voit en François le fils qu'il n'a jamais eu. Ainsi en 1978, dans la perspective des législatives, Le Theule lui demande de participer à sa campagne électorale. C'est là que le travail commence à plaire au jeune François. Joël Le Theule lui confie l'organisation de sa campagne. *« Il m'avait donné 50 000 francs. Ça me paraissait une somme absolument énorme. Il m'a dit "tu te débrouilles avec ça" »* rappelle François Fillon. Il s'occupe des affiches, des journaux et de la distribution des tracts. Il écrit le journal de campagne, le fait imprimer, loue un camion pour aller le récupérer à l'imprimerie. À la fin de la campagne, il reste 8 000 francs. François est fier de son coup. Cette campagne l'a passionné. Les réunions publiques, les débats, l'ont tenu en haleine. Et lorsque la victoire vient couronner ses efforts, il ressent la satisfaction du travail accompli.

Au ministère

Après sa réélection comme député de la Sarthe, Joël Le Theule est nommé le 3 avril 1978 ministre des Transports dans le 3e gouvernement de Raymond Barre sous la présidence de Valéry Giscard d'Estaing. Le Premier ministre avait apprécié le travail de Joël Le Theule l'année précédente pour le projet de loi sur la concurrence. On prétend que Jacques Chirac aurait aidé à la nomination de Joël Le Theule, dont c'est alors le retour sur le devant de la scène politique nationale après de longues années de traversée du désert, consacrées à sa circonscription.

Le nouveau ministre propose à son jeune attaché un poste de chef adjoint du cabinet. Il doit s'occuper des relations avec le Parlement et des dossiers de la Sarthe. Pris dans le tourbillon de la politique, François accepte. « *Je suis venu travailler à son cabinet en me disant que ça durerait six mois, et qu'après je repartirai terminer mes études.* »

Les six mois se transformeront en plus de deux ans, presque trois. Un jeune homme réservé, sérieux, c'est l'impression qu'il laisse à son arrivée aux collaborateurs de Joël Le Theule. Thierry Berthé s'occupe des affaires sarthoises au plan local, à la ville de Sablé, alors que François Fillon suit les dossiers au ministère à Paris. Les deux hommes s'entendent parfaitement. L'équipe restera très soudée, avec Sylvie Fourmont, alors débutante au secrétariat de Joël Le Theule, et Pierre David, directeur de cabinet du ministre. Ils suivront tout le parcours politique de François Fillon.

Au ministère des Transports, le chef adjoint du cabinet découvre les conflits auxquels le ministre doit faire face. La France est frappée par un second choc pétrolier. Le Theule affronte les contestations sociales emmenées par les dockers, les pêcheurs, les contrôleurs aériens, les cheminots et la marine marchande. Il fait preuve d'une grande fermeté dont les autres membres du gouvernement se souviendront. Des années pendant lesquelles François Fillon est aux premières loges. Il est également le témoin des coups bas entre Chirac et Giscard qui se préparent déjà à un duel fratricide pour la présidentielle de 1981. Il restera très choqué par les violentes attaques du RPR contre le gouvernement de Raymond Barre. Jacques Chirac ne veut pas que son parti soutienne Giscard et Barre. Il aurait préféré qu'il n'y ait pas de ministres RPR du tout au gouvernement. Faute d'y parvenir, il aurait voulu que ceux qui y participent soient beaucoup plus critiques. Or certains étaient devenus très giscardiens comme Alain Peyreffitte, Joël Le Theule et Robert Boulin, lequel sera retrouvé mort en 1979 dans des circonstances floues. Alain Peyreffitte avait écrit une lettre à ses amis ministres RPR pour leur proposer de soutenir Giscard, un courrier qui n'a pas manqué d'envenimer les relations déjà tendues entre Chirac et Le Theule. François Fillon retient de cette période assez mouvementée qu'il vaut mieux faire de la politique en étant libre. Dépendre des électeurs, plutôt que d'un parti, aller chercher sa légitimité sur le terrain, comme l'a toujours fait Joël Le Theule. Une leçon qu'il retiendra toute sa vie.

Sous les drapeaux

En pleine activité professionnelle aux côtés de Le Theule, François Fillon doit régler un petit détail : son service militaire. Il avait opté pour le sursis le plus long possible afin de terminer ses études, donc il était censé s'engager dans la coopération pour une durée de 18 mois. Joël Le Theule s'inquiète : *« Tu ne peux pas partir 18 mois ! Ce n'est pas possible, tu travailles pour moi, j'ai besoin de toi. »* À l'automne 1979, le jeune homme est bien obligé de faire ses classes. Il commence simple soldat dans l'armée de l'Air, à la base aérienne du Bourget, pendant plus de deux mois, période au cours de laquelle les jeunes conscrits reçoivent entraînement et formation. À 25 ans, François perd un poste non dépourvu d'avantages auquel il tient tout compte fait. Collaborateur du ministre des Transports, il dispose d'un bureau, d'une voiture, d'un chauffeur. Il lui faut tout quitter pour une caserne militaire sinistre en compagnie de jeunes gens de 18 ans. Le soldat Fillon se retrouve à dormir dans un dortoir de 50 personnes. L'adaptation est difficile. Il apprend à marcher au pas, à se plier aux cris de l'adjudant et à balayer la cour. *« Belle leçon d'humilité »* dit-il encore quand il y pense. Ses proches racontent qu'il a passé sa première nuit à secourir un jeune homme au-dessus des toilettes, à l'aider à vomir après une tentative de suicide pour une histoire d'amour. C'est un autre monde pour lui. Pendant ses classes, ses camarades lui apprennent même à vider un parcmètre, *« si jamais un jour il est dans le besoin »* lui diront-ils. Ses amis le surnommaient *« le prof »,* sans doute à cause de sa tendance à toujours commander. Il partage pendant cette période la chambrée de Patrick Blanc, le botaniste qui, bien des années plus tard, deviendra le célèbre concepteur des murs végétaux.

À l'issue de ses classes, François est affecté dans un service administratif, auprès de la direction de la Météorologie nationale qui dépend du ministère des Transports, sous la houlette du ministre Joël Le Theule. En réalité, il reprend ses fonctions au cabinet du ministre, ce qui lui convient parfaitement. François finit donc son service militaire comme conseiller technique au ministère des Transports.

Le 2 octobre 1980, Joël Le Theule est promu ministre de la Défense, portefeuille régalien. Pas question de se séparer de son bras droit, son jeune complice. François Fillon est chargé de mission au cabinet, s'occupe des dossiers parlementaires et des relations avec les universitaires. Le ministre prépare la loi de Programmation militaire qui doit définir pour plusieurs années la politique militaire de la France. François Fillon découvre le fonctionnement des armées, celui des militaires, leurs qualités et leurs défauts. Malgré un niveau intellectuel et moral élevés, les officiers supérieurs ont une certaine propension à ne pas toujours obéir au pouvoir politique. À travers ses expériences dans les ministères, François Fillon commence à se frotter aux différentes administrations et découvre les limites du pouvoir d'un ministre. Il va également faire ses premières armes en matière de négociation sociale.

Pierre David, le directeur de cabinet de Joël Le Theule, se souvient du jeune François Fillon. Le premier a 38 ans quand l'autre n'en a que 23. *« Il était là, tout jeune, les cheveux longs. Il était très réservé, il faisait jeune loup quand même, je dois le reconnaître... »*

« Oui, j'étais peut-être un jeune loup, répond François Fillon. *Mais je n'étais pas dévoré d'ambition au sens où je n'avais pas de projet à long terme. Quand j'accomplis une mission, j'ai envie que ça marche, et à ce moment-là, je peux avoir tendance à*

déborder sur les plates-bandes du voisin parce que j'ai envie de faire les choses. » Et puis : « *Je ne rêvais pas d'être président de la République. Être Premier ministre ? Je n'y pensais même pas, mais de temps en temps j'agaçais certains qui trouvaient que j'en faisais beaucoup.* » François Fillon assure nager en plein bonheur intellectuel à cette époque. Le bonheur est vraiment au rendez-vous, d'autant qu'il vient d'épouser Pénélope, la femme de sa vie.

Pénélope

François avait 20 ans lorsqu'il rencontra Pénélope, en 1974. Il est alors étudiant et donne en même temps des cours dans son ancien collège à Saint-Michel-des-Perrais. Dans la Sarthe, des enseignants anglais ont l'habitude d'organiser régulièrement des petites soirées dans les bars. Le jour, ils sont professeurs au collège et le soir ils deviennent musiciens durant leur temps libre. Michel Legendre, cet ami d'enfance de François, se fait rapidement quelques contacts dans cette communauté. Un soir, il organise un dîner dans la pure tradition française pour faire plaisir à ses hôtes anglophones. Dans la maison de famille de ses parents à Chassillé, il invite les enseignants du collège, quelques autres anglais et plusieurs amis français dont François. Une certaine Pénélope et sa jeune sœur, Jane, deux charmantes galloises, sont de la partie.

Pénélope Kathryn Clarke est née au Pays de Galles le 31 juillet 1955. Étudiante en littérature dans son pays, elle est venue passer une année dans un lycée du Mans en tant qu'assistante d'anglais. Pour leur 3e année, les étudiants en lettres viennent en France afin de parfaire leur formation. Pénélope se retrouve à donner des cours de conversation. La soirée chez Michel Legendre est tout simplement magique pour Pénélope et François, selon les propres mots de celui qui l'organisa : « *Je pense que ce fut quasi-immédiat, je ne connais pas leur secret, mais je pense que ce jour-là, ils se sont plu et qu'ils ne se sont rien dit.* » Lorsque François décide de rentrer à Paris, c'est tout naturellement qu'il se propose de reconduire Pénélope. Ils ne se quitteront plus. Après son année d'étude en France, Pénélope est obligée de rentrer au Pays de Galles. Elle étudie le français, l'anglais et l'allemand, obtient sa maîtrise (MBA) avant de faire du droit. Elle passe un examen de notaire mais ne travaillera pas car elle se consacrera très vite à l'éducation de ses enfants.

Pendant ses études au Pays de Galles, les allers retours des jeunes amoureux seront fréquents. Michel accompagnera souvent François pour se rendre dans la famille de Pénélope. Les voyages sont parfois rocambolesques, le jeune conseiller du ministre a une Renault 5 Turbo qui tombe régulièrement en panne sur la route. Sur place, Michel et François apprécient l'excellente cave de la famille Clarke, riche en délicieux bordeaux et en porto de qualité. Pénélope a trois sœurs qui s'enchantent de voir arriver ces petits Français avec leur accent et leur style si particuliers. Pénélope est d'une nature secrète voire mystérieuse. Peu de personnes peuvent prétendre la connaître intimement. Elle est très réservée. Même au sein de sa famille, les mots sont rares. Elle est un mélange de simplicité et de complexité. Il lui est arrivé, par exemple, au cours d'un trajet entre Le Mans et Font-Romeu à bord d'une 4L, avec un ami de son fiancé et pendant huit heures de route, de ne pas lui adresser la parole plus d'une petite demi-heure. Lorsqu'il lui arrive de dîner chez des amis de

François, le jeu favori du petit groupe est d'essayer de faire parler Pénélope. Elle aime l'ombre et le secret.

François a 26 ans, Pénélope 24, leur mariage civil est célébré le 31 mai 1980 à Sablé-sur-Sarthe par Joël Le Theule, maire de la ville et vieil ami de la famille. Au Pays de Galles, le 28 juin 1980, la cérémonie religieuse se déroule dans le plus grand respect des traditions. C'est un mariage bourgeois pour lequel tout est minutieusement préparé sans la moindre place pour la fantaisie. Michel, le témoin du marié, porte une queue de pie, comme les autres hommes présents. La veille du mariage religieux, et conformément à une vieille tradition, les garçons ne couchent pas sous le toit de la maison de la jeune fille. Le jour des noces, chacun porte un toast. François est tendu, très ému. Quelques notes de musique donnent le ton, un groupe de jazz a été engagé pour la soirée. La cérémonie se tient dans une église à Llanover, petit village près d'Abergavenny. Colin et Glenys Clarke laissent partir leur fille aînée avec une larme à l'œil, une fille qu'ils se sont appliqués à élever dans la discrétion à Glendower House, leur grande maison. Pénélope a toujours été une brillante élève à l'école. Son père Colin Clarke est avocat, sa mère élève les enfants. Colin et Glenys ont quatre filles et un garçon : Pénélope, Jane, Kim, Sara et Jason.

Les jeunes mariés prennent la direction de l'Espagne pour leur lune de miel. Ils garderont un souvenir très marqué de leur voyage : victimes d'un accident de voiture, leur véhicule tombe dans un ravin. Plus de peur que de mal, mais leur séjour sera raccourci de ces quelques jours passés à l'hôpital pour soigner leurs ecchymoses. À son retour, le couple s'installe rue Lecourbe, XVe arrondissement de Paris, dans un appartement de

70 m^2 qu'ils garderont jusqu'en 1983. Ils habiteront également dans la Sarthe dès 1981.

Disparition brutale

Le samedi 13 décembre 1980 restera gravé à jamais dans la vie de François Fillon. Il gardera en mémoire chaque détail de cette journée d'hiver qui bouleversera sa vie. Ce jour-là commence pourtant comme les autres jours.

Le maire de Sablé et ministre de la Défense Joël Le Theule reçoit Alice Saunier-Seité, ministre des Universités. Il a proposé trois ans plus tôt de mettre à la disposition de l'État le château de Sablé que la municipalité venait d'acquérir. La Bibliothèque nationale, à l'étroit à Paris, pouvait y implanter un atelier de restauration. Joël Le Theule fait visiter le château largement restauré et aménagé à Alice Saunier-Seité. Ensemble, ils parcourent les salles et les galeries du centre de conservation. Ils déjeunent ensuite en compagnie des maires de la région. Au cours du repas, soudain, Joël Le Theule se retire de table. Il ne se sent pas très bien. François Fillon ne le voit pas revenir, il s'inquiète et part à sa recherche. Joël Le Theule ne veut pas que l'on parle de son malaise à ses invités. Animé par un inexplicable souci de discrétion, il préfère attendre leur départ pour s'occuper de sa santé. Plus tard, il est transporté à l'hôpital de Sablé pour être examiné par une jeune interne qui diagnostique aussitôt un infarctus et décide de le transférer à Tours, dans une clinique spécialisée. Joël Le Theule refuse tout net. Son programme est trop chargé. Il explique qu'il a beaucoup de choses à faire. Il a d'ailleurs rendez-vous avec une journaliste du *Figaro* et doit le lendemain rencontrer le Premier ministre du Québec, René Lévesque, invité à Sablé dans le cadre d'une grande rencontre de l'association France-Québec. Bref, il n'est pas question pour lui de se mettre au repos. Un médecin de Sablé, consultant de temps à autre à l'hôpital, est présent ce jour-là. Il laisse ressortir le patient Joël Le Theule.

Le ministre poursuit ses activités comme si de rien n'était, malgré une grande faiblesse, ce qui ne manque pas d'inquiéter ses proches. Joël Le Theule ne veut pas se soigner, mais François Fillon et Pénélope décident alors de rester avec lui. Ils viennent dormir chez lui pour qu'il ne soit pas seul, au cas où il aurait besoin d'aide. Dans la soirée, François Fillon, à moitié inconscient, se souviendra toujours de cette phrase prononcée par le ministre : *« Vous me fatiguez avec vos rivalités. »* Le Theule évoquait une certaine compétition qui régnait entre les membres de son cabinet.

Dans la nuit, l'homme fait une nouvelle attaque. Il appelle lui-même le médecin. Un cardiologue de l'hôpital explique qu'il faut le transporter le plus rapidement possible à l'hôpital, dès qu'il aura un peu repris ses esprits. Sa vie est peut-être en danger. Mais le ministre ne veut pas qu'une ambulance vienne le chercher. Il veut bien se rendre à l'hôpital à condition d'y aller en voiture et de passer par la porte de service, pour ne pas être vu. Il demande à son collaborateur de le conduire. Pénélope et François installent Joël Le Theule dans son auto. Ils arrivent aux urgences. Le malade est descendu du véhicule et c'est alors qu'il perd connaissance quasiment dans les bras de François, rendant son dernier souffle. Les spécialistes tenteront de le réanimer. François veut croire à l'impossible et il insiste pour qu'ils essaient encore et encore de ranimer le corps sans vie du ministre. Les médecins passeront plus de trois heures à tenter de le sauver. Mais tout est fini. Il est alors 2 heures du matin. Un monde s'écroule. Un ami de toujours, un père, un frère, un patron vient de s'en aller. François a 26 ans, il est effondré. Il doit faire face à la mort.

Un long et lourd silence. La réalité est difficile à accepter. Son maître n'est plus. Il veut tenir bon, il se charge d'annoncer la terrible nouvelle à la famille de Joël Le Theule sans oublier sa famille politique : Thierry Berthé, proche collaborateur, Pierre Daguet, premier adjoint de Sablé, et René Paillet, suppléant de Joël Le Theule à l'Assemblée nationale. Tous les quatre veillent l'homme auquel ils s'étaient dévoués. Son corps est ramené chez lui à Saint-Brice en Mayenne. Les quatre fidèles partagent leur peine même s'ils ne parviennent pas encore à réaliser vraiment ce qui vient de se produire.

Il est environ 6 heures 30 du matin, lorsque le frère et la belle-sœur de Joël Le Theule arrivent pour prendre la relève. François appelle sa mère Anne pour l'informer du décès tragique de ce grand ami de la famille. Évidemment, elle était déjà au courant comme toute la commune de Sablé où la nouvelle s'est répandue à la vitesse de l'éclair. François fait part de son écœurement à sa famille. Il souffre de cette disparition tragique mais tout autant de l'attitude de certains proches qui le désignent déjà comme le successeur de Joël Le Theule encore allongé sur son lit de mort.

La journée du samedi se déroule dans le recueillement. Le dimanche, une chapelle ardente est dressée à la mairie de Sablé À l'écart, les proches de Joël Le Theule discutent avec François Fillon. Parce qu'il a l'étoffe, parce qu'il a un potentiel, parce qu'il est Sarthois, parce qu'il a déjà un pied à l'échelle nationale tout en gardant un regard sur la Sarthe, parce que Pierre Daguet a déjà 72 ans, René Paillet bientôt 70, parce que Joël Le Theule le présentait à qui voulait l'entendre comme son successeur, il n'y a progressivement qu'un seul nom chuchoté sur toutes les lèvres pour reprendre le flambeau : celui de François Fillon.

Les obsèques

Alors que la succession fait l'objet de toutes les conversations, la presse consacre sa une à la mort de ce ministre foudroyé en pleine ascension, à l'âge de 50 ans. Les portraits se multiplient sur les ondes radiophoniques, RTL, Europe 1. Les réactions fusent de toute part. Membres du gouvernement, députés, adversaires, tous saluent la mémoire d'un travailleur et d'un homme de défi. La succession de Joël Le Theule est ouverte sans tarder dans les médias, aux plans local, régional comme national, à cinq mois de la présidentielle. Les obsèques se déroulent en présence du président de la République, Valéry Giscard d'Estaing, accompagné de son épouse, des membres du gouvernement et de nombreuses personnalités. L'actualité donne un coup de projecteur national sur la petite commune de Sablé. On assiste à un spectacle hors du commun, hommage national, honneurs militaires, sonnerie aux morts, Marseillaise. Sablé est envahie par une foule immense, des milliers de personnes toutes réunies par le souvenir d'un homme apprécié et aimé. Certaines femmes sont en larmes, d'autres personnes s'évanouissent, si forte est l'émotion ce jour-là. Pour beaucoup c'est un père, un ami, un proche qui s'en va.

Celui qui avait tant fait pour leur commune et pour leur région les a abandonnés. Sablé l'orpheline pleure à chaudes larmes celui qui l'a administrée pendant 21 ans. Et derrière le deuil, derrière l'émotion, c'est l'interrogation. Qui maintenant va se charger de nous conduire ? Qui va reprendre son travail ? Personne ne saura tisser comme lui un tel lien avec les habitants de Sablé, une telle écoute, une telle présence, et ce rayonnement national qu'avait Joël Le Theule. Les Saboliens sont désemparés, dépités. La blessure laissée par le départ prématuré de l'enfant du pays est terriblement profonde.

L'homme de Sablé

Qui est cet homme adulé par les Saboliens ? Comment a-t-il construit une telle relation avec les habitants ? Quel est le parcours de celui qui servira de modèle à François Fillon ?

Joël Le Theule est un homme d'origine modeste. Il est né en mars 1930 à Sablé-sur-Sarthe. Il fait ses études aux Institutions Saint-Julien et Saint-Martin à Angers. Toujours dans un établissement catholique, il poursuit son cursus à l'université d'Angers, surnommée *« la Catho d'Angers »* où il rencontre Anne et Michel Fillon. Plus tard, il étudie à Paris. Il n'a jamais milité quand il était étudiant, mais se plaisait souvent à se dire *mendésiste*. Joël Le Theule décroche son agrégation de géographie à l'âge de 24 ans. Il enseigne au Prytanée militaire de La Flèche, une école réservée principalement aux fils de militaires de l'armée de terre et de la marine qui se destinent à faire carrière sous l'uniforme. Il est encore enseignant lorsqu'il réalise son souhait de toujours : se lancer dans la politique.

En 1958, il devient député gaulliste de la Sarthe. À 28 ans, il est alors le benjamin de l'Assemblée nationale. Il sera réélu député pendant 20 ans quasiment de façon continue. S'il ne s'engage pas dès son arrivée en politique derrière de Gaulle les yeux fermés, il devient gaulliste petit à petit en découvrant le général, pour lui *« la seule solution pour sauver la France » dixit* François Fillon lui-même. Fidèle, Joël Le Theule suivra ensuite de près le général de Gaulle et recevra l'étiquette de gaulliste libéral. En 1958, année d'importance dans l'histoire de France puisqu'elle se dote de sa nouvelle constitution, celle de la Ve République, il devient membre de la commission de la Défense. En 1959, à 29 ans, il est élu maire de Sablé-sur-Sarthe, il le restera pendant 21 ans. Chaque élection le confirme à son poste. Lors de sa toute première accession à la fonction de maire de Sablé, il dira : *« Il y a trois mois et demi, cette région me choisissait comme député. Ce qui m'émeut le plus, c'est mon succès à Sablé. C'est extrêmement agréable pour un Sabolien de sentir ainsi l'estime de ses concitoyens. »* Il reviendra toujours s'imprégner de cette légitimité locale. Tout le monde reconnaît en lui un travailleur acharné et un maire compétent. Le 23 mai 1965, il réussira à faire venir à Sablé le président de la République en personne. De Gaulle encourage, à cette occasion, sa volonté de développement de la commune.

En 1967, Joël Le Theule est élu conseiller général de la Sarthe. La même année, il devient président de la commission de la Défense nationale et des Forces armées de l'Assemblée. Il a 38 ans quand il entre pour la première fois dans un gouvernement, celui de Georges Pompidou. Le 31 mai 1968, il est nommé ministre des Départements et Territoires d'outre-mer. Le 10 juillet 1968 le voit devenir secrétaire d'État auprès du Premier ministre, chargé de l'information, dans l'éphémère gouvernement de

Maurice Couve de Murville. Il retrouve par la suite son siège de député avant d'être nommé ministre des Transports puis de la Défense, en 1978 et 1980.

Le Theule travaille jour et nuit. Il dira d'ailleurs : « *Un parlementaire doit être présent à Paris, présent dans sa circonscription, et travailler aussi bien sur le plan national que régional afin d'être à l'écoute de tous et d'avoir le maximum d'efficacité.* » Tolérant, fiable, droit, il n'est pas l'homme des coups bas. C'est en tout cas ainsi que les médias unanimes le décrivent.

« *J'aime qu'on m'aime* » avait-il un jour confié à son premier adjoint, Pierre Daguet. En tant que maire de Sablé, il a beaucoup fait pour le développement de sa commune. Il a vite mesuré le rôle de l'agroalimentaire dans la région. Il œuvre en pionnier de l'intercommunalité. Très vite, il a équipé Sablé dans les domaines culturels, sociaux, sanitaires et sportifs. Sa formule fétiche, *« Sablé d'abord ! »*, reste sa loi quand il est membre du gouvernement. Il a incité de nombreuses entreprises à s'installer à Sablé, les a aidées à se développer et a donc ainsi concouru à la création de nombreux emplois.

Ministre ou pas, il continuait de conduire lui-même sa voiture, descendait acheter son journal et s'efforçait le samedi d'être en mairie pour célébrer lui-même les mariages. Décrit comme toujours disponible, toujours à l'écoute des autres, rarement d'un abord difficile, Le Theule était d'un naturel timide. Il n'était pas de ceux qui se laissent aller aux confidences sur eux-mêmes. C'est aussi l'ami que l'on venait voir pour résoudre un problème ou demander un conseil. On le trouvait régulièrement à son bureau, jusque tard dans la nuit. Le calme, le repos, pour lui, c'était exceptionnel, lorsqu'il se retirait parfois chez lui, à Saint-Brice, en Mayenne.

Joël Le Theule était réputé pour son art de la manœuvre. Il aimait dire : « *Dans le domaine politique, j'ai des adversaires, je ne pense pas avoir d'ennemis.* » Effectivement, il était décrit comme quelqu'un qui évitait les querelles, sauf avec Jacques Chirac : leurs relations étaient houleuses. Chirac qui ne manquait pas d'insister sur la réputation de Joël Le Theule, ce politique célibataire qualifié d'homosexuel par certains. Ses proches démentent, allégation mensongère, clament-ils. Mais le personnage politique gardera cette réputation.

Succession incontestable

Après le décès du ministre de la Défense, François Fillon est vite sollicité de toute part par les Saboliens orphelins. René Paillet, suppléant de Joël Le Theule à l'Assemblée nationale, ne veut pas se présenter aux législatives et préfère laisser la place au jeune Fillon. Ce dernier est désigné de façon unanime par l'entourage politique de Joël Le Theule comme *le* successeur. Il a bientôt 27 ans. Même s'il est jeune, il en a la carrure. Joël et François ont d'ailleurs évoqué ensemble cette question de manière officieuse, quelques mois avant sa tragique disparition.

Le ministre pensait en effet se présenter aux élections sénatoriales et lancer François Fillon aux législatives. L'idée avait commencé à germer. À plusieurs reprises, Joël Le Theule avait évoqué cette possibilité devant ses collaborateurs. Mais François Fillon ne voulait toujours pas vraiment s'engager en politique. Une semaine avant le décès de son ami, François passe comme souvent un week-end à Cérans-Foulletourte chez ses parents, en compagnie de Pénélope son épouse. Le dimanche après-midi, lors d'une balade, la famille passe devant une petite maison en ruine.

– « *Je l'achèterais bien, mais Joël serait furieux parce qu'il veut me lancer dans la politique* soupire François.

– *Alors, que comptes-tu faire ? T'engager en politique ?* l'interroge sa mère.

– *Oh ! Il n'en est pas question, il faudrait renoncer à trop de choses* » répond-il encore.

Et pourtant, le temps est venu de reprendre le flambeau de son père spirituel, ce vieil ami de la famille, celui dont il a été le collaborateur et qui lui faisait une totale confiance pour l'avenir. François hésite encore. Plusieurs options s'offrent à lui. Christian Bonnet, ministre de l'Intérieur, lui propose la sous-préfectorale. Pierre Giraudet, le PDG d'Air France qu'il avait connu au ministère des Transports avec Joël Le Theule, lui suggère d'intégrer son équipe. Le premier adjoint au maire de Sablé, Pierre Daguet, proche collaborateur de Joël Le Theule, le pousse, lui à se présenter aux élections de 1983 et à rejoindre l'équipe municipale. Une autre personne comptera aussi dans le choix de François Fillon, c'est Philippe Sauzay, préfet de la Sarthe, ancien directeur de cabinet de Giscard à l'Élysée. Lors d'un dîner organisé chez lui, trois jours après la mort de Joël Le Theule, lui aussi insiste beaucoup pour que François soit candidat à Sablé. Tous voyaient briller dans les yeux de Fillon le reflet de celui qu'ils venaient de perdre.

Pénélope, sa jeune épouse, aura aussi son mot à dire. Elle s'est imaginée tour à tour devenir la femme d'un sous-préfet, d'un député ou d'un manager travaillant dans le transport aérien. Sans hésiter, elle penche pour la vie politique. Qu'est-ce qui fera basculer François Fillon ? L'hommage qu'il rendrait ainsi à Joël Le Theule ? Non. Ce qui le motive, c'est le défi que représente cette ouverture. Le jeune homme des challenges est toujours là. Il n'a que 26 ans. On lui demande de devenir député de la Sarthe, de prendre la suite du regretté Joël Le Theule, mais sera-t-il à la hauteur ? C'est la question qu'il se pose.

L'élu

Tout s'enchaîne très vite. À la Mairie de Sablé, une élection municipale anticipée s'organise à la hâte. *« L'œuvre de Joël Le Theule doit être poursuivie »* peut-on lire à largeur d'affiches. Le conseil municipal propose la candidature de François Fillon. Le jeune sarthois a travaillé pendant plus de 5 ans comme proche collaborateur de Joël Le Theule. Nul n'est mieux qualifié que lui pour apporter au conseil municipal son concours utile à l'accomplissement du programme déjà tracé. François Fillon se présente sans étiquette sur la liste de Pierre Daguet. C'est sa toute première élection, elle est très importante à ses yeux, elle donnera tout de suite le ton de sa carrière politique, lui qui hésitait encore entre plusieurs propositions professionnelles, peu de temps auparavant.

Le scrutin valide en force son arrivée. La liste de François Fillon est plébiscitée avec 84,81 % des voix, dès le 1er tour. Les adversaires n'obtiennent respectivement que 8 et 6 %. Le 11 janvier 1981, le nouvel élu fait donc son entrée au conseil municipal. *« En votant François Fillon, les Saboliens ont encore une fois voté pour Joël Le Theule »* résume Pierre Daguet lors de la publication des résultats. Le conseil municipal se réunit ensuite pour élire comme nouveau maire Pierre Daguet, qui était auparavant premier adjoint. François Fillon, lui, devient quatrième adjoint. Il s'occupe de l'emploi et des problèmes industriels que Pierre Daguet suivait jusque-là. Le jeune orphelin politique est adopté sans l'ombre d'un doute par l'électorat sabolien. La mort de Joël Le Theule a créé un vide terrible et François Fillon sait qu'il bénéficie de cette atmosphère exceptionnelle qui règne à Sablé. *« J'ai été bien accueilli, je n'ai ressenti aucune réticence de qui que ce soit. Je venais de perdre un père, j'ai trouvé une famille »* déclare-t-il après l'élection. À partir de ce moment, Fillon sent bien qu'il est entré dans la véritable arène politique. Il a envie d'être élu puis réélu. Il sait à partir de cet instant qu'il sera bel et bien maire de Sablé aux prochaines municipales de 1983. En effet, Pierre Daguet lui a promis les clés de la ville. Il lui reste deux ans pour se construire, deux ans pour s'installer à la tête de cette ville de 12 000 habitants, à 50 kilomètres du Mans, d'Angers et de Laval.

Dans la foulée, se tiennent les élections cantonales. Là aussi, Joël Le Theule a laissé son mandat vacant. Il doit revenir à François Fillon. Tout le monde se range comme un seul homme derrière sa bannière. Jean-Marie Tissot, maire de Solesmes, commune voisine de Sablé, s'engage. Il ne connaît pas très bien François Fillon qui travaillait la majeure partie du temps à Paris au cabinet de Joël Le Theule, mais il sait que le flambeau lui était destiné. *« Il restait dans l'ombre. Il était très discret »* dit-il de lui. Les maires ne le connaissaient pratiquement pas. Jean-Marie Tissot rencontre alors ses collègues et leur « vend » François Fillon. Au passage, il se renseigne pour savoir si les uns ou les autres comptent postuler à des mandats, comme celui de maire aux municipales de 1983, de conseiller général ou de député. Personne ne répond à l'appel, nul ne s'oppose vraiment aux multiples et probables candidatures de François Fillon. Jean-Marie Tissot constate que les maires sont contents d'avoir sous la main quelqu'un qui connaît bien les dossiers de Sablé, un homme dans le droit fil de Joël Le Theule. *« On reportait sur François Fillon la confiance qu'on avait en Joël Le Theule. Il avait le savoir-faire en tant que proche collaborateur de Le Theule, mais je crois que le fait d'être porté par la ville de Sablé l'a vraiment incité à tout donner et à se présenter aux différents mandats. Une porte s'ouvrait et il a saisi l'opportunité qui se présentait à lui »* raconte Tissot, l'homme de toutes les campagnes de Joël Le Theule, un collaborateur très engagé sur le terrain, proche des milieux associatifs et professionnels. Désormais, Tissot est entré au service de François Fillon.

« Je l'ai baladé dans les assemblées générales des associations, on me demandait toujours qui était ce petit jeune. Il avait un faux air de Thierry Le Luron » se souvient avec un large sourire Jean-Marie Tissot. Mince, casque de chevelure très noire, raie sur le coté, un air vraiment juvénile, seule la profondeur de son regard et son allure sérieuse marquaient les

esprits. « *Je l'incitais à serrer des mains pendant que je le présentais. Je disais qui il était, qu'il incarnait les espérances de Sablé, en tant que successeur de Joël Le Theule.* »

Pendant toute sa campagne, François Fillon se présente comme celui qui poursuivra l'œuvre de son mentor : « *La confiance que m'a témoignée Joël Le Theule pendant les années durant lesquelles j'ai été son collaborateur, l'amitié qui me lie à la plupart des maires et des élus, la connaissance que, grâce à eux, je possède des problèmes particuliers des différentes communes, expliquent ma candidature* » confirme François. L'opposition, elle, ne manque pas de critiquer ce « letheulisme » à tout va. Le candidat socialiste Jean Thomas se veut ironique : « *Il n'y aura pas d'après letheulisme ni d'après gaullisme. Il est évident que l'action de celui qui se prétend son dauphin ou son disciple, le dépositaire de sa pensée, ne peut être qu'une action différente.* »

Malgré les critiques, le 25 janvier 1981, c'est haut la main que François Fillon est élu dès le 1er tour conseiller général du canton de Sablé avec 76,69 % des voix. Il devient vice-président, chargé des affaires économiques. Son discours ne se veut pas original : « *Les électeurs ont voulu, par ce vote, montrer leur attachement à Joël Le Theule et à l'action qu'il a menée. Je poursuivrai son œuvre pour que le canton de Sablé reste le plus dynamique du département de la Sarthe.* »

Au niveau national, si François Fillon n'est plus au cabinet du ministère de la Défense, il est recruté par André Giraud, ministre de l'Industrie, comme chef adjoint des travaux législatifs et parlementaires. Il travaille au cabinet mais bénéficie également d'un contrat de chef du service des travaux législatifs et parlementaires. Il garde ce poste jusqu'à la présidentielle au mois de mai.

Quand le destin s'acharne

À partir de cette époque, l'homme public commence à s'installer en politique. Petit à petit, il panse les plaies laissées par le départ soudain de Joël Le Theule. À chaque pas, il montre que son combat politique se définit comme la poursuite de celui de son ami. Mais le destin va encore frapper.

François habite à Paris avec Pénélope où ils hébergent souvent son petit frère Arnaud lorsqu'il n'est pas en pension. Alors âgé de 18 ans, Arnaud est scolarisé à Antony dans les Hauts-de-Seine. Pour son anniversaire, il rejoint ses parents au pays Basque pour huit jours, ensuite ils retournent tous ensemble dans la Sarthe. Le vendredi 17 avril 1981, en plein week-end pascal, encore en vacances, Arnaud rend visite à ses amis. Le voilà parti chez une connaissance de la famille. Sur place, il emprunte une voiture, alors qu'il n'a pas encore son permis de conduire, et entraîne son copain avec lui. Sur la route, soudain, Arnaud perd le contrôle du véhicule. Sa vie s'arrête au pied d'un arbre. Son ami s'en sortira après une phase de coma.

Ce soir-là, François est invité à dîner avec son épouse chez un médecin de Sablé qui habite à Solesmes. Lorsqu'il arrive à destination, le médecin l'attend déjà sur le pas de la porte, le visage défait. Le maire de Sablé, Pierre Daguet, est lui aussi présent ce soir-là. Personne n'ose annoncer à François que son jeune frère vient de décéder. On lui parle d'un « accident ». François n'est pas inquiet : « *D'accord,* dit-il, *si ce n'est rien de grave, on peut dîner.* » Le maire de Sablé lui fait comprendre qu'il vaudrait mieux qu'il rentre chez ses parents au plus vite. Le couple se précipite au domicile de la famille. Le monde vient de s'effondrer pour les Fillon. Curieusement, François dira ne plus se souvenir de rien. « *Je n'extériorise pas beaucoup mes sentiments.* »

Pierre Fillon, lui, n'oubliera jamais l'instant où il apprend le décès de son frère cadet Arnaud. Il habite à Tours où il poursuit ses études de médecine. Il n'avait évidemment pas de téléphone portable à l'époque, ni même de téléphone fixe. C'est un policier qui frappe à sa porte le soir du drame. Il lui annonce qu'il a perdu son frère dans un accident de voiture. Pendant de longues minutes, Pierre croit au décès de François, car lui seul a son permis de conduire. Il parcourt 80 kilomètres à bord de son véhicule. « *Quatre-vingts kilomètres en pensant que c'était François. Et lorsque je suis arrivé à la maison, j'ai vu sa voiture, j'ai alors compris que ce n'était pas lui* » confie-t-il.

Quatre mois après le décès de Joël Le Theule, les Fillon plongent à nouveau sous le voile du deuil et du chagrin. La fratrie est fortement ébranlée. Les parents ne sauront se consoler et encore moins sécher les larmes de leurs enfants. « *Nous serons plus soudés, plus solides* » affirme Pierre. Michel Fillon se rapproche beaucoup de ses enfants. « *Mon père était quelqu'un d'assez dur, mais il a beaucoup changé quand on a perdu notre petit frère Arnaud* » se souvient Pierre Fillon. L'éducation qu'il a donnée à Dominique, le dernier, n'avait plus rien à voir avec celle de ses deux aînés. Le benjamin, alors en pleine adolescence, aura d'ailleurs beaucoup de mal à accepter cette disparition, lui qui était le confident d'Arnaud. Anne et Michel feront de leur mieux pour soutenir Dominique, pour l'aider à surmonter cette épreuve et par là même atténuer leur propre chagrin. D'autant que Dominique commence par perdre pied. Il ne travaille plus à l'école. Les Fillon resserrent les rangs et s'unissent pour affronter cette épreuve difficile. Pour oublier, il faut rester actif et s'occuper. C'est ce que pense François qui, sans directement faire allusion à cette phase de deuil, propose à sa mère de tenir son bureau de campagne. Avec les années, elle se rendra compte que cette expérience lui aura été bénéfique. Elle plonge dans ses nouvelles activités, nettoie le local, le transforme, discute avec tous ceux qui collaient des affiches. Il faut dire qu'entre-temps, la vie politique française a pris un nouveau tournant.

Malgré la vague rose

Élection présidentielle, le 10 mai 1981, la vie politique française bascule. François Mitterrand est élu avec 52 % des voix. Il est le premier candidat socialiste de la Ve République à être élu à la tête du pays. Joël Le Theule, avant de s'éteindre, s'était engagé derrière Valéry Giscard d'Estaing mais pas avec Jacques Chirac. François Fillon non plus ne soutiendra pas le président du RPR qui n'a pas passé le premier tour.

Afin de bénéficier de l'état de grâce, le nouveau président de la République dissout l'Assemblée nationale. La nouvelle opposition ne s'est pas encore remise de l'échec de la présidentielle. Elle n'a pas le temps de s'organiser. Les candidats prévoient déjà la vague rose et ne se bousculent pas pour se présenter aux législatives. Jacques Chirac, encore secoué par l'échec, accorde l'investiture locale du RPR à François Fillon malgré les anciennes tensions existantes entre le parti et Le Theule. François est candidat dans la 4e circonscription de la Sarthe, qui, *a priori,* a bien peu de chance de résister à la vague socialiste. Le suppléant de l'ancien député, René Paillet s'est retiré pour laisser la place libre au successeur de Joël Le Theule. François Fillon sait qu'il va devoir s'affirmer dans l'opposition s'il veut devenir et rester député. Il sait que ce poste revêt une dimension nationale et que s'il remportait cette élection, ce serait une belle revanche sur ceux qui avaient fermé les portes aux membres du cabinet de Joël Le Theule après son décès.

Il fait campagne avec le plus grand sérieux. Il est omniprésent sur le terrain. *« Il a tout de suite compris comment il fallait s'y prendre avec les gens »* juge Thierry Berthé, ancien collaborateur de Le Theule, *« son origine bourgeoise ne laissait pas présager une telle proximité. »* En coulisse, il se fait aider par ses frères et sa famille. Une campagne qu'il mène toujours dans les pas de son père spirituel, comme en témoignent quelques extraits de ses discours publiés dans *Les Nouvelles de Sablé* : *« Chacun reconnaît que l'œuvre de Joël Le Theule doit être poursuivie* [...] *Je veux rassembler tous ceux qui souhaitent œuvrer à notre développement économique et social* [...] *J'ai des ambitions pour notre région* [...] *Je suis prêt à favoriser le changement, mais je m'opposerai avec la plus grande fermeté au bouleversement de notre société* [...] *Candidat unique de l'Union pour la Nouvelle Majorité, je demeure convaincu que notre société est perfectible sans révolution. »* Jacques Jusforgues, candidat PS, ne l'entend pas de cette oreille. Il critique ce jeune nouveau de la droite. *« Du RPR, il est devenu giscardien, puis UNM, trois étiquettes politiques en trois semaines, cela donne une impression d'indécision. »* Le suppléant socialiste, Jean Thomas, n'y va pas de main morte : *« Si Joël Le Theule avait su se faire de nombreux amis de tout bord, il n'a fallu que quelques semaines à celui qui se dit son successeur pour tout gâcher et apporter la zizanie.* » Il est reproché à François Fillon d'avoir sali les murs des villages sous une débauche d'affiches, jusqu'au domicile de ses adversaires. Autre reproche : pour la première fois, la commune de Parcé n'a pas eu droit cette année au Fond spécial d'investissement routier. « *Jamais Joël Le Theule n'aurait agi ainsi* » attaque un opposant. Mais François Fillon bénéficie du soutien fidèle des parents Le Theule qui demandent comme « *un service à rendre à Sablé de voter François Fillon* ».

Pour cette première vraie campagne de son mari, Pénélope s'affiche toujours à ses côtés. Elle l'accompagne dans chaque café, chaque commune, dans chaque village. Les réunions s'enchaînent toute la journée, à raison de huit rendez-vous en moyenne dans des lieux différents. « *Parfois il n'y avait que quatre personnes,* se souvient Pénélope, *mais on restait discuter avec ceux qui avaient fait le déplacement. J'ai beaucoup aimé cette période, c'était très convivial, j'ai aimé distribuer des tracts dans les boîtes à lettres, discuter avec les gens, j'y participais pleinement.* » L'épouse de François Fillon l'épaule solidement pendant toute la campagne. Cette période lui a permis de découvrir la Sarthe en profondeur, un département qu'elle a appris à aimer, une région qu'elle a ensuite toujours tenu à habiter. Dès le mois de janvier 1981, Pénélope et François louent une ferme à Auvers-le-Hamon pour être dans la circonscription. Jamais Pénélope ne manquera une campagne de son mari. Si elle ne le suit pas tous les jours, elle choisit à chaque fois quelques réunions ou meetings. Généralement, elle se fait discrète, assise au fond de la salle pour mieux écouter les commentaires. Mais c'est chez elle que Pénélope a préféré attendre les résultats, suspendue au téléphone.

Le 14 juin 1981, François Fillon est élu député. Victoire dès le 1er tour, avec 50,14 % des voix devant cinq autres candidats. Il revient à l'Assemblée nationale, non plus en qualité d'assistant parlementaire comme il y a cinq ans, mais en tant qu'élu. Benjamin de l'Assemblée nationale, à 27 ans, comme le fut Joël Le Theule. Cette victoire a lieu six mois jour pour jour après le décès de son parrain. Dès le lendemain des élections, le nouveau député va fleurir sa tombe, accompagné par les parents du disparu. Pas une année ne passera sans qu'il n'aille se recueillir sur place. Seul, avec des proches ou des amis de Joël Le Theule, il viendra toujours lui rendre un fidèle hommage.

« 27 ans et l'envie de me battre » titre la presse locale en reprenant les mots de François Fillon. Il assure lors de son élection qu'il a envie de se battre pour le changement, mais qu'il s'opposera sans faiblesse au bouleversement de la société. À sa grande surprise, Jacques Chirac et le RPR le félicitent. Il fait partie des rares succès de la droite. Pour lui, c'est un bond en avant. Il est interrogé par la presse écrite, les radios, les télévisions, il est suivi dans son installation au Palais Bourbon, dans la Salle des Pas Perdus, scruté par tous les journalistes pour qui *« il a toujours un mot gentil »* reconnaît l'un d'eux. Il mesure l'impact des médias lorsqu'il déclare dans une interview sur France Inter qu'il n'a pas encore choisi son attaché parlementaire. À la suite de ce passage radio, il ne tarde pas à être inondé de candidatures. Le 22 juin, François Fillon est même invité sur TF1, au *Journal de la nuit*

présenté par Jean-Claude Narcy. L'occasion est unique de mieux cerner le plus jeune des députés et d'en savoir un peu plus sur ses ambitions. Chevelure abondante, regard surligné par d'épais sourcils, épaules qui se voudraient tombantes, allure un peu timide, comme s'il s'excusait d'être là, petit sourire innocent, costume et cravate sombres, chemise blanche. Dès qu'il ouvre la bouche, une autre image apparaît, celle d'un homme déjà plein d'expérience. Une voix grave et posée, les mains l'une sur l'autre, le ton très « politique » :

– *Qu'est-ce que ça peut apporter la campagne à un jeune comme vous ?* lui demande le journaliste.

– *Vous savez, une campagne électorale, c'est un moment privilégié de contacts avec une circonscription, mais c'est aussi un peu une période irréelle. Vous avez beaucoup d'amis qui surgissent pour vous aider, vous avez des thèmes à défendre sous des préaux d'école, c'est quelque chose d'irréel et c'est en même temps un des temps les plus forts de la vie politique.*

– *Est-ce que c'est facile pour un jeune député d'entrer à l'Assemblée nationale dans l'opposition, ou est-ce que c'est moins facile que si vous étiez encore dans la majorité ?*

– *C'est une question à laquelle je pourrai répondre dans quelques jours, je n'ai pas fait encore ma rentrée à l'Assemblée nationale. En tant que membre du RPR je regrette bien sûr que nous n'ayons pas le pouvoir, mais pour un jeune de mon âge c'est une période exceptionnelle et je vais pouvoir me faire les dents à la lutte politique dans les rangs de l'opposition.*

– *Quelle place pensez-vous tenir parmi les ténors du RPR ?*

– *Une place modeste certainement.*

– *Ça ne vous donne pas le trac un petit peu de travailler à côté de*

Jacques Chirac, Monsieur Messmer, Monsieur Couve de Murville ?

– Je crois que chacun a sa place, moi j'apporterai mon inexpérience et eux leur expérience, mais j'apporterai aussi une façon nouvelle de voir les choses et j'ai bien l'intention de prendre ma part de responsabilité, modeste, mais...

– Que comptez-vous faire dans cette Assemblée, voter des lois ?

– Si on nous en propose qui correspondent à nos souhaits bien sûr, et puis assurer la fonction de contrôle qui est la fonction normale d'un parlementaire, et en particulier dans le domaine de la Défense qui est celui qui m'a toujours le plus intéressé.

– Vous aimeriez participer à une commission de Défense ?

– Tout à fait.

– Député, pour vous, c'est quoi ? C'est une profession comme une autre ? C'est faire un métier ou c'est une vocation ?

– Je crois qu'aucun des deux termes ne convient, ce sont les circonstances qui vous amènent à entrer dans l'arène politique. Il y a un aspect professionnel, il y a un aspect vocation, il n'y a pas de définition.

– Le premier jour, vous allez être assis, je crois, près de Marcel Dassault, puisque c'est lui le doyen. C'est peut-être un peu impressionnant de se retrouver le plus jeune près du doyen ?

– Je crois que c'est ce qui est le plus impressionnant, le plus intimidant...

– Alors la vie de député en province, c'est les préaux vous l'avez dit tout à l'heure, ça va être aussi le bal des pompiers, ça va changer votre vie j'imagine ?

– Oui, c'est l'aspect que je ne connaissais pas, je traitais les dossiers dans le passé. Aujourd'hui, il y a cette fonction de représentation, mais vous savez elle est passionnante parce

qu'elle donne le contact direct avec les habitants d'une région, et c'est là que vous pouvez vous rendre compte des problèmes et de la façon dont vous pouvez les résoudre.

– Une dernière question. François Fillon, vous allez être quelqu'un qui va défendre des grandes options sur le plan national ou alors vous vous sentez à l'Assemblée nationale pour défendre vos concitoyens, ceux de votre ville ceux de vos villages ?

– Je crois que les deux sont indissociables, mais les dossiers économiques de ma région sont ceux qui passeront en priorité.

François Fillon, benjamin de l'Assemblée nationale, affiche lors de son premier passage télévisé une tête bien plantée sur les épaules. Réponses claires. Pas une bafouille. Derrière le sourire conciliant, on découvre un verbe net et de l'assurance. Sur le plateau de TF1, le jeune député emploie des mots qui montrent qu'il a bien conscience d'arriver en terrain hostile, nouvel espace que le spécialiste de la tauromachie qualifie déjà d'« *arène* ». Il s'habille d'une modestie qui revient souvent, teintée d'une indéniable ambition. Il parvient à faire passer son message il veut participer à la commission de la Défense. Il ne tardera d'ailleurs pas à s'y inscrire. Il défendra la Force océanique stratégique, la Fost, composante la plus importante de la force de frappe. Il se déclarera contre la nationalisation de la partie Armement de Matra, ce qui, selon lui, diminuerait l'efficacité économique de la société. C'est ainsi qu'il fait ses premiers grands pas sur le plan national. La presse le décrit comme un jeune homme discret, courtois, au physique séduisant, aux qualités intellectuelles indéniables. La rumeur évoque déjà une « *fulgurante carrière politique* ».

Château de Sablé

Une fois député, François Fillon retourne sur le terrain pour gagner la mairie de Sablé. Au début, tout commence bien. Le candidat favori est adoubé par Pierre Daguet. Le maire quitte son poste en lançant un véritable appel à voter François Fillon : « *Pendant 22 ans j'ai exercé aux cotés de Joël Le Theule dans la confiance et l'amitié [...] Aujourd'hui, je suis conduit par mon âge et la raison à abandonner la vie politique, et j'ai demandé à François Fillon de mener la liste d'Union pour l'expansion sabolienne, et je sais par avance que la population répondra à mon appel en votant massivement pour la liste de François Fillon.* » Pierre Touchard, directeur de l'agence locale du Crédit Agricole, président de la Société des courses hippiques, assure un bon soutien pour François Fillon. Cet ancien ami de Joël Le Theule lui sert de relais et le guide dans sa campagne. Jean Coconnier, patron d'un journal local, se dévoue de la même façon.

Malgré son visage juvénile, le candidat est non seulement député, jeune mari et père, puisque sa fille Marie n'a pas encore un an. François Fillon affiche son sérieux, sa stabilité, son parcours au plan national, mais aussi ses racines mancelles, ses attaches familiales à Cérans-Foulletourte. Il concocte une liste d'ouverture. Il tient de nombreuses réunions d'information dans les écoles, les cafés, les foyers et le hall de la mairie, pour aller à la rencontre du plus grand nombre de Saboliens. Il tient de nombreuses permanences et lance même Sarthe-Demain, une association qui rencontre des échos favorables dans le département. Cette structure vise à assurer le renouveau actif de l'opposition. Elle est lancée lors d'une soirée de novembre 1981, en présence d'un millier d'invités. Une association qui lui permettra de recevoir dans la Sarthe des politiques comme l'ancien Premier ministre Raymond Barre, toujours animé par cette volonté d'unir les forces de l'opposition. Parmi les slogans de sa campagne, retenons celui-ci : « *Nous voulons maintenant conduire fermement Sablé vers l'an 2000.* » François Fillon s'inscrit dans le long terme, 17 ans avant le nouveau millénaire. L'objectif sera atteint, même dépassé puisqu'il restera 18 ans aux commandes de la Ville.

Lors de cette première campagne municipale, il faut d'abord faire face aux critiques. L'opposition lui demande des comptes sur le bilan de ses prédécesseurs. Il s'y attelle. Face aux piques de ses adversaires, il rappelle que la situation financière de Sablé et son endettement sont comparables à ceux des autres villes de la région. « *Les engagements de Le Theule sont respectés, voire dépassés* » précise-t-il. Les impôts locaux sont inférieurs à la moyenne départementale. Sablé investit trois fois plus que les autres villes dans le domaine économique.

François Fillon apprend à se battre, à essayer de rester sur le plan des idées pour se défendre même lorsque ses adversaires s'acharnent. Il faut s'imposer. Un homme aurait voulu être tête de liste à la place de François Fillon, c'est Alain Bourgeteau, un adjoint au maire sortant, qui conteste la légitimité de ce bien jeune candidat. Mais très vite, les collaborateurs de Joël Le Theule le raisonneront. Il se laissera d'autant plus aisément convaincre que François Fillon lui-même ira discuter avec lui. Après son élection, il le nomme premier adjoint, poste que Bourgeteau occupera pendant 15 ans. Le concurrent devient un des hommes de confiance du maire. François Fillon expérimente pour la première fois l'art de retourner les adversaires de son propre camp, stratégie dont il usera encore.

Autre surprise de la campagne, une nouvelle liste fait son apparition, celle de Gilles Le Theule, le propre frère de Joël. Il se sent investi d'une mission familiale et veut, selon les rumeurs, se lancer en politique pour y installer son fils François-Gilles Le Theule. Celui qui n'a jamais vraiment été proche de son frère vient jouer les trouble-fête à Sablé. À vrai dire, il demande d'abord à François Fillon de figurer sur sa liste. Mais le candidat à la mairie se méfie. Il n'aime pas qu'on lui impose des choix, il ne comprend pas pourquoi Gilles Le Theule qui n'habite pas la région, surgit à la dernière minute. Il sait également que les relations entre Gilles et feu son frère n'étaient pas au beau fixe. Finalement, il décide de ne pas faire alliance avec lui pour ne pas rester éternellement le collaborateur d'un « Le Theule ». Accepter signifierait qu'il aurait toujours besoin du nom Le Theule sur sa liste pour se faire élire. Fillon souhaite voler de ses propres ailes. Un pari risqué compte tenu de l'émotion qui règne dans le département. Après le décès de leur élu, les Saboliens pourraient reporter leur affection sur le frère, Gilles Le Theule. François Fillon prend le risque. Il se lance sans lui. Du coup, son adversaire décide d'aller jusqu'au bout, irrité que le pouvoir et l'influence de son frère Joël revienne à son collaborateur. Mais un ralliement de poids viendra faire pencher la balance du côté de Fillon : la sœur et les parents de Joël Le Theule se rangent derrière lui.

L'ascension du jeune député, on le voit bien, n'est pas du goût de tout le monde. Il devra faire face à plusieurs de ses anciens amis écartés de sa liste et qui s'opposent maintenant à lui. Certains qui l'avaient aidé pour la campagne des législatives, cette fois lui tournent le dos. Plusieurs tracts désagréables sont lancés contre lui. Ses adversaires lui reprochent de les avoir évincés et le considère comme un traître. François Fillon répond qu'il ne peut pas reprendre tous les anciens amis et collaborateurs de Joël Le Theule, qu'il n'a pas suffisamment de places.

Cette victoire aux municipales, il faut aller la chercher. C'est la première élection qui se joue vraiment sur son nom. Lors des précédents scrutins, on peut dire que le candidat surfait sur l'émotion après la mort du grand homme local, mais là, deux ans plus tard, la donne a changé. Certains reprochent au jeune candidat de ne pas suffisamment politiser sa campagne. Sa jeunesse crée des jalousies. Cependant le député obtient les encouragements publics de Jacques Chirac, alors président du RPR, en passe d'être réélu maire de Paris. Au cours d'une réunion de campagne au Mans, Chirac s'excuse devant 5 000 personnes de ne pouvoir citer tous les parlementaires présents, mais lance : « *Je vais quand même vous parler de l'un d'entre eux, mon ami François Fillon. Toute l'opposition s'est rassemblée à Sablé pour qu'il puisse exercer les responsabilités de maire de la ville, je lui souhaite bonne chance.* » Jacques Chirac était ce jour-là en déplacement dans le département à l'initiative de François Fillon. Il faut dire que le jeune homme est devenu membre de la commission exécutive du parti et s'occupe des questions de Défense au RPR, à la demande de Jacques Toubon, alors secrétaire général.

François Fillon est décrit comme un jeune homme au parcours sans faute, qui a mis trois ans pour recueillir l'héritage de son parrain. Il est même qualifié de « *jeune loup du RPR* », accusé par les partisans de Gilles Le Theule de se préoccuper davantage de sa promotion politique personnelle que des intérêts de Sablé. Le 20 janvier 1983, un article du *Point* le définit comme un *« jeune loup de la politique sarthoise »*. Dans cette enquête intitulée *Les 5 000 vrais leaders des départements*, l'hebdomadaire a interrogé 40 000 personnes pour déterminer qui exerce l'influence la plus importante dans les départements. Il est classé en tête parmi les politiques qui grimpent dans le département de la Sarthe. Sur le plan régional, il arrive en 4e position. On voit que sa notoriété dépasse déjà les limites de sa circonscription. On lui promet un brillant avenir politique. C'est dans ce contexte qu'il n'échappe pas à l'œil exercé de Jacques Chirac, celui avec lequel pourtant il aura toujours des relations délicates.

Le jour des élections municipales arrive. Le 11 mars 1983, il est élu dès le premier tour maire de Sablé-sur-Sarthe avec 68,05 % des voix. C'est un score sans appel. Les candidats de gauche comme la liste de Gilles Le Theule sont terrassés. Fillon rend hommage à ses prédécesseurs. Il déclare déplorer les mots qui ont été proférés à son égard. *« Je ne les oublierai pas »*, dit-il. Il ajoute qu'il est reconnaissant à ceux qui sont restés tout au long de la campagne sur le terrain des idées. Il note également que *« les résultats du scrutin sont la consécration d'un bilan, d'une équipe et d'un programme »*.

Voilà François Fillon dans le fauteuil de conseiller général, député, maire. Parcours sans faute. Il est allé arracher chacune de ses victoires, chacun de ses mandats, et à chaque défi, il a remporté un succès franc et massif.

Année après année, il sera plébiscité par les Saboliens. Il construira jour après jour la vie économique, sociale et culturelle de sa ville. Le nom de François Fillon rime avec fierté et satisfaction auprès des électeurs. Les contestataires sont rares. *« Il a fait beaucoup pour la ville, il a fait venir des entreprises, il a beaucoup fait pour l'emploi »* reconnaît Bernard, la cinquantaine. *« Le TGV qui s'arrête à Sablé, c'est lui »* dit un client dans une boulangerie. Une personne âgée s'assied sur un des bancs installés face à la mairie, trop fatiguée pour porter ses courses. Certains discutent juste à côté, au pied d'un arbre. Une brise passe, seul le bruit du jet d'eau sur la place vient couvrir les discussions des habitants. Et une voiture de temps à autre traverse la place devant l'Hôtel de Ville. *« François Fillon ? C'est ça ! »* lance un habitant en montrant des immigrés africains de l'autre côté du trottoir. L'homme précise sa pensée : *« Il a développé des entreprises, créé des emplois. Quand il n'y avait pas assez d'ouvriers, il a ouvert les portes de la ville aux immigrés. Mais, heureusement, il a créé beaucoup de logements sociaux. »* La ville compte plusieurs centaines d'entreprises, autour de quatre pôles majeurs : l'agroalimentaire, la métallurgie, l'électronique et la transformation de plastique. Le taux de chômage est de 4 %, il est même descendu en 2000 à 3,4 %, un record. Denis Lambert, PDG de LDC, numéro 1 de la volaille en France, installé à Sablé, témoigne de sa reconnaissance . *« Il n'a jamais manqué une seule cérémonie de vœux. Tous les ans, au début janvier, on invite tout le personnel, on dresse un petit bilan de l'année, on remet les médailles du travail... Je n'ai jamais connu une année où il ne s'est pas déplacé. Il est très apprécié du personnel. »* Le chef d'entreprise ne tarit pas d'éloges : *« Il a toujours une grande écoute et nous a beaucoup soutenus lors de l'épisode de la grippe aviaire. »*

À la première visite, Sablé-sur-Sarthe surprend. À 256 kilomètres de Paris, on s'attend à une petite commune perdue au fin fond de la Sarthe. En réalité, on découvre une ville dynamique, développée, et une population qui respire la tranquillité. Les quartiers ont été rénovés, un important complexe aquatique est en cours de construction. Sablé accueille un festival de musique baroque à la fin de chaque été et organise tout au long de l'année de nombreuses activités culturelles et sportives, des forums pour l'emploi et des expositions.

La ville est traversée par trois rivières, la Sarthe, la Vaige et l'Erve qui passe juste derrière l'hôtel de ville. Ces eaux paisibles ajoutent à la sérénité de Sablé. La mairie est assise sur la place Raphaël Élizé, ce vétérinaire martiniquais, premier maire noir de France, élu à Sablé en 1929, puis déporté et tué en 1945. En 1987, la place de la mairie a été refaite. 165 volumineuses sphères métalliques y sont installées. Bon nombre d'administrés, peu convaincus, les ont surnommées « les boules de Fillon ». Pierre Molager, collaborateur du maire pendant plus de 10 ans à Sablé, témoigne de l'engagement économique de son patron : *« C'est une ville qui a 40 % de logements sociaux, et le maire a toujours dit que le centre ville doit être au cœur des préoccupations, mais que les investissements de rénovation doivent surtout aller dans les quartiers. »* Abdou est restaurateur, également responsable d'une association culturelle musulmane. Il se dit fier de la venue de Pénélope Fillon dans son restaurant. *« Elle est très réservée, simple et humaine, elle va chez le boulanger et chez l'épicier du coin. »* Et puis : *« Je l'ai vu discuter avec des ouvriers de la façon la plus anonyme qui soit. »* Les Saboliens l'apprécient parce qu'elle se fond dans la population, *« elle ne s'habille pas chez*

Channel ! Quand elle passe, on est surpris et on se dit "ah bon ? C'est madame Fillon ?" » Abdou est intarissable : « *Lui, François Fillon, il ne se comporte pas comme un Parisien. Il aime bien se promener à Sablé, on le voit acheter son journal. On ne le voit pas en revanche sur les marchés au moment des campagnes électorales.* » Pierre Molager se souvient des propos de l'élu : « *Moi, quand je fais le marché, c'est à titre personnel, je ne fais pas de politique.* » Les gens de couleur et les immigrés saboliens ne sont pas en reste. « *Il a toujours eu une main tendue vers nous, il fait beaucoup pour les gens qui sont dans le besoin* » témoigne Abdou. Même les adversaires politiques reconnaissent que François Fillon a abattu un formidable travail local. Le socialiste Stéphane Le Foll l'avoue même s'il s'insurge contre l'opportunisme de l'homme politique. Les socialistes de la région critiquent ses idées, rarement l'homme. Abdou s'en va. Sur une dernière fillonade : « *Vous voulez entendre des critiques ? Ce ne sera jamais à Sablé, il fait l'unanimité !* »

Pour expliquer cette relation forte avec les Saboliens, François Fillon dira un jour « *l'élu local est à portée de baffes, ça m'oblige à la modestie* ». Quand il s'installe dans le fauteuil de Joël Le Theule en 1983, le jeune homme arrive avec son propre regard, sa propre distance vis-à-vis de la politique. Son métier prenait toute la place dans la vie de Joël Le Theule, lui qui n'avait pas fondé de famille et qui n'avait pas d'autre passion que d'assurer sans relâche ses missions électorales. Lorsque Le Theule voulait changer d'air, il partait en voyage à l'autre bout du monde, et, généralement, rentrait trois jours plus tard dans sa circonscription. François Fillon estime au contraire qu'on a « *peu de chance de traverser le désert aride de l'engagement politique sans l'oasis d'un jardin privé.* » Il s'y emploiera. Il aura beau participer ce 14 juillet à cinq banquets, enchaîner les réunions, il n'oubliera pas de faire la part des choses. Lorsqu'il arrive au Palais Bourbon il constate que de nombreux députés ne partent jamais en vacances. Quitte à être à contre-courant, quitte à étonner ses collègues ou ses électeurs, il ne veut pas renoncer à ses escapades ni à ses voyages. Il sillonne d'ailleurs l'océan Indien avec son épouse durant l'été 1981, juste après ces élections. François Fillon a sa propre vision de sa nouvelle vie. Il dira garder toutefois de Joël Le Theule le souci de la tolérance, le dialogue avec ses adversaires quand l'intérêt général l'exige, et le souci de conserver une certaine indépendance par rapport aux appareils partisans. Il se souvient de Joël Le Theule victime de coups bas du RPR et surtout de la part de Jacques Chirac, pour avoir accepté d'être ministre dans le gouvernement de Raymond Barre. C'est dans ce contexte qu'une nouvelle rencontre va de nouveau inspirer sa vie politique

Dans l'opposition

François Fillon s'installe à l'Assemblée nationale en 1981. L'un des vice-présidents en exercice n'est autre que Philippe Séguin. Le seul à ce poste issu de l'opposition parlementaire. L'alternance fait émerger au sein de la droite de nouvelles têtes, des jeunes bien décidés à faire face à l'arrivée déferlante de la gauche. Ils n'ont pas quarante ans. Philippe Séguin fait partie de ceux qui visent la reconquête du pouvoir à droite. Pour y parvenir, il faut se rencontrer, discuter, échanger ses idées et s'opposer à la gauche. Avec Charles Millon, député UDF, il crée très vite un groupe de réflexion appelé le Cercle : Centre d'études et de recherches constitutionnelles législatives et économiques. L'objectif de ce groupe consiste à discuter des textes et des propositions du gouvernement en place pour mieux les fustiger, instaurer le débat d'idées mais aussi tenter de rassembler les formations politiques de l'opposition. Le RPR Michel Noir ou encore l'UDF François d'Aubert y participent. François Fillon, jeune député RPR, est appelé par Philippe Séguin à rejoindre ce groupe. Séguin remarque François Fillon lors des élections législatives de 1981. Ces deux jeunes députés de droite, de 27 et 38 ans, sont les rares à avoir été élus en pleine vague rose. Séguin trouve Fillon brillant et dynamique. Il recherche justement ce genre de jeune profil pour faire du Cercle une structure de renouveau, un gisement de réformes. Le député de la Sarthe accepte la proposition du patron du Cercle pour prendre sa place dans le débat parlementaire. La liste des membres du Centre d'études s'allongera très vite. Plusieurs parlementaires vont arriver, tous qualifiés par la presse et surtout par les autres membres de leur formation politique de *« jeunes loups »*, de *« mousquetaires »* ou de *« cadets de la droite »*.

François Fillon sent bien qu'il est en train d'entrer dans la cour des grands. Répondre à l'appel de Philippe Séguin est une façon de sortir du lot et d'avoir la tête qui dépasse de la masse uniforme des centaines de députés. L'idée de rénover la vie politique lui plaît, celle du renouvellement des générations également. Les membres du groupe verront plutôt en lui un observateur. Lui-même reconnaît qu'il a tenu un rôle plutôt modeste bien que très présent lors des réunions et débats. Il apprend beaucoup aux côtés de Philippe Séguin. Par exemple à accepter l'alternance tout en aménageant les projets de la majorité, article après article, amendement par amendement : les nationalisations, 100 amendements, les lois Auroux, un record, 3 600. Les projets de la gauche sont la cible des « mousquetaires » de l'hémicycle. C'est une véritable guérilla parlementaire qu'ils mettent en place et Séguin sait jouer de toutes les astuces du Parlement pour arriver à ses fins.

Avec cet homme, François Fillon partage une certaine idée de la politique et de l'idéal républicain. C'est à son contact qu'il réfléchit à la nation et à la question sociale. Ils partagent leur connaissance du Parlement, ils apprécient leur goût réciproque des dossiers bien ficelés. Tous les deux sont de bons élèves solitaires, voire marginaux. Petit à petit, François Fillon met beaucoup d'espoir en Séguin dans lequel il se reconnaît. L'homme d'Épinal le fait avancer. Il est son nouveau mentor. De surcroît, Pénélope apprécie beaucoup Philippe qu'elle juge *« au-dessus de la plupart des hommes politiques »*.

À travers le Cercle, les francs-tireurs du Palais Bourbon se font entendre dans les médias, au point de couvrir la voix de l'appareil RPR qui ne s'est toujours pas remis de l'échec présidentiel. Ce groupe de réflexion est vite considéré par le parti de Jacques Chirac comme un regroupement d'électrons libres, une bande d'empêcheurs de tourner en rond. À l'approche des municipales de 1983, les pressions se multiplient sur les jeunes du Cercle pour qu'ils rentrent dans le rang. François Fillon raconte qu'ils ont été réunis un soir dans les bureaux du maire de Paris, à l'Hôtel de ville, puis menacés de ne pas obtenir l'investiture du RPR aux législatives de 1986, lesquelles, cette fois, devaient se dérouler à la proportionnelle. Dans ce système, c'est maintenant le parti qui décide de son candidat alors qu'au scrutin majoritaire chacun se présente en comptant sur la confiance des électeurs. La manœuvre porte ses fruits. Peu à peu, les voix des *mousquetaires* se feront plus discrètes. C'est la fin du Cercle, mais les jeunes agitateurs ont ouvert une brèche et ils n'ont pas fini de faire parler d'eux.

Vers une armée de métier

« François Fillon, représentant de la droite revancharde ! » le candidat RPR est ainsi épinglé dans sa circonscription par les socialistes et communistes lors des cantonales de 1985. Une nouvelle bataille électorale qu'il remporte. Il est réélu conseiller général dès le premier tour, comme en 1981. Il conserve son poste de vice-président du conseil général de la Sarthe.

Les mois qui ont suivi l'élection de Fillon à la mairie de Sablé en 1983 ont été remplis de rencontres, de déplacements, d'actions et de stratégie politique. Le jeune animal politique poursuit sa carrière nationale et locale. Il inaugure à cette époque le premier centre commercial à Sablé. Il participe à plusieurs conférences sur la Défense nationale, comme en juin 1983 lors d'une soirée rotarienne où il aborde la question de la force nucléaire française, les avantages de la bombe à neutrons, le vieillissement des avions Mirage IV, les fusées périmées du plateau d'Albion, la flotte sous-marine française nucléaire toujours en attente de sa 6e unité. En 1984, il célèbre en grande pompe le deuxième anniversaire de l'association qu'il préside, Sarthe-Demain. Il en profite pour inviter deux de ses amis, Michel Barnier, 32 ans, député, et Alain Juppé, 38 ans, maire adjoint de Paris. Au cœur de leur discussion, la reconquête du pouvoir.

Les remous des jeunes trublions du Cercle ont produit leurs effets au sein du parti. Avant les municipales de 1983, Jacques Toubon, 43 ans, est nommé secrétaire général du RPR et François Fillon responsable du secteur « Défense nationale ». Il fait la promotion de plusieurs dossiers dans ce domaine, notamment la réforme du service militaire et l'utilité de s'orienter vers une armée de métier, sujet qu'il est l'un des premiers parlementaires à aborder. Pour lui, l'armée des années 1970 était pensée et organisée pour mener les grandes batailles rangées en Europe, ce qui n'est plus une réalité stratégique. Il faut au contraire une armée allégée en hommes, du personnel mieux formé, capable d'intervenir très loin de nos frontières, sur des théâtres d'opération comme l'Afghanistan ou l'Afrique, autant de zones lointaines où l'on ne peut pas envoyer des appelés. Pour Fillon, le service militaire reste un sacrifice demandé à la jeunesse d'un pays, un devoir légitime pour défendre sa famille ou son territoire, mais bien plus abstrait quand il s'agit d'aller maintenir la paix en Afghanistan ou ailleurs dans le monde. À Sciences-Po, à la veille de partir accomplir son service militaire, il s'était déjà penché sur ces questions alors qu'il préparait sa thèse de doctorat sur la Défense. Désormais François Fillon planche donc sur la Défense nationale au sein du RPR.

Dans plusieurs interviews, il fait état des relations de confiance qui se sont établies avec Jacques Chirac, maire de Paris. Dans la perspective de la présidentielle de 1988, on lui demande à plusieurs reprises s'il s'engage du côté de Raymond Barre ou de Jacques Chirac. Il répond généralement qu'il votera Jacques Chirac car il est au RPR, mais que Raymond Barre propose un discours intéressant, représentatif de l'autre moitié de l'opposition, et que ce serait une erreur de l'ignorer. Il prône alors le rapprochement entre ces deux hommes qui ne se parlent pas.

Les législatives de 1986

Avant la présidentielle se tiennent les législatives, cette fois à la proportionnelle. Fait nouveau donc, c'est maintenant le parti qui décide de la liste de ses candidats. François Fillon doit se battre pour mener la liste dans la Sarthe car il fait face à des parlementaires bien plus âgés et plus expérimentés que lui. Il finit par composer une liste et faire accepter l'idée qu'il doit, lui et lui seul, la conduire pour gagner dans ce département. Autre nouveauté avec la proportionnelle : la campagne se déroule sur tout le département et non plus uniquement sur la circonscription. Il faut donc rassembler des moyens financiers plus importants. Plus question de passer au peigne fin chaque village sur le département tout entier. Il faut recourir à des techniques de communication plus modernes, des affiches de 4 mètres sur 3, des panneaux publicitaires, un journal tiré à 400 000 exemplaires. Sur le fond, le candidat se déclare clairement contre les extrêmes et la montée du Front National. « *Une belle aventure* », dira-t-il de cette campagne qui se termine sur un succès.

Sans surprise, il est réélu député de la Sarthe le 16 mars 1986 avec 48,99 % des voix au premier tour, à la proportionelle. François Fillon conforte de la sorte sa position au sein de la droite.

La gauche réalise son plus mauvais score depuis la fin des années 1960. C'est le début de la toute première cohabitation de la Ve République. Jacques Chirac devient Premier ministre de François Mitterrand, Philippe Séguin ministre des Affaires sociales et de l'Emploi. Le 4 avril, François Fillon devient membre de la commission de la Défense et quatre jours plus tard il est nommé président de cette commission. André Giraud, le nouveau ministre de la Défense, lui propose le secrétariat d'État mais Fillon refuse. Il préfère demeurer « *son propre patron* » à la commission de la Défense plutôt que d'hériter d'un « sous-poste » et de s'occuper des anciens combattants. C'est Pierre

Messmer, président du groupe RPR à l'assemblée et ancien ministre des armées du général de Gaulle qui l'a aidé à obtenir cette présidence de commission de haute lutte : face à lui, s'alignaient le général Bigeard, Jacques Baumel, compagnon de la Libération, ou encore Yves Lancien, député de Paris, ancien de la France Libre. Pierre Messmer tranchera en faveur du très jeune François Fillon car ils partagent la même vision : la suppression du service militaire et la formation d'une armée de métier.

François Fillon est ainsi élu à l'unanimité des 74 membres. C'est la récompense de nombreuses années d'investissement intellectuel dans ce domaine. Il franchit une nouvelle étape. Après avoir été le benjamin de l'Assemblée nationale, il est à 32 ans le plus jeune président de commission de la Ve République. Pour apprécier sa progression vertigineuse, il suffit de noter que le président de la commission des Affaires étrangères se nomme Valéry Giscard d'Estaing. Le jeune président de la commission, véritable antichambre des projets de lois présentés en séance, occupera ce poste jusqu'à la présidentielle de 1988. Il livrera de nombreux rapports souvent impertinents et ne se privera pas de critiquer l'action du gouvernement. Cette période est stratégique pour François Fillon : la commission qu'il sait innovante doit faire face au puissant lobby militaire. Il doit tout faire pour résister aux pressions et mener à son terme la réflexion stratégique entreprise.

Sa tâche ne l'empêche pas de prendre le temps d'écouter les autres, de recevoir des étudiants, comme ce jeune homme de la Sorbonne qui vient l'interroger car il prépare un DEA de relations internationales et de Défense. L'étudiant tombe sous le charme du professionnalisme du jeune député. Il répand autour de lui que c'est avec quelqu'un comme François Fillon qu'il aimerait travailler un jour. À la fin de son cursus, l'étudiant envoie son mémoire à son interlocuteur pour le remercier de l'avoir aidé dans ses recherches. À sa grande surprise, le député l'appelle, le reçoit et lui demande s'il veut bien travailler avec lui, à Sablé-sur-Sarthe. Depuis, ils ne se sont quasiment jamais quittés. Igor Mitrofanoff deviendra son très proche collaborateur. Il sera sa plume jusqu'à son accession aux plus hautes marches du pouvoir.

Courant séguiniste

François Fillon et Philippe Séguin restent en étroite relation. Tous les 15 jours, ils participent à une réunion rue de Grenelle, avec, entre autres, Étienne Pinte, député maire de Versailles, Jean de Boishue, élu de l'Essonne, ou encore Jean-Claude Lemoine, député de la Manche. Ils sont une dizaine de parlementaires à venir régulièrement échanger leur point de vue sur l'actualité politique en pleine cohabitation. La relation entre Séguin et Fillon s'épanouit au sein du petit club. Le mode de fonctionnement du ministre des Affaires sociales est très particulier. Il agit par groupe ou par dossier et n'aime pas les tête à tête. Il préfère le débat à plusieurs et l'éventuelle confrontation par écrit. Philippe Séguin est en train de constituer ce qu'on appellera le « courant séguiniste ». Il rassemble ceux qui se sentent proches du gaullisme social, attachés à un certain nombre de valeurs et qui prennent le temps de réfléchir à l'évolution de l'Europe. Le ministre des Affaires sociales lance deux grands textes sur l'insertion des jeunes et sur la nécessité de tendre la main aux exclus. Son discours au sein du gouvernement apparaît de très loin comme le plus social. Comparé à un Édouard Balladur, ministre de l'Économie, plus libéral, Séguin exerce une forme de contrepoids.

L'homme n'est pas toujours facile à vivre. Son équipe apprend à le connaître. Il est décrit comme un tempérament soupe au lait. Un caractère qui n'effraie en rien François Fillon, son fidèle allié. « *François Fillon restait toujours étonnamment calme et solide* » se souvient Roger Karoutchi, un fidèle de Séguin, lui qui tempère également les emportements du chef. Le jeune député laissait passer les orages de son aîné, toujours stoïque face aux crises, en retrait. Si l'on déplore les coups de colère de Philippe Séguin, ses idées sont respectées même lorsqu'elles dérangent. Plus encore, son talent d'orateur force l'admiration de ses proches. Séguin viendra régulièrement dans la Sarthe pour exprimer son soutien à François Fillon. Lorsqu'il doit choisir un lieu de déplacement pour expliquer sa politique, il se rend dans le fief sarthois de Fillon. À l'approche des échéances électorales, Michelle Barzac, ministre de la Santé et de la Famille, Jacques Toubon secrétaire général du RPR, s'inviteront eux aussi à tour de rôle dans la Sarthe.

Lors de la campagne présidentielle de 1988, Philippe Séguin se range sans état d'âme derrière Jacques Chirac. Non pas que Chirac incarne pour lui le candidat idéal. Ils n'ont pas toujours la même vision des choses, mais pour Séguin qui garde de l'estime pour Raymond Barre, le dynamisme politique ne peut venir que de Chirac. La campagne du ministre sera donc très active, avec une bonne quinzaine de déplacements en province lors de réunions publiques de soutien à la candidature du président du RPR. François Fillon est dans la roue de son mentor. C'est ainsi qu'il participe d'ailleurs à plusieurs réunions publiques avec lui.

Le 24 avril 1988, au soir du 1er tour, Mitterrand, avec 34,11 %, devance Jacques Chirac, 19,96 %. Raymond Barre enregistre 16,54 % des voix. Le 8 mai, François Mitterrand est réélu avec 54 % des suffrages exprimés. Victoire encore plus nette que celle de 1981, n'en déplaise à la droite qui s'enfonce dans une crise profonde. Le 9 mai, les proches de Philippe Séguin se réunissent. Ils accusent le coup. Ils pensent qu'Alain Juppé à la tête du RPR, ça n'augure rien de bon. Les réunions se succèdent entre Étienne Pinte, Philippe Séguin et François Fillon au Palais Bourbon, dans ce bâtiment appelé le « pavillon ». Les liens se consolident dans cette équipe de « séguinistes », les déjeuners se multiplient. Ils se téléphonent quasiment tous les jours.

De son côté, François Mitterrand dissout l'Assemblée nationale pour installer une nouvelle majorité parlementaire. C'est reparti pour des législatives. Si les électeurs de la 4e circonscription de la Sarthe avaient surpris en votant à gauche à 58,5 % pour François Mitterrand, ce scrutin révèle une situation paradoxale car François Fillon est réélu député le 5 juin au 1er tour avec 51,94 % des voix.

Pour Philippe Séguin, ce sera un peu plus compliqué. Jacques Chirac l'appelle et lui propose d'abandonner les Vosges, un siège difficilement gagnable dans le contexte de 1988, pour aller dans les Yvelines dans la circonscription de Maisons-Laffitte, plus accessible. Séguin refuse. Les mousquetaires le soutiennent à Épinal. Parmi eux Michel Barnier, François Fillon, Étienne Pinte et d'autres. Beaucoup pensent qu'il s'agit de son dernier combat politique, mais, à la surprise générale, Philippe Séguin l'emporte.

Au lendemain de ces deux élections, la droite est ébranlée par ses nouveaux échecs. À qui la faute ? Qui pourrait guider la droite ? Que faut-il faire pour se ressaisir ? Les questions se multiplient, les réponses se cherchent. Jacques Chirac souffre de cette image du « mal aimé » des Français qui lui colle à la peau. Michel Rocard lui succède au poste de Premier ministre. Meurtri, Jacques Chirac pense même laisser sa place à la tête du RPR. Les tensions au sein de l'opposition ressurgissent. Tout le monde se demande si le maire de Paris se remettra de sa déconvenue et s'il parviendra à redevenir un jour prochain un candidat présidentiable crédible pour le RPR. Philippe Séguin, Charles Pasqua, Michel Noir, Étienne Pinte, Michel Barnier, Alain Carignon et bien sûr François Fillon font partie des voix qui s'élèvent en faveur d'un renouveau, pour aller de l'avant. Édouard Balladur, le fidèle, défend Chirac, faute de ne jamais avoir eu le moindre atome crochu avec le maire d'Épinal.

L'aventure des rénovateurs

À l'été 1988, Philippe Séguin explique dans la presse que le parti gaulliste n'est pas une machine électorale et qu'il a autre chose à faire que de soutenir les candidatures présidentielles de Jacques Chirac. Il n'apprécie pas que le mouvement soit exclusivement un parti fait pour et par Jacques Chirac, un comité de soutien permanent. *« Notre fonctionnement n'est pas assez démocratique »* lâche-il. Une idée entièrement partagée par François Fillon. Une large consultation est organisée dans toutes les fédérations départementales sur les méthodes de travail et les structures du mouvement RPR. Les contestataires déclarés sont partisans d'une réforme globale du fonctionnement, des méthodes et de la stratégie du parti. Ils souhaitent une réforme des statuts. Philippe Séguin demande que toutes les instances du mouvement soient élues à bulletin secret, y compris le secrétaire général. Il réclame que toutes les décisions soient débattues de façon collégiale et que le RPR parte à la reconquête des différentes catégories sociales.

Ce sentiment de révolte juste après la présidentielle de 1988, chez Séguin et Fillon, s'est principalement nourri de deux événements. D'abord la désignation du secrétaire général du parti, Alain Juppé. Jacques Toubon s'était vu contraint de démissionner de son poste après l'échec présidentiel et Philippe Séguin quant à lui, attendait la place de pied ferme. Le seul problème, c'est que Jacques Chirac le considérait comme un séguiniste et non comme un chiraquien, réputé trop indépendant et difficile à maîtriser. L'autre événement qui cause l'ire de Philippe Séguin et de ses alliés, c'est l'élection du président du groupe RPR à l'Assemblée nationale juste après la présidentielle. Séguin et Pons briguent le poste. Fillon s'engage aux cotés de son ami dans ce combat à couteaux tirés. Finalement, le député des Vosges s'incline d'une voix. François Fillon, qui a participé au dépouillement des bulletins, dit aujourd'hui : *« C'est la seule fois de ma vie où j'ai eu envie de mettre un bulletin dans ma poche, c'est immonde mais j'étais furieux ! »* Pourquoi ? Parce que Bernard Pons l'a emporté grâce au soutien officiel de l'appareil du RPR. En réalité, Jacques Chirac avait menacé Jean de Gaulle, député de Paris, qui avait pourtant juré de voter Philippe Séguin, de lui ôter son investiture RPR. Du coup, le petit-fils du général n'a pas trouvé d'autre parade que d'arriver juste après le vote. C'est la voix qui a manqué à Philippe Séguin. Cet épisode marque un coup d'arrêt.

Le sentiment de gâchis et de frustration se développe chez les deux alliés Séguin et Fillon. L'élu d'Épinal va alors crier haut et fort ce qu'il attend du RPR. Il veut un parti qui refuse de favoriser une catégorie par rapport à une autre, un parti qui refuse de privilégier des intérêts particuliers par rapport à l'intérêt général, un parti qui prône le rassemblement, qui s'ouvre aux autres, aux jeunes étudiants, aux salariés, aux universitaires, aux syndicalistes, aux artistes et aux médias. Philippe Séguin entend réutiliser le RPR comme instrument de conquête du pouvoir, certes, mais que le parti soit un lieu de réflexion et de proposition permanent. François Fillon applaudit à ces propos. Il précise qu'il est favorable à cette remise en question profonde : *« Sans une vraie bataille d'idées, jamais nous ne gagnerons l'Élysée. »* Le voilà une fois encore dans le camp des minoritaires. Il souhaite revenir aux sources du gaullisme, comme lorsque le général voulait séduire des électeurs des milieux populaires en plus d'une partie de la droite traditionnelle. Il regrette la lente dérive droitière de son mouvement et dit non à toute alliance avec le Front National, qui vient de faire son apparition à l'Assemblée nationale avec la proportionnelle.

En interne, ce ton libre et incisif de Séguin est ressenti comme excessif. La base du parti préfère laver son linge sale en famille tandis que les trublions prennent l'opinion publique à témoin. À vrai dire, Philippe Séguin et François Fillon ne sont pas les seuls à réclamer la rénovation. Un mouvement de révolte de quelques parlementaires nommés « les rénovateurs » vient de naître avec Michel Noir et Dominique Baudis. Leur principale revendication se résume à un refus de voir Giscard conduire la liste de l'opposition aux élections européennes qui approchent.

Michel Noir, Dominique Baudis ou encore Alain Carignon se rapprochent de François Fillon et de Philippe Séguin. S'ils sont *a priori* séduits, Séguin et son lieutenant ne vont jamais vraiment adhérer à l'idée des rénovateurs. Ils ne supportent pas que Dominique Baudis ou Michel Noir puissent prendre la tête du parti et que tout le mouvement de « rénovation » serve à leur seule gloire. Les deux gaullistes les rejoignent mais garderont toujours un pied en direction de la sortie. Les rénovateurs prônent l'idée d'un regroupement de tous les partis de l'opposition. Simone Veil se dit prête à servir de marraine à ces jeunes qui osent la bataille frontale avec les états-majors politiques de l'opposition. Le pôle Giscard-Chirac affronte douze hommes en colère, une fois encore bien décidés à bousculer le destin de leur camp. Ils réclament une nouvelle droite pour les années 1990, une grande formation respectant les courants multiples, les gaullistes, les libéraux et les centristes. Les « rénovateurs » font la une de toute la presse, l'impact de leur discours va bien au-delà de leurs espérances. Les portraits des trublions se multiplient dans les journaux : François Fillon, Philippe Séguin, Bernard Bosson, Dominique Baudis, François d'Aubert, Alain Carignon, Charles Millon, Étienne Pinte, Philippe de Villiers, Michel Noir, Michel Barnier et François Bayrou. Les douze sont souvent présentés comme des quadras aux dents longues et au verbe acéré. Mais l'aventure ne durera pas. Philippe Séguin et François Fillon sont les premiers à jeter l'éponge. Ils sont persuadés que Dominique Baudis ou Michel Noir sont incapables de conduire une liste susceptible de l'emporter aux européennes, et se disent déçus par l'instrumentalisation des « rénovateurs ». Leur action leur laissera pourtant un souvenir positif dans un *« système sclérosé »*. Ils ont eu l'impression de faire bouger les lignes. Il n'y aura finalement pas de liste « rénovateurs » aux européennes. L'opération a fait long feu. Le RPR a menacé les trublions d'exclusion, obligés une fois encore de baisser le ton, voire tout simplement de faire profil bas. Les « rénovateurs » ont craint d'aggraver la désunion de la droite et se sont rangés, satisfaits toutefois d'avoir montré que les thèmes d'union, de diversité et de rénovation pouvaient captiver les Français. Le 16 avril 1989, un sondage Ipsos avait posé six questions à un panel de « sympathisants » UDF/RPR. *« Approuvez-vous ou non l'action menée par les jeunes dirigeants de l'opposition (Noir, Baudis, Séguin) ? »* Les « approbations », 5 561, tranchaient sur les « réprobations », 1 515. Mieux *: « À votre avis, que veulent surtout les jeunes dirigeants de l'opposition ? »* Réponse majoritaire des sympathisants UDF/RPR sur 3 134 réponses exprimées : *« Renouveler ses leaders »*. La messe était dite. Les « rénovateurs », affaiblis par leur absence de structure, n'étaient qu'un club d'amis face à la terrible machine RPR de la rue de Lille dont ils inquiétaient les caciques. Philippe Séguin le prophétisait, *« un espoir s'est levé, aucun des protagonistes de l'opposition ne pourra désormais s'abstenir d'en tenir compte »*. François Fillon a donc suivi son patron dans cette fronde contre les instances de son parti, mais il a perdu son poste de membre du bureau en 1990 lors du renouvellement de sa composition. Les « rénovateurs », une fois encore étaient sanctionnés, éliminés de la direction du bureau du groupe RPR, et François Fillon poursuivait son parcours « chiraquement incorrect ».

Alliance avec Pasqua

Même s'ils ont raté leur échappée, Philippe Séguin et François Fillon refusent d'abandonner le parti gaulliste aux mains de Bernard Pons et de Jacques Chirac. Ils profitent d'un congrès, programmé pour conforter Jacques Chirac et Alain Juppé à la tête du parti et une fois encore, ils jouent les trouble-fêtes. Philippe Séguin cherche des alliés pour se présenter à la direction. Il rencontre sur sa route un certain Charles Pasqua de plus en plus écarté par son vieil ami Jacques Chirac. Pasqua a l'impression que ses idées ne sont plus suffisamment défendues, que la jeune garde conduite par Alain Juppé a pris le pouvoir. Charles Pasqua représente une force et une légitimité importantes à l'intérieur du mouvement gaulliste. Pour Séguin, il s'agit de l'allié idéal. François Fillon n'oubliera jamais le choc qu'il a ressenti en apprenant la nouvelle. Il est en réunion à Mamers, dans la Sarthe, en qualité de président du Comité d'expansion économique du département. En plein discours, un garde-champêtre vient lui porter un message. « *Séguin vous cherche partout au téléphone.* » François Fillon descend au sous-sol de la salle de théâtre. Au bout du fil, la voix grave de Séguin : « *Je vais faire alliance avec Pasqua, je voulais te prévenir.* » À l'époque, Fillon n'apprécie pas du tout le vieux grognard. Il le trouve dépassé. Il ne comprend pas ce pacte : « *Tu es fou ? Pourquoi fais-tu ça ? Ça n'a pas de sens !* » Séguin lui explique que la politique, c'est aussi un rapport de forces. « *C'est en passant des alliances avec d'autres forces que tu réussis à conquérir le pouvoir, ce n'est pas en restant tout seul dans ton coin.* » Lors de cet hiver 1990, le disciple suivra quand même son ami Philippe Séguin jusque dans ce rapprochement stratégique avec Charles Pasqua. L'ancien ministre de l'Intérieur crée une association intitulée Demain la France. François Fillon fait partie du comité d'orientation. Charles Pasqua et Philippe Séguin veulent conduire la rénovation du gaullisme.

Le jour du congrès du RPR, Pasqua-Séguin présentent une liste « *dissidente* » aux élections internes, ce qui ne s'est jamais vu dans le parti. Ils obtiennent 30 % des voix contre Juppé-Chirac qui l'emportent avec 70 %. Philippe Séguin et François Fillon ne renient pas ce score de 30 % qui a dépassé leurs attentes. Les proches de Séguin commencent à l'imaginer candidat à l'Élysée. « *Un homme politique qui ne veut pas exercer un pouvoir n'est pas un homme politique. Si on a des idées, c'est pour les mettre en œuvre* » explique désormais François Fillon, convaincu après cette expérience des leçons du maître : défendre ses idées, aussi pertinentes soient-elles, ne suffit pas. Ce qui compte, c'est de se donner une chance de les mettre en pratique un jour. Il faut s'ouvrir aux idées des autres pour avancer. Aller chercher le pouvoir passe par les alliances. Il s'en souviendra.

Non à Maastricht

François Mitterrand a fait de l'Europe l'un des grands chantiers de ce qui sera son dernier septennat. Le traité de Maastricht sur l'union économique et monétaire, mais aussi sur l'union politique, est signé le 10 décembre 1991. Philippe Séguin y voit un grand saut dans l'inconnu, un abandon de souveraineté, et met en avant l'exception française. Personne n'oubliera son discours du 5 mai 1992 à l'Assemblée nationale, grand moment de la vie parlementaire. Il fait l'éloge de la nation, défend la souveraineté, conclut : *« Oui, je veux l'Europe, mais debout. »* Tous les députés et sénateurs à la fibre sociale ou nationale, tous ceux qui se demandent si la construction européenne va dans le bon sens sans forcément tomber dans l'euroscepticisme sont séduits par le discours mémorable de Philippe Séguin. François Fillon a collaboré à la rédaction du texte.

Une fois encore, quand le lutteur se lance dans cette bataille, il ne dispose que de peu de soutiens au sein du RPR. Rares sont ceux qui, à un an des législatives, osent sortir des rangs. François Fillon et Philippe Séguin sont encore embarqués dans un combat à contre-courant. François s'occupe de l'organisation des déplacements et des relations avec les élus pendant la campagne. Henri Guaino, encore dans l'ombre, participe déjà à l'élaboration des discours. La future « plume » de Nicolas Sarkozy aiguise ses idées. À l'exemple de Séguin et Guaino, François Fillon prend ses distances à l'égard du traité qui *« crée une monnaie unique sans donner à l'Union européenne de véritables institutions démocratiques »* et *« enlève aux États membres toute latitude pour que chacun conduise une véritable politique économique et monétaire. »* écrit-il dans son livre *La France peut supporter la vérité*[1]. Aujourd'hui d'ailleurs, il reconnaît avoir exagéré à l'époque le risque que représentait l'euro mais maintient qu'il fallait d'abord créer des institutions pour l'Europe avant de susciter une monnaie unique.

Si la campagne référendaire pour le non prend parfois des allures de nouvelle offensive contre Jacques Chirac et Édouard

[1] Albin Michel, 2006.

Balladur, Philippe Séguin s'applique à plusieurs reprises à multiplier les témoignages de fidélité au président du RPR qui reste prudent. Chirac ne demande ni exclusion ni sanction contre les cadres du RPR qui voteraient « non », et font campagne pour le « non ». Pas question de se mettre à dos ces élus gaullistes qui sont de plus en plus nombreux. Jacques Chirac reste en faveur du « oui » parce que tout le monde lui a dit, Nicolas Sarkozy le premier, que s'il veut être candidat à la présidentielle, il ne peut pas avoir dit « non » à l'Europe. Sa campagne pour le « oui » est d'ailleurs timide. Un point qui renforce le député d'Épinal. Autre aspect décisif, c'est le débat télévisé entre Philippe Séguin et François Mitterrand. Cette confrontation place définitivement Philippe Séguin dans la cour des grands. Ce jour-là, François Fillon accompagne son ami pour ce face à face enregistré à la Sorbonne.

Malgré les arguments et le talent oratoire des « nonistes », le oui l'emporte. Courte victoire avec 51,05 % des suffrages exprimés le 20 septembre. Le « non » atteint 48,95 %. François Fillon accueille les résultats avec soulagement : il pensait vraiment que le score du « non » serait bien moins élevé. Arriver à presque 49 % contre tous les états-majors des principaux partis, c'est une forme de victoire qui porte Philippe Séguin sur les fonts baptismaux. Pour François Fillon, Philippe Séguin devient, de façon évidente, un sérieux candidat à la future présidence du RPR.

Mais il est encore un peu tôt pour sortir du bois. Jacques Chirac invite au contraire Philippe Séguin à rentrer dans le rang. Charles Pasqua, qui avait tardivement rejoint la campagne du « non », finit par se concentrer sur la présidence du Sénat qui d'ailleurs lui échappera et Philippe Séguin rejoint le comité de pilotage du RPR. Certains crieront à l'opportunisme de Séguin et de ses acolytes, en rappelant que les « rénovateurs » avaient pourtant adopté l'Acte unique européen en 1986, véritable étape vers Maastricht. Mais Philippe Séguin s'en est toujours défendu. Pour lui, le traité impliquait des abandons de souveraineté définitifs. Au bout du compte, malgré la victoire du « oui », la campagne a porté Philippe Séguin au premier plan de la vie politique française. Son influence se trouve renforcée au sein du RPR. Tout compte fait, Jacques Chirac le félicite.

Si François Fillon était aux côtés de Philippe Séguin pour défendre le non au référendum de Maastricht, le député de la Sarthe s'est également installé au niveau national sur les problèmes de Défense. Même après avoir quitté la présidence de la commission de la Défense de l'Assemblée, il s'applique à occuper ce terrain à travers différentes actions et prises de positions. Mi-janvier 1991, en pleine guerre du Golfe, il se déplace en Arabie Saoudite pour se rendre compte de la situation et de la préparation des militaires français sur place. Il souhaite porter aux troupes françaises *« le témoignage du soutien de la nation et notamment de ses élus »*. Voyage jugé périlleux dans la presse car il se déroule le jour même du début de la préparation aérienne de l'opération Tempête du désert. Certains observateurs ne voient pas l'utilité d'un tel déplacement, ils parlent d'un « coup de pub ». D'autres applaudissent. Dans la presse, Fillon critique et interpelle le président de la République, François Mitterrand, sur la crise de l'institution militaire et la réduction du budget de la Défense. Il craint qu'elle n'entraîne l'affaiblissement des forces aériennes françaises et des divisions blindées, l'abandon de la modernisation des systèmes de contrôle et de commandement des forces terrestres. Il rappelle qu'il prône depuis longtemps une armée de métier et propose un plan à l'horizon 2000 afin d'instituer une force de soldats professionnels qui répondraient mieux aux besoins du pays. Selon lui, il faut moins d'hommes, mieux organisés et tous solides. Il appelle à la suppression du service militaire, il publie une tribune, en avril 1991, dans *Le Monde*, titrée *Défense entre l'Otan et l'Europe des chimères*. Il souligne les obstacles majeurs qui barrent la route vers une Europe de la Défense et propose que la France modifie ses relations avec l'Otan. Il critique les projets de réforme de l'Alliance Atlantique qui reste, selon lui, trop « *américaine* », et propose sa véritable européanisation. François Fillon interpelle une fois encore François Mitterrand en l'accusant d'avoir choisi « *une politique de temporisation ambiguë* ». Du coup, le président de la République fait venir ce jeune député de l'opposition jusqu'à l'Élysée. Leur échange n'ébranle nullement leurs convictions respectives, mais avec son plaidoyer pour le système de défense européen, François Fillon vient de frapper fort.

Côté jardin

Plus la carrière politique de François Fillon se construit, plus il s'ancre dans sa vie familiale. Il a très peu d'amis. Tout le monde s'accorde à dire que son plus proche confident s'appelle Pierre Fillon, son frère. Il partage tout avec lui. « *Nous sommes très complices sans beaucoup se parler* » confie Pierre. Les frères Fillon tentent de se voir tous les week-ends, quand l'agenda de François le permet. Ils ne parlent pas beaucoup politique, pratiquent ensemble de nombreuses activités. Ils partagent au moins une semaine de vacances par an. « *C'est très difficile pour lui d'avoir des amis. Des amis qui ne sont pas intéressés et avec qui il peut vraiment se livrer* » confie Pierre. Avec les divers mandats et fonctions de François, les frères Fillon ont du mal à s'organiser pour se voir, mais ils y parviennent toujours. Deux grands thèmes les unissent : leur vie privée, et leur passion pour le sport.

Leur vie privée est intimement liée : les deux frères ont épousé deux sœurs. Pierre croise Jane à plusieurs reprises chez François et Pénélope. Ils ne tardent pas à se lier d'amitié avant de tomber à leur tour amoureux. C'est François lui-même qui les marie en 1984. Voilà qui unira encore plus, s'il en était besoin, François et Pierre. Cette histoire des deux frères français qui épousent deux sœurs galloises aura des échos même outre-Manche. Lorsque la reine mère Elizabeth, de passage en France, sera reçue chez le Duc de Lorge à Juigné-sur-Sarthe, tout près de Sablé, elle prendra Pénélope à la grande surprise de l'intéressée dans ses bras pour lui dire avec fierté : « *Quelle charmante histoire ce double mariage franco-britannique !* » Pierre aura une fille et deux garçons, François une fille et quatre garçons. Leurs enfants grandiront ensemble.

Le sport demeure le ciment de la relation entre Pierre et François. Ils partagent des sorties en montagne, de nombreuses randonnées, font du ski et du VTT. Dès son plus jeune âge, Pierre faisait toujours partie des voyages et randonnées organisés par François quand il était chef scout. Enfants, ils se souviennent avoir vécu des moments inoubliables. Comme ce jour où ils veulent jouer les « Apollo » et construisent un vaisseau spatial en carton. Ils grimpent sur le toit de leur maison de Cérans-Foulletourte et marchent en apesanteur comme s'ils étaient sur la lune. Ils adorent prendre des risques, comme jouer avec une vieille poussette et de s'écraser contre le portail de leur habitation. À l'image de nombreux garçons de la région, ils aiment la vitesse et les voitures. Ce sera la plus grande passion commune des deux frères, la course automobile. Tout jeune, ils se débrouilleront pour travailler aux 24 heures du Mans. Bénévoles, ils distribuent les chronométrages dans tous les stands. Ils aident à des petites tâches d'organisation, ce qui leur permet de passer partout, de découvrir l'envers du décor de cette fabuleuse course automobile, de rencontrer des pilotes et de se perdre dans les stands. Pierre rêvait d'être pilote. Parallèlement à ses études d'ophtalmologie, il intègre une école de pilotage à 20 ans. Quelques années plus tard, François décroche son premier stage sur le circuit du Mans et conduit sa première vraie voiture de course. Il y prend goût aussi, au point d'enchaîner les stages. Ensuite, Pierre s'occupe d'une écurie de courses mancelle, Dams, et les deux frères partagent là encore des moments forts. L'écurie est engagée dans le championnat de formule 3000, antichambre de la F1. En 1992, le patron de l'écurie, Jean-Paul Driot, autorisera Pierre et François à essayer ces voitures de course réservées à l'élite des pilotes.

Pierre et François Fillon participent à des compétitions comme Le Mans Classic en 2004, réplique des 24 heures du Mans sur voitures anciennes construites entre 1930 et 1970. Il n'est plus question de rouler pendant 24 heures : 10 catégories autos tournent à tour de rôle, disputant quatre manches de deux heures, dont la plus impressionante se déroule la nuit. Pour le Mans Classic en 2004, au volant d'une Alpine Renault qu'il partage en équipier avec un ancien pilote professionnel, François vient de prendre le relais de nuit. La voiture part en 4e position, devant de nombreux concurrents. « *Il savait qu'il fallait pousser très fort et qu'il y avait des fous furieux derrière lui, j'ai vu monter son angoisse au départ de la course* » se rappelle Pierre. Dès le premier virage, la meute le déborde. François serre les dents. Il arrive au bout du parcours sans commettre de faute. Pour lui, c'était le plus important.

Pierre est un passionné. Il gère l'organisation de l'Automobile Club de l'Ouest pour y développer l'école de pilotage. Il dispute des courses dans le monde entier. Henri Pescarolo, quadruple champion aux 24 heures du Mans et patron de l'écurie Pescarolo Sport, est un grand ami de François Fillon. Il parle de la passion automobile de l'homme politique : *« Je me suis aperçu que c'était un vrai connaisseur et un amoureux de l'automobile, parce que lorsqu'il venait me voir, on restait une seconde dans le bureau et on allait tout de suite à l'atelier pour voir les voitures, les moteurs, les mécaniciens »*. Lors des 24 heures du Mans, François Fillon passe parfois à l'improviste avec ses fils en pleine nuit, sans photographe ni journaliste, juste pour le plaisir de vivre la course de l'intérieur. En dehors des courses, François Fillon va régulièrement piloter des voitures sur le circuit du Mans. Pescarolo organise aussi des séances spéciales sur le circuit Bugatti pour François et son frère Pierre. Des moments de pur bonheur pour les deux frères qui peuvent alors s'asseoir dans des voitures de 700 Cv capables de rouler à 350 km/h. *« Il est tout à fait à sa place au volant de ces voitures, il est loin d'être ridicule,* lance Henri Pescarolo. *Bien évidemment il ne fait pas les temps d'un pilote de course mais il conduit très bien ». « La principale qualité que doit avoir un pilote,* ajoute Henri Pescarolo, *c'est celle de voir défiler au ralenti ce qui ce passe très vite, une capacité à analyser très vite son environnement et dans le calme. Il faut avoir aussi des réflexes rapides mais coordonnés. Ces dispositions doivent être naturelles avant de les travailler pour s'améliorer, et François Fillon les possède. »*

C'est ainsi qu'au Mans Classic il a piloté une Ferrari 275 GTB datant de 1966, une Ferrari 250 GT de 1960, puis une Alpine Renault A220 de 1969.

Début juillet 2007, François Fillon monte à bord d'un prototype Courage sur le circuit Bugatti à l'occasion de *LM Story*, un week-end de courses de voitures anciennes. Quelques mois plus tôt, en mars 2007, sur le plateau de *Jour de Sport* sur Canal+, François Fillon fait un parallèle entre le sport automobile et la politique, déclarant : « *la politique est un sport, pas un sport d'équipe* ». Il fera toutefois ponctuellement équipe avec Nicolas Sarkozy qu'il emmènera en 1999 faire quelques tours de pistes. « *Un grand moment de trouille* » selon son coéquipier. François Fillon invitera également Roselyne Bachelot lors d'un tour d'honneur précédant les 24 heures du Mans 2007. Il lui a été reproché d'avoir continué de rouler alors qu'il avait un problème d'embrayage et d'avoir même abîmé le véhicule. Le pilote vexé n'a pas tardé à répondre sur son blog de façon vive : « *Pan sur le bec !* Le Canard enchaîné *prétend que j'ai cassé une Audi RS4 de la direction de course lors du tour d'honneur précédant le départ des 24 heures du Mans. Je comprends que la présence d'un Premier ministre sur un circuit automobile soit déroutante pour les journalistes du* Canard, *vu qu'il s'agit d'une première, mais cette surprise ne les autorise pas à transformer une banale panne d'embrayage en destruction d'une voiture de 77 000 euros, immédiatement évaluée en nombre de Smic. Je tiens à rassurer* Le Canard *: Je n'ai fait prendre aucun risque inutile à notre nouveau ministre de la Santé, de la Jeunesse et des Sports pour laquelle j'ai beaucoup d'affection. Quant à la voiture, elle roule normalement après une réparation qui n'a pas mis les finances de l'Automobile Club de l'Ouest à plat ! Je pratique le sport automobile depuis vingt ans. Je n'ai pas l'intention de m'en excuser et encore moins d'y* *renoncer. À me suivre sur les circuits automobiles, peut-être* Le Canard *finira-t-il par se prendre pour* L'Équipe *!* »

La passion de François Fillon pour l'automobile dépasse largement les joies du pilotage : il est allé jusqu'à s'occuper du redressement économique des 24 heures du Mans en 1995. La compétition traversait alors de sérieuses difficultés financières. L'élu local a favorisé la logique entrepreneuriale en confiant la gestion de l'événement à une société d'économie mixte, la Société de gestion des 24 heures du Mans, tandis que les aspects purement sportifs restaient du ressort de l'Automobile Club de l'Ouest.

Quand ils ne sont pas réunis au bord des circuits, Pierre et François se retrouvent souvent le week-end avec leurs parents. Le frère cadet, Dominique, devenu musicien, se joint aux réunions familiales. Pour François, le cercle Fillon est si important qu'il ne lui viendrait pas un seul instant l'idée de passer les fêtes de Noël loin des siens. « *S'il décide de partir en voyage, ça sera le lendemain de Noël mais jamais le jour même* » note Anne, sa mère. Chaque année, les discussions s'ouvrent pour savoir chez qui fêter Noël, mais au final c'est toujours chez François que la famille Fillon se retrouve. « *C'est le chef, avec ses airs qui ne le montrent pas* » dit Anne. Les anniversaires sont d'autres moments sacrés dans la famille. Pierre Molager, un des jeunes collaborateurs de François Fillon dans la Sarthe, souligne à quel point les liens du sang sont prioritaires. « *C'est un moyen, pour lui, de couper avec la pression du travail, il décompresse, il se relâche, il jardine, il s'occupe de son parc. C'est vraiment sa coupure à lui.* » Sylvie Fourmont, sa secrétaire particulière depuis 20 ans, sait qu'il faut toujours lui ménager un temps pour sa famille, le soir après le travail.

À la maison on ne discute pas trop politique. Il s'agit plutôt de se détendre. François Fillon aime s'amuser et cherche la compagnie de ceux qui le font rire. *« Il est vraiment drôle lorsqu'il se met à imiter l'accent sarthois »* raconte sa voisine Marie-Armelle Lelièvre. Si en public, il est très méfiant, lorsqu'il s'attable en petit comité, il alterne sujets drôles et sujets politiques mais jamais vraiment sérieusement. Parmi les humoristes qu'il apprécie beaucoup, Raymond Devos ou encore Nicolas Canteloup. Si on lui fait remarquer que ce dernier imite de nombreux politiques et pas lui, il répond qu'il n'a pas souvent été imité. *« Peut-être que les humoristes n'y arrivent pas »* se résout-il. Les Guignols sur Canal+ ? Il ne regarde jamais, son épouse en revanche quelquefois. François Fillon préfère rester à distance de certains médias pour mieux se concentrer sur son travail. « Le Canard, les Guignols, *ça fait partie du jeu mais il ne faut pas accorder trop d'importance à tout cela »* pense-t-il.

« François est toujours d'humeur égale, reconnaît Pénélope, son épouse. *Il n'est pas très expansif et ne se met jamais en colère. »* Pénélope, si indulgente avec son emploi du temps : *« Je comprends qu'il doit passer du temps et se donner à ceux qui votent pour lui, je comprends son travail. »* Si rassurante : *« Il ne se voit pas chercher à se faire élire jusqu'à l'âge de 75 ans, il sait qu'il y aura une fin. »*

Pénélope et François ont eu cinq enfants, Marie née en 1982, Charles en 1984, Antoine en 1985, Édouard en 1989 et Arnaud, le petit dernier, en 2001. En 2007, Marie est jeune avocate, Charles en cinquième année de droit, Antoine en troisième année de commerce, Édouard prépare HEC et Arnaud, qui porte le prénom du petit frère de François qui a perdu la vie dans un accident de la route, est en cours préparatoire. Et quand on parle du petit Arnaud : « *C'est le plus beau petit garçon du monde* » dit-il de ce fils que le couple a eu tardivement. Le dernier-né est la merveille, avec lequel François tient à passer beaucoup de temps, se sentant coupable de ne pas l'avoir suffisamment fait avec ses autres enfants. Le jour du mariage de sa fille Marie, à l'été 2006, c'est un discours particulièrement émouvant qu'il tient à son aînée, sa seule fille, se reprochant de ne pas avoir été suffisamment là pour elle, lui dévoilant l'amour d'un père. Lui qui exprime rarement ses émotions a surpris tout le monde ce jour-là.

La vie à Solesmes

Solesmes, c'est la commune où François et Pénélope décident de s'installer en 1993, après avoir vécu pendant 10 ans à Asnières-sur-Vègre, non loin de là, toujours dans la Sarthe. Le manoir de Beaucé se situe à cinq minutes en voiture de Sablé. C'est un authentique refuge pour François Fillon. Pénélope, elle aussi, est très attachée à cette maison. Le manoir possède une chapelle, un colombier, une cour et un beau jardin paysagé. Il a été construit au XIVe siècle et modifié jusqu'au XIXe. À Solesmes, François Fillon est un autre homme. On peut le croiser de temps à autre à bord d'une barque avec son petit Arnaud. Parfois même on peut le surprendre derrière les fourneaux, occupé à préparer un dîner entre amis. François aime la bonne chère, le vin rouge, la bière et la viande, mais ni les crustacés ni le poisson. Il est à l'aise en cuisine, comme il est à l'aise au volant de son tracteur. Il passe du temps à cultiver son jardin. Il joue de la tronçonneuse et il lui arrive de couper lui-même la vigne vierge, pourtant très haute. Il veut que son jardin soit propre, impeccablement bien entretenu, que rien ne dépasse. Il n'est pas rare de croiser François Fillon dans les magasins de bricolage du secteur. Il plante les barrières, enfonce des pieux, réalise des soudures. Les voisins sont témoins de son énergie et de sa polyvalence. Une vraie complicité s'est établie avec la famille Lelièvre, ce couple d'agriculteurs qui s'est naturellement rapproché de Pénélope et de François par le biais de leurs enfants.

Si son mari se concentre sur le jardin, Pénélope adore les animaux. Paddy, son setter anglais, est surnommé Chirac par un voisin parce qu'il le trouve imprévisible. Il accompagne souvent sa maîtresse lorsqu'elle bouchonne, brosse et nourrit ses cinq chevaux. « *Je suis juste une paysanne,* confie Pénélope au Sunday Telegraph, *je ne refuse pas d'aller à des dîners ou événements mondains mais ce n'est pas ce que j'aime particulièrement faire [...]. On ne me reconnaît pas dans la rue et j'espère ne jamais l'être. J'en serais terrifiée [...] En fait, comme on reconnaît mon mari, je marche souvent de l'autre coté de la rue, ce qui n'est, je suppose, pas très gentil de ma part* ».

Pénélope Fillon parle souvent à voix basse, avec un rythme lent, posé et un accent britannique qui ne l'a pas quitté. Elle adore la simplicité et le naturel. Pas de coloration capillaire, pas de maquillage, pas de fantaisie vestimentaire, pas de geste démesuré, mais un sourire discret et poli à chaque fois qu'elle s'exprime. Dans ses gestes et ses postures, on reconnaît une femme pleine de savoir vivre.

À Solesmes, elle se retrouve souvent seule lorsque son mari travaille. Elle s'occupe en dînant avec des amis ou ses voisins.

Elle aime se plonger dans les livres, et par-dessus tout prendre de soin de ses enfants. Pénélope Fillon fréquente l'église tous les dimanches, beaucoup plus assidûment que François, moins pratiquant. Anglicane, elle s'est d'ailleurs convertie au catholicisme il y a une quinzaine d'années, par conviction et par quête spirituelle. Elle est très appréciée à l'abbaye de Solesmes où elle a longtemps appartenu à la chorale paroissiale.

L'abbaye est réputée dans le monde entier pour la beauté de ses chants grégoriens. Elle abrite un atelier de paléographie musicale : antiphonaires, vieilles partitions mélodiques, sont restaurés sur place. L'église abbatiale, construite au XIe siècle, puis reprise et allongée aux XVe et XIXe siècles, est réputée pour sa statuaire de personnages à taille humaine, les Saints de Solesmes. L'abbaye est la maison mère d'une famille de 31 monastères, elle préside la congrégation des bénédictins de Solesmes. Un profond silence règne en ce lieu empreint d'histoire où vivent quelque 70 moines. Les prières se font en latin, des catholiques du monde entier viennent y effectuer des retraites spirituelles.

François Fillon, catholique, n'a jamais mené de retraite au sein de l'abbaye, même s'il aime s'y rendre régulièrement, notamment le jour de l'Épiphanie. Ce jour-là, les moines accueillent volontiers à leur réfectoire des personnalités venues de l'extérieur. C'est un moment à part, un moment de grâce. On lit textes et discours avant un déjeuner pris en silence. *« L'Abbaye de Solesmes c'est un haut lieu de la réflexion. C'est toujours intéressant de parler avec les moines, et depuis que je suis élu dans la Sarthe, ils ont pris l'habitude de m'inviter deux ou trois fois par an pour débattre avec moi de sujets d'actualités »* précise François Fillon.

Le Père Abbé, Philippe Dupont, a spécialement invité son illustre voisin à l'époque de la signature du traité de Maastricht : il souhaitait entendre François Fillon exposer et commenter le texte et les conditions du traité. Les moines et le Père Abbé disent apprécier, estimer l'homme politique dont ils ne partagent pas forcément toutes les opinions. Ils aiment notamment son sens de la négociation, dans la droite ligne de Joël Le Theule qui lui aussi était en son temps l'invité de l'abbaye.

Toujours côté jardin, François Fillon aime la photographie, cette passion transmise par son grand-père. Il passe des heures à prendre des clichés de son jeune fils Arnaud, à les agrandir, les scanner ou les transférer sur ses différents ordinateurs. Les photos d'Arnaud sont partout, chez Anne et Michel Fillon, dans le bureau de François, à Solesmes, dans les différents ministères qu'il va occuper. François Fillon ne se sépare jamais de son appareil, que ce soit en vacances ou lors de ses escapades à la montagne ou même simplement lors de ses balades dans la Sarthe. Un rien capte son attention. « *Il a fait plein de photos de nos vaches, dans tous les sens et même des gros plans, et nous a ramené des images magnifiques de nos troupeaux qui sont souvent au bord de la rivière, juste en dessous de Beaucé* » témoigne Pascal Lelièvre son voisin agriculteur.

Autre passion dont son emploi du temps chargé ne l'a pas détourné, le livre. Pas une semaine sans qu'il ne déambule dans une librairie. Il aime le monde des livres. Il a des coups de cœur pour des auteurs ou se laisse capter par des titres accrocheurs. On le croise quelquefois chez Julliard, au coin de Saint-Germain-des-Prés, à Paris, en train de faire sa provision de livres pour les vacances ou le week-end. Sur sa table de nuit, trônent des ouvrages sur la corrida, la biographie de Pierre Loti signée Lesley Blanch, celle de Marie Stuart de Stefan Zweig, au même titre que Chateaubriand et ses *Mémoires d'outre-tombe*, toujours à portée de main. « *Je suis sensible à ce style romantique, à cheval sur plusieurs périodes, à l'écriture de Chateaubriand. Je ne suis pas un intellectuel, davantage un romantique, je marche plus à l'émotion, que ce soit en musique ou en lecture, c'est presque toujours l'émotion que je cherche.* » Sa référence musicale ? Les groupes pop des *sixties-seventies*, les Stones, les Beatles, Police et le jazz. Il est sensible aux voix de femme, comme Madeleine Peyroux ou Katie Melua. Malgré le poids des charges qu'il assume, François Fillon a toujours su cultiver sa vie côté jardin.

Monsieur le Ministre

En 1992, François Fillon brigue la présidence du conseil général. Élu conseiller en 1981, vice-président en 1985, il ne lui reste plus qu'une marche à gravir. Michel d'Aillières quitte le poste de président qu'il occupait depuis 18 ans. Il était devenu le patron du département en 1982, au lendemain de la première loi sur la décentralisation. Après les cantonales, il convoque une primaire à droite. Deux candidats sont en lice : le sénateur Roland du Luart, au conseil général depuis 13 ans, en 1992 alors 4e vice-président, et François Fillon, jeune député RPR, 6e vice-président. Roland du Luart part avec une confortable avance au point qu'il a même démissionné fin 1991 du conseil régional pour se consacrer à la Sarthe. Le notable est totalement confiant pour son élection à la présidence du conseil général. Ce poste revenait de droit, soit à des propriétaires terriens descendant de familles nobles, soit à des élus locaux, de père en fils ou d'oncles en neveux. Le marquis Roland du Luart puisait là sa légitimité.

Mais François Fillon se lance. Il a la volonté de réussir à s'imposer face au favori. Château contre chaumière, tel sera le duel que décrira la presse. Il reste à préparer un projet fort puis convaincre les conseillers généraux les uns après les autres. La bagarre entre les deux hommes se joue sur le terrain des idées et des convictions. Le combat est loyal, sans le moindre coup bas. Les deux candidats présentent chacun leur projet. Comment François Fillon est-il perçu sur le plan local ? D'abord comme un spécialiste du développement économique et social, raison pour laquelle il est apprécié. Président du Comité d'expansion économique de la Sarthe depuis 1989, il a mis sur pied un schéma de développement approuvé par le conseil général. À Sablé, comme Joël Le Theule en son temps, il a fait le pari des services aux entreprises et favorisé la diversification de l'activité. Pas moins de 300 nouveaux emplois sont créés chaque année. Le TGV s'arrête à Sablé. Il a voulu ériger sa ville en vitrine sociale avec la création du RMI pour les 16/25 ans dès 1985. Ce passionné de sport a enfin réussi à faire sacrer Sablé *« ville la plus sportive de France »*. Sa méthode : déléguer et faire confiance.

Au conseil général, Roland du Luart était donné gagnant au regard des promesses de voix. Mais au final, après le vote à bulletin secret lors de la primaire, François Fillon l'emporte par 16 suffrages contre 14. Deux voix d'écart qu'il doit à deux élus : Dominique Le Mener et Claudine Lefèvre, acquis à François Fillon. Ce dernier est élu président. Projet contre projet, c'est le genre de combat qu'il aime mener. À la surprise générale, il décide de nommer son adversaire Roland du Luart au poste de premier vice-président. Une fois encore, il fait, au final, de son adversaire un allié.

Si lors de cette élection à bulletin secret, le maire UDF de Loué, Yves Bellessort, a lui aussi voté pour François Fillon, il en garde un souvenir amer, car il dit aujourd'hui, malgré son amitié envers François Fillon, que ce dernier l'a ensuite trahi. Yves Bellessort s'est rendu compte qu'il a perdu son poste de conseiller général et sa mairie suite à un accord tacite entre Fillon et les socialistes : la mairie de Loué pour le PS et le poste de conseiller général pour un gaulliste.

Ce vendredi 3 avril 1992, le député-maire de Sablé devient l'homme clé du département. Il « gère » 750 personnes et un budget de près de 2 milliards de francs. Surtout, il accède au poste que Joël Le Theule a longtemps brigué sans jamais l'obtenir. C'est en quelque sorte une revanche posthume pour son parrain. *« C'est une fonction que François a beaucoup aimée parce qu'il avait un vrai pouvoir pour réaliser des projets »* confie Pénélope.

Il devient à 38 ans l'un des plus jeunes présidents de conseil général de France. Michel d'Aillières, surpris, félicite le candidat mais sait que la charge est très lourde. Il avait déclaré sous forme de recommandation avisée avant l'élection, que le futur président ne pourrait se consacrer qu'au département. Une façon de prévenir ceux qui manifesteraient des ambitions ministérielles.

Les élections législatives de mars 1993 approchent. Sur le terrain, François Fillon est de nouveau candidat dans la 4e circonscription de la Sarthe. Son action pour équiper, aménager et développer le département n'est pas contestée. Lorsque son cumul de mandats lui est reproché, il explique que ses fonctions sont complémentaires : « *Pour défendre à Paris les intérêts de la circonscription et du département, j'ai besoin d'un mandat national.* » Michel Rocard, Valéry Giscard d'Estaing ou encore Philippe Séguin débarquent dans la Sarthe pendant la campagne des législatives. Pour son deuxième déplacement en six mois dans le département, Philippe Séguin vient à Allonnes soutenir son ami, celui qui « *a des qualités d'un homme d'État* », *souligne-t-il,* et qui doit donc « *avoir un avenir national* ». Philippe Séguin est considéré comme un poids lourd après sa campagne réussie anti-Maastricht. D'ailleurs, pendant les législatives, il est invité dans toute la France par des candidats de plusieurs dizaines de circonscriptions notamment, dans le sud où le non l'avait emporté. De novembre 1992 à mars 1993, Séguin mène une campagne extraordinairement active avec l'aide de François Fillon.

On demande au président du conseil général de tenir des meetings en dehors de la Sarthe. Pour la première fois, les médias le sollicitent, Édouard Balladur vient chez lui, au Mans, entre les deux tours, à l'initiative de François Fillon. En quittant la salle, Édouard Balladur interpelle son hôte : « *Vous êtes prêt ?* » « *Mais prêt pour quoi, Monsieur ?* » lui demande François Fillon en tournant les talons. Séguin n'aimait pas Balladur mais tenait à ce que son courant soit représenté au gouvernement. Dans sa circonscription, François Fillon est élu dès le 1er tour avec 58,58 % des voix. Le Sarthois signe encore un beau succès. Il s'est taillé une stature nationale au fil de toutes ces années et, plus que jamais, il fait figure de « ministrable ». Son nom circule pour prendre part à ce second gouvernement de cohabitation.

Ministère de l'intelligence

Sur le plan national, la coalition RPR-UDF remporte alors les élections législatives. C'est l'heure du retour au pouvoir. L'homme qui monte au sein du RPR depuis quelque temps s'appelle Édouard Balladur. Il est pressenti pour devenir le locataire de Matignon. Il sera nommé sans surprise Premier ministre par le président Mitterrand, avec l'accord de Jacques Chirac. Cet homme élégant et courtois n'a jamais eu de véritable attirance pour les appareils politiques, mais il s'est attaché le soutien des « quadras » de l'opposition.

Fort de son poids politique au sein du RPR, Jacques Chirac avait appelé Philippe Séguin avant les résultats des législatives. *« Si on gagne, c'est Balladur qui ira à Matignon »* avait annoncé le président du RPR, lui-même se réservant la présidentielle de 1995. Lorsque Jacques Chirac demande à Philippe Séguin ce qu'il viserait dans le futur gouvernement Balladur, le député des Vosges répond : *« Je ne souhaite pas entrer dans le gouvernement, je veux la présidence de l'Assemblée nationale. »* Les orientations du prochain gouvernement ne lui plaisaient pas, il avait fait campagne pour le non au référendum de Maastricht, Édouard Balladur pour le oui. Philippe Séguin préférait donc gagner en autonomie grâce à la présidence de l'Assemblée. Il souhaitait que Chirac ne s'y oppose pas et n'impose pas une autre candidature RPR.

On demande à Philippe Séguin à qui il pense pour entrer au gouvernement. Il répond, sans hésiter : François Fillon. Voilà comment Édouard Balladur offre le portefeuille de l'Enseignement supérieur et de la Recherche au député de la Sarthe. Le Premier ministre veut d'ailleurs informer François Fillon de sa nomination, mais alors que tous les « ministrables » sont accrochés à leur téléphone, François Fillon, lui, reste injoignable. Il est en fait sur la route entre Paris et le Mans, et le téléphone de sa voiture ne fonctionne pas. Édouard Balladur ne lésine pas : « *Retrouvez-moi Fillon sur l'autoroute* » ordonne-t-il à la gendarmerie. Des motards se mettent en chasse. Peu avant d'arriver au péage d'Yvré l'Évêque, François Fillon voit surgir à sa hauteur, plutôt surpris, les deux gendarmes. Il n'est pas en excès de vitesse, mais il doit appeler au plus vite le Premier ministre. C'est dans une petite guérite de gendarmerie d'autoroute que François Fillon apprendra sa première nomination ministérielle.

Dans ce nouveau gouvernement, et pour la première fois depuis 1958, il n'y a aucun secrétaire d'État. Dans une équipe équilibrée avec 14 RPR et 15 UDF, on compte seulement deux opposants à Maastricht, Charles Pasqua et François Fillon. Les rénovateurs de 1989 sont cinq, dont François Fillon. La résistance et la liberté d'opinion au sein de l'appareil RPR ont visiblement réussi au député sarthois.

Dans la presse, François Fillon, 39 ans, est décrit comme un jeune homme au parcours impressionnant, d'un naturel discret, à l'opposé du jeune homme pressé qu'est Nicolas Sarkozy. Fillon est l'homme aux prises de positions atypiques, il est anti-Maastricht même s'il n'est pas anti-européen, militant de la réforme du service national. Il est fier de faire partie de cette équipe. « *Il y a trois moments forts lorsque vous devenez ministre : le moment de l'annonce, l'annonce à vos proches, et le premier conseil des ministres* » concède-t-il.

Il le dit sans fard, il savoure la chance et l'honneur d'être à cette place, au conseil des ministres, et ressent une grande émotion lorsqu'il s'installe autour de la table présidée par François Mitterrand. Dix-sept ans plus tôt, il avait choisi, après réflexion, d'accepter la main tendue de Joël Le Theule. Le maître n'aurait pas manqué de fierté en un pareil instant. L'élève, depuis, l'a égalé. Fillon est un homme reconnu et apprécié dans son département et désormais en charge d'un portefeuille ministériel. Certes, il n'est pas ministre de la Défense comme l'était son père politique, puisque c'est François Léotard qui en a hérité. Ses idées iconoclastes ne sont pas toutes partagées par le RPR, et encore moins par le président de la République, notamment à propos de la création d'une armée de métier. De plus, cet opposant à Maastricht pourrait compromettre certaines décisions du gouvernement exigeant des solutions européennes. Les autres anti-Maastricht sont d'ailleurs nommés à des postes qui ne sont pas directement liés aux affaires communautaires. Il n'est pas question de provoquer une crise ouverte avec François Mitterrand.

L'émotion des premiers conseils passée, François Fillon prend rapidement la mesure de la charge qu'il aura à assumer. Son portefeuille est double, d'une part la Recherche, domaine où il faudra donner au pays les moyens de ses performances, et d'autre part l'Enseignement supérieur, un secteur très lourd en raison de l'augmentation exponentielle du nombre d'étudiants et du retard accumulé dans la construction d'infrastructures et l'accueil des élèves. Mais Fillon prend son temps, s'approprie les dossiers et rencontre ses partenaires avant de prendre toute décision.

Il lance une grande consultation sur la recherche dans le but de présenter un livre blanc au parlement. Il veut réorganiser le ministère, plaide en faveur de plus d'autonomie pour l'université et souhaite élargir la politique contractuelle entre l'État, les universités et la recherche. Il veut séparer la formation des professeurs des écoles – les instituteurs – de celle des profs du secondaire, et présente un réquisitoire contre les IUFM, les Instituts universitaires de formation des maîtres, l'ancienne École normale. Il affiche également sa volonté de relancer la recherche dans l'aéronautique. Mais face aux vives réactions des syndicats, il est obligé de négocier des compromis. Il aura beau dénoncer l'héritage des gouvernements précédents, il devra reculer. La loi sur les universités est annulée, les IUT se mettent en grève et protestent contre la réforme de la filière technologique. Édouard Balladur suspend le projet. L'imminence des échéances présidentielles de 1995 limite l'action du gouvernement.

François Fillon favorise les voies du dialogue mais les chercheurs lui opposent une pétition. Il se sent alors victime de procès d'intention en permanence, *« ce qui était fatigant et démobilisant »* convient-il aujourd'hui. Celui qui avait pris l'habitude d'user d'une grande liberté de langage est tenu de se ranger derrière le gouvernement et apprend à jouer la solidarité, qu'il adhère ou non aux décisions prises, une excellente leçon pour la suite de sa carrière.

Pour se détendre et faire retomber la pression, le nouveau ministre fait de la course à pied. Pendant 45 minutes, tous les mercredis matin entre 7 heures et 8 heures, avant le conseil des ministres, et le dimanche chez lui à Solesmes dans la Sarthe, Monsieur le ministre ne se ménage pas. Il a appris à apprécier le footing dans des circonstances particulières. C'était à New York, en 1981, à Central Park. Il est alors en mission avec les députés RPR Jacques Toubon et Michel Barnier. Les trois hommes décident de faire un jogging. Très vite, Fillon décroche. Incapable de suivre le rythme de ses homologues. Cet épisode l'a marqué. Par orgueil, il s'est juré de prendre sa revanche. Depuis, il s'entraîne régulièrement deux fois par semaine, améliore sa foulée, son souffle et sa vitesse, en attendant l'occasion de se mesurer à nouveau à ses collègues. Quelques mois plus tard, alors que Jacques Toubon, Michel Barnier et lui se retrouvent à Bordeaux, c'est François Fillon qui lance le défi. Et cette fois, il reste devant. Depuis, il court deux ou trois fois par semaine, activité indispensable pour se vider la tête. Dans la Sarthe, il fait régulièrement du jogging avec un de ses amis, Frédéric Jugnet, en 2004 membre de son cabinet, en charge de la santé scolaire et des relations jeunesse et sports.

Dès sa première année d'exercice ministériel, la presse évoque la discrétion du personnage et se demande si elle volontaire ou pas. Il répond aux journalistes qu'il s'agit d'un choix car il appartient à un courant minoritaire au sein du gouvernement, et que cette discrétion répond à sa conception de l'action gouvernementale. Les ministres doivent travailler, et non se répandre en déclarations. François Fillon découvre les rivalités entre les ministres, il apprend à gérer les tensions entre les ministères dont les périmètres se recoupent, comme ceux de la Recherche et de l'Industrie. Le nouveau ministre doit également apprendre à reculer. Surtout face à la rue, malgré sa volonté de réformer et d'avancer. Le Premier ministre, Édouard Balladur, fait preuve de bonnes intentions, mais l'incompréhension monte au fil du temps. Il explique que les réformes sont plus que jamais nécessaires mais que dans le contexte économique et politique, les Français y sont rétifs. Les efforts du gouvernement sont condamnés d'avance à quelques mois, quelques semaines seulement de la présidentielle de 1995. Les sondages font apparaître une forte baisse de popularité du gouvernement Balladur, mais les tensions sociales du moment n'entament pas l'optimisme de François Fillon. Il a en effet été habitué, entre 1978 et 1980, lorsqu'il travaillait pour Joël Le Theule dans le gouvernement de Raymond Barre, à vivre des grèves au quotidien.

Le choix de Balladur

Le Premier ministre demande aux membres de son gouvernement de ne pas se déclarer ouvertement en faveur d'un candidat à la présidentielle, au moins jusqu'à la fin de l'année 1994.

Dès son arrivée à Matignon, Édouard Balladur s'est en effet désolidarisé de son grand ami Jacques Chirac. La perspective pour le président du RPR de se porter comme prévu candidat à la l'élection de 1995 est troublée par cette volonté de plus en plus affichée du Premier ministre de se lancer lui aussi dans la course. Balladur a dévoilé son vrai visage. Chirac ou Balladur ? Lequel soutenir ? François Fillon a du mal à prendre sa décision dans la mesure où l'homme politique dont il se sent le plus proche, Philippe Séguin, n'est pas candidat. Vincent Roger s'en souvient. Celui qui deviendra un fidèle de Philippe Séguin et de François Fillon, rencontre le député de la Sarthe pour la première fois en octobre 1994. Lors d'une réunion de l'association qui a invité Fillon, le RAP,

Rassemblement pour une autre politique, soutien de Philippe Séguin, il entend bien son discours : l'élu sarthois ne s'enthousiasme ni pour Jacques Chirac ni pour Édouard Balladur.

Les ralliements surprise à Édouard Balladur sont très nombreux. Parmi eux, Pierre Messmer le vieux gaulliste incontournable, et plusieurs autres proches de Jacques Chirac dont Nicolas Sarkozy. À l'Assemblée nationale, Roger Karoutchi, chef de cabinet de Philippe Séguin, organise régulièrement des réunions. Elles se tiennent dans le Salon blanc, situé au premier étage de l'hôtel de Lassay. Les proches de Philippe Séguin s'y pressent, François Fillon, Jean de Boishue, Étienne Pinte, René André, tous députés ou membres du gouvernement. On aborde la question du soutien au candidat à la présidentielle. Philippe Séguin se lance dans des explications un peu compliquées, déclare qu'il soutiendra Jacques Chirac qui selon lui, est plus à même de l'emporter que Balladur. *« Hors de question de soutenir ce bourgeois »* lance Philippe Séguin parlant de Balladur, *dixit* Jean de Boishue. François Fillon, lui, hésite encore. La réunion se termine, tout le monde a noté que sa position n'était pas très claire.

Et pour cause. Le ministre qu'il est s'est beaucoup rapproché de son chef de gouvernement. Pour lui, c'est un très bon Premier ministre, porteur d'une attention particulière à son équipe. Il est toujours à l'écoute, disponible, rassurant pour lui qui découvrait alors la fonction ministérielle. Il a d'autant plus envie de soutenir Balladur qu'il n'a pas d'affinité particulière avec Jacques Chirac. Un jour, le Premier ministre l'invite à déjeuner à Matignon, au fond du jardin, au « Pavillon de musique », en compagnie de

Nicolas Bazire, son directeur de cabinet, et le ministre Dominique Perben. Édouard Balladur dit à François Fillon : *« Il faut que vous me souteniez. » « Oui »* répond clairement le jeune ministre. *« Comment aurais-je pu choisir un Chirac qui ne m'avait jamais fait confiance et à qui je n'avais jamais fait confiance ? »* se justifie François Fillon dans son livre *La France peut supporter la vérité*. Mais le plus dur reste à faire : expliquer à Philippe Séguin qu'il ne soutiendra pas Jacques Chirac, ce que fait François Fillon. Séguin ajoute que Balladur n'est pas le bon candidat. Chacun a choisi ainsi son camp. François tente d'expliquer à ses amis que soutenir Balladur n'est pas une trahison du mouvement social. Au contraire, il faut, selon lui, autour de Balladur, des hommes possédant la fibre sociale. Il est certain que Balladur va l'emporter et Fillon trouverait regrettable de jouer perdant. Un autre proche de Séguin fait la même analyse : c'est Étienne Pinte, gaulliste social qui va lui aussi soutenir Édouard Balladur. Et puis François Fillon s'est toujours méfié de Chirac. *« J'étais très sceptique sur son aptitude à exercer la fonction présidentielle, je l'avais vu souvent changer d'avis du jour au lendemain sur des sujets stratégiques. »*

Séguin n'est pas si à l'aise que ça avec le ralliement de son dauphin au Premier ministre candidat à la présidentielle, bien qu'il lui ait appris lui-même le jeu des alliances. Roger Karoutchi raconte que son patron lui a fait part de son incompréhension face au choix de François Fillon : *« Comment peut-on avoir voté non à Maastricht, se déclarer gaullistes sociaux, dire qu'il faut des mesures sociales par rapport à l'économie, qu'il faut une solidarité et soutenir Balladur ? Moi, je ne peux pas. »* Plusieurs explications sèches, dit-on, seraient intervenues entre

Philippe Séguin et ses fidèles « balladuriens ». Certains affirment que Séguin n'a jamais compris le choix de son lieutenant. « *Faux* », réplique François Fillon, il n'y aurait jamais eu d'incompréhension entre eux. Pour preuve de sa bonne foi, il affirme que si Philippe Séguin lui avait ordonné de ne pas soutenir Balladur, il aurait obtempéré. Pour lui, du reste, le meilleur candidat c'est Philippe Séguin. Mais voilà, le « rénovateur » n'est pas sur les rangs.

Entente ou pas, Séguin prend ses distances avec son second à partir de fin 1994 et pendant toute la campagne présidentielle. Le téléphone n'est pourtant pas coupé entre eux. Pour Fillon, Séguin reste l'ami dont il respecte les idées. Souvenir de Pénélope Fillon : « *Ils sont restés toujours très proches.* [...] *François ne voulait pas soutenir Chirac. Il suit toujours ses idées et se rapproche des gens qui correspondent à ses idées. Il a toujours été fidèle à lui-même.* » Séguin et Fillon restent donc en contact. Qu'ils adoptent un comportement différent ne signifie ni rupture personnelle et amicale ni rupture d'idées sur leur conception de la société. Roselyne Bachelot, alors conseillère municipale et conseillère générale du Maine et Loire, ne s'étonne pas du choix rationnel du Fillon à l'époque : « *Il faut reconnaître que Balladur, malgré ces airs de grand bourgeois, était catalogué comme d'une sensibilité proche du gaullisme de gauche.* » Pour preuve, dit-elle, son leitmotiv : « *La participation et son extension aux salariés.* »

Mai 1995. Édouard Balladur n'est pas présent au second tour de la présidentielle. François Fillon n'a pas soutenu le « bon » candidat. L'erreur est sans appel. Pour le deuxième tour, il faut choisir entre Jacques Chirac et le socialiste Lionel Jospin. François Fillon se range évidemment derrière Chirac, finalement élu avec

52,68 % des voix. Lionel Jospin crée la surprise avec 44,2 % des votes. Les balladuriens sont battus.

Philippe Séguin, lui qui avait fait le « bon choix » en participant activement à la campagne de Jacques Chirac, espérait devenir Premier ministre. Espoir déçu, car c'est Alain Juppé que choisit Jacques Chirac. Or François Fillon et Alain Juppé se connaissent, entretiennent depuis toujours des relations personnelles amicales. Au moment de la composition du nouveau gouvernement Juppé en juin 1995, Chirac consulte Séguin, toujours président de l'Assemblée nationale : *« qui sont pour toi les ministrables ? »* Philippe Séguin propose bien sûr François Fillon malgré son choix balladurien. Roger Karoutchi le cite : *« "Si on me demande de mettre quelqu'un en avant", a dit alors Séguin, "avant que je ne vous donne ma réponse, vous commencerez par régler le cas de Fillon et après on réfléchira aux autres".* » François Fillon a-t-il été un traître comme le disent ses adversaires ? Balladurien officiel, il est resté séguiniste, par affection ou par opportunité ? Une seule certitude : alors que la trahison de Nicolas Sarkozy, soutien majeur de Balladur contre Chirac, restera longtemps dans les mémoires, celle de François Fillon passera nettement plus inaperçue.

Réformateur… des télécoms

C'est le poste de ministre des Sports qui est proposé à François Fillon. Mais il ne trouve pas très valorisant de passer du ministère de l'Enseignement supérieur à ce portefeuille. Un bras de fer s'engage avec Philippe Séguin qui tente de lui expliquer qu'il sera en première ligne avec l'organisation de la coupe du monde de football. Rien à faire. Entre-temps, Jacques Chirac arbitre et nomme François Fillon le 18 mai 1995 ministre des Technologies de l'information et de la Poste. C'est Alain Juppé, le nouveau Premier ministre, qui l'appelle pour le lui annoncer. Il est, avec Michel Barnier, l'un des deux RPR « balladuriens » membres du gouvernement sortant à se retrouver dans l'équipe d'Alain Juppé. Jean de Boishue, proche de Séguin, est nommé secrétaire d'État à l'Enseignement supérieur. À son arrivée, François Fillon présente les trois défis de son ministère : tout d'abord ne pas rater le coche des autoroutes de l'information alors que les Américains et les Allemands ont franchi le pas dans la révolution des médias. Ensuite, en finir avec le monopole de France Télécom, établissement public qui voit se profiler à court terme la dérégulation voulue par l'Union européenne. Cette échéance permettra à d'autres opérateurs de mettre le pied sur le territoire tout comme elle doit permettre à la France de franchir ses propres frontières. Enfin, La Poste. Comment rendre un vrai service public de façon égale sur l'ensemble du territoire ? Fillon s'engagera dans ses actions sans que le remaniement du gouvernement Juppé en novembre 1995 ne réduise son influence. Il devient ministre délégué à La Poste, aux Télécommunications et à l'Espace : la grande réforme annoncée dans ses défis, la fin du monopole de France Télécom, n'attend que lui. Bien que déjà préparée par Paul Quilès et Gérard Longuet, la transformation du statut de l'entreprise publique lui appartient. C'est sa première réforme. Pour la mettre en œuvre, il doit batailler avec la gauche qui crie à la braderie du patrimoine pendant trois jours de débats houleux. Ségolène Royal, hostile à l'ouverture du capital de France Télécom, parle de *« réforme injustifiée et dangereuse, d'une régression, d'une chasse au service public* ». Le gouvernement utilise l'article 49-3 pour faire passer le texte. François Fillon ne sait pas encore que les contacts qu'il a pu nouer avec les syndicats à cette occasion lui seront très précieux. Il conservera notamment de bonnes relations avec Marc Blondel, de Force Ouvrière.

Le ministre briseur de monopole a été l'un des premiers, sinon le premier homme politique en France à se préoccuper des conséquences d'Internet dans la société, et l'un des premiers à se servir d'Internet. Homme de technologie, « *il utilisait déjà à cette époque un agenda électronique* » souligne sa secrétaire particulière, Sylvie Fourmont. Les nouvelles technologies l'attirent, il cherche à en savoir plus, à découvrir les nouveautés. « *Que fait ton papa dans la vie ?* » demande sa maîtresse au petit Arnaud, dernier-né de François Fillon, âgé de 5 ans. « *Mon père signe des lettres et répare des ordinateurs !* » répond l'enfant. Oui, François Fillon aime les nouvelles technologies. Il est à la pointe. Il assure lui-même la maintenance des ordinateurs de ses assistants ou de ses enfants. Dès 1993, il a imposé à son secrétariat l'agenda informatisé. Aujourd'hui, il utilise un ordinateur à reconnaissance digitale.

Avec la libéralisation de France Télécom, se profile enfin l'essor d'Internet en France. En 1995, Club-Internet, un fournisseur d'accès créé par le français Lagardère, vient de lancer, en pionnier, le premier forfait téléphone et accès. Mais le marché se heurte à l'inertie d'équipement des Hexagonaux : 125 000 « PC » seulement avaient accès à Internet au moment où Fillon et Juppé prônent l'avènement de la société de l'information. « *Attribuer une adresse électronique à tous les citoyens français reste une utopie* », lit-on dans la presse spécialisée. En 10 ans, le marché national de la fourniture d'accès va devenir l'un des plus dynamiques d'Europe avec quelque 30 millions de Français connectés. Fillon visionnaire ? Sans doute. Mais en 1995, l'abandon du monopole France Télécom n'est qu'un texte qui passe en force. Initiateur de la libéralisation de France Télécom, François Fillon peut se targuer d'avoir réussi cette réforme sans heurts sociaux.

La gauche annonce qu'en cas de victoire aux législatives de 1997, elle reviendrait sur cette privatisation des télécoms, ce qu'elle ne fera pourtant pas, trois mois plus tard. La révolution des télécommunications en cours n'a pas attendu la France : 90 % des opérateurs européens ont déjà modifié leur statut et ouvert leur capital, quel que soit le gouvernement en place. François Fillon reste fier de sa toute première réforme, qui allait dans le sens de l'histoire.

La déroute

En juin 1995, 27 membres du gouvernement se présentent aux municipales. Onze sont réélus, dont François Fillon. Après que Jacques Chirac ait décidé de dissoudre l'Assemblée nationale en 1997, Fillon se présente dans sa circonscription où il enregistre un nouveau succès. Pourtant, dans la Sarthe, la droite perd 3 des 5 circonscriptions qu'elle détenait. Lors du second tour de la présidentielle, le département venait de voter pour le PS à plus de 50 %. Le député RPR remporte une fois encore les législatives et reste fort et stable dans sa circonscription de Sablé. À un détail près : pour la première fois, François Fillon n'est pas élu dès le premier tour. Il obtient 43,35 % des voix avant d'être choisi au second tour avec 52,7 % des suffrages exprimés. Ces législatives de 1997 marquent François Fillon qui jusque là a toujours été élu au premier tour, au point que son adversaire local le socialiste Stéphane Le Foll dira : « *Je me souviens de 1997 quand il a appris qu'il était en ballotage, il s'est enfermé dans son bureau, on voyait déjà qu'il avait du mal à supporter la moindre adversité.* »

Au plan national, c'est la débâcle, l'Assemblée bascule à gauche. Croyant conforter sa majorité en décidant la dissolution, Jacques Chirac se retrouve obligé de changer de gouvernement. Le Premier ministre Alain Juppé démissionne. La droite qui avait tant attendu son retour au pouvoir échoue. Après seulement deux ans, le président est obligé de cohabiter avec Lionel Jospin, le nouveau Premier ministre socialiste. C'est une cuisante défaite pour Jacques Chirac et pour le RPR. C'est aussi un échec pour Alain Juppé, à la tête du parti depuis 1994, et pour Philipe Séguin contraint de quitter la présidence de l'Assemblée nationale.

Dès le soir du deuxième tour des élections législatives, les proches de Philippe Séguin se réunissent au Salon blanc de l'Hôtel de Lassay. Il est une heure du matin. François Fillon arrive de la Sarthe où il a été élu dès le premier tour, tout comme Séguin qui rentre victorieux d'Épinal. Parmi ses proches, se bousculent bon nombre de députés battus. Les discussions tournent autour de deux points : faut-il créer un nouveau parti ou bien partir à la conquête du RPR ? Les débats sont longs, la tendance majoritaire est de créer un nouveau parti, fort d'un diagnostic : le RPR est moribond. Comment le financer ? Les lois sur les financements publics des partis ont été votées. Et un parti ne peut recevoir un financement que s'il a présenté des candidats aux législatives. Or le RPR est là, avec ses moyens financiers et ses locaux. Conclusion de raison : il faut se lancer à la conquête du RPR. François Fillon n'en est pas entièrement convaincu. Il se rallie pourtant dès le lendemain. Le député de la Sarthe retourne voir Philippe Séguin et lui apporte son soutien : oui à la conquête du RPR.

Dans la foulée, Fillon, Karoutchi et d'autres membres de l'équipe commencent à appeler les députés, élus ou battus. Ils contactent les cadres du mouvement pour plaider en faveur d'un congrès extraordinaire susceptible de faire évoluer la ligne politique après la débâcle. Des anciens ministres, des députés, des cadres du parti y vont de leurs communiqués pour demander une réforme du RPR et un congrès extraordinaire. Il aura bien lieu, au mois de juillet 1997. Philippe Séguin s'y pose en candidat à la présidence du RPR contre un Alain Juppé qui tente désespérément de s'y cramponner. En vain, il incarne la défaite. Il finit par jeter l'éponge. Nicolas Sarkozy, maire de Neuilly, lui avait proposé une alliance avec une arrière-pensée : se voir propulser secrétaire général. Alain Juppé avait refusé. Celui qui a trahi Jacques Chirac lors de la présidentielle de 1995 n'a pas sa place comme secrétaire général du parti. Ni une ni deux, Nicolas Sarkozy se rapproche alors de Philippe Séguin pour prendre la tête du mouvement. La proposition de Nicolas Sarkozy est acceptée à la surprise de tous. Mais pour évincer Alain Juppé et lui porter un coup fatal, il fallait bien faire alliance avec ce diable de Nicolas.

Fort de son parcours de « rénovateur », et riche de son expérience d'homme de parti, Philippe Séguin, est élu avec 78 % des votes par le congrès à la présidence du RPR. Il met rapidement sur pied un état-major de 10 fidèles, parmi lesquels, bien entendu, François Fillon. Philippe Séguin tente dans un premier temps de

« contenir » l'ambition de Nicolas Sarkozy en créant une direction collégiale qui se passe de secrétaire général. Ce n'est que partie remise. Quelques mois plus tard, Sarkozy finit quand même par s'installer enfin au poste convoité. François et lui n'ont pas vraiment d'affinité. Mais en qualité de secrétaire national du RPR, chargé des fédérations, puis, en 1998, porte-parole de la commission exécutive, Fillon est obligé de travailler avec lui. Pourquoi n'avoir pas tenté d'être secrétaire général du parti ? Quand on lui pose la question aujourd'hui, François Fillon répond qu'il n'y a même pas pensé, qu'il aurait en effet dû se montrer plus malin. *« J'ai mis du temps à comprendre qu'on ne réussissait pas en politique simplement grâce à son talent, à ses capacités. »*

Porte-parole du RPR

Fillon n'est sans doute pas très à l'aise dans cette responsabilité de porte-parole du RPR, à contre-courant de sa nature : s'exprimer dans les médias n'est pas sa première préoccupation. Rapidement, il ne supporte pas la pression de Philippe Séguin qui ne lui laisse aucune marge de manœuvre. Il ne travaille pas suffisamment ses prises de parole, ne se montre pas toujours très précis. Certaines émissions sont mal préparées. François Fillon va pourtant s'illustrer dans ce rôle, surtout au moment des élections régionales de 1998.

Le scrutin intervient dans un contexte où la droite est en mauvaise position, gênée par la progression du Front National. Difficile pour les mouvements conservateurs de ne pas tenter une alliance avec l'extrême droite pour gagner quelques régions. Pour François Fillon, c'est non. Son camarade Roger Karoutchi témoigne du jeu de son influence au sein du RPR. Quand tout le monde se demande s'il faut ou non s'allier avec le Front National pour garder les présidences des régions, François Fillon est clair : il refuse cette possibilité. Hors de question de donner des instructions aux candidats du parti pour prendre les voix des extrêmes. Le porte-parole secrétaire national est sur ce point en accord avec le secrétaire général Nicolas Sarkozy. François Fillon parle de piège béant qui pourrait causer, dans l'avenir, un problème d'image catastrophique. Mais il est très difficile de convaincre les présidents des régions en danger. *« L'extrême droite me révulse »* lancera François Fillon.

Sur ce point, Philippe Séguin aura été maladroit dans son argumentation, comme souvent. François Fillon l'a jouée plus finement, en prenant le temps et le soin d'expliquer sa position. Il dénonce la tentation d'une arithmétique immorale. Mais il n'a pas l'oreille de tout le monde. Les élections régionales de 1998 voient quatorze régions métropolitaines sur vingt-deux remportées par la droite, dont cinq dans lesquelles le président du conseil régional a été élu avec le soutien du FN. Les partis de droite en sortent secoués. On se souvient de Démocratie Libérale d'Alain Madelin auteur d'un débat *via* Internet sur la préférence nationale. Il accepte l'adhésion de Jacques Blanc, président de la région Languedoc-Roussillon, élu avec les voix du FN, au groupe parlementaire DL. Gilles de Robien, du même parti, refuse alors de s'asseoir sur les mêmes bancs que Jacques Blanc à l'Assemblée. Il donnera sa démission, préférant quitter son parti.

Olivier Guichard, RPR, vieux baron du gaullisme, a toujours mené sa carrière dans l'ombre de Georges Pompidou. À 77 ans, il a décidé de quitter la présidence de la région Pays de la Loire. Son règne sur les bords de la Loire a duré 25 ans. Qui va lui succéder ? François Fillon. Il n'avait pas l'intention de briguer cette présidence, mais Philippe Séguin, et Olivier Guichard lui-même, insistent pour qu'il se positionne, lui qui n'a jamais raté une seule élection et s'est ancré petit à petit dans le département de la Sarthe. François Fillon se déclare donc candidat, à la dernière minute, le 23 janvier. Olivier Guichard confie à Jean de Boishue, son proche collaborateur, toute l'estime qu'il a pour cet « *agent sérieux en politique qui ne donne jamais l'impression qu'il en veut plus qu'il ne peut en faire* ». Selon Jean de Boishue, François Fillon garde toujours la bonne distance vis-à-vis des événements et de sa carrière.

Du reste, le candidat parachuté pense qu'il faut être nantais et résider sur place pour bien accomplir sa tâche. L'incohérence géographique l'inquiète. Nantes est à 150 kilomètres de Sablé et à 400 de Paris : voilà qui risque de lui compliquer la vie. Et puis il estime le pouvoir du conseil général sarthois plus fort, plus prestigieux que celui de la Région. Mais il cède aux pressions du baron Guichard. Face à lui, Hervé de Charrette, ancien ministre des Affaires étrangères et député UDF du Maine et Loire. Une fois de plus, François Fillon se révèle maître dans l'art des alliances. Pour conquérir cette région, il réalise l'union d'une part avec son adversaire UDF Hervé de Charette, qui finira par l'accepter la mort dans l'âme, et d'autre part avec les Vendéens du MPF de Philippe de Villiers. Il fédère tous les partis de la droite républicaine.

Le 20 mars 1998, François Fillon accède ainsi à la présidence de la Région Pays de la Loire. Il a obtenu 49 des 50 voix possibles de la majorité régionale sur les 93 sièges. Les élus de gauche, « respectueux », se sont abstenus. Hervé de Charrette devient deuxième vice-président. François Fillon se pose comme défenseur de la modernité et se félicite d'être amené à diriger « *l'une des rares régions françaises qui entrera dans le XXI*ᵉ *siècle avec une majorité solide et animée par une vision commune de l'avenir* ». Par respect de la loi sur le cumul des mandats et par souci d'efficacité, François Fillon démissionne de son mandat au conseil général de la Sarthe dont il était président depuis six ans. Il détient la palme du cumul des mandats avec Josselin de Rohan. François Fillon est maire, président de Région, porte-parole national du RPR. Dès son arrivée à Nantes, il joue l'ouverture, le respect des minorités. Il ouvre la porte à des membres de l'UDF et aux femmes. Les Pays de la Loire abritent plus de trois millions d'habitants, ce qui place la Région en cinquième position par sa population. Elle est la deuxième région agricole française, la deuxième région pour la pêche et la quatrième région industrielle. La presse applaudit la victoire du RPR dans un contexte difficile pour la droite : « *Fillon élu sans coup férir* », « *Comme prévu, Fillon* », « *François Fillon fait le plein de voix à droite* », « *François Fillon président de la majorité absolue* », « *François Fillon, président sans le FN* ». Il a 43 ans, et devient le benjamin des présidents de Région.

Il va maintenant se partager entre la Sarthe où il habite, son appartement parisien de 40 mètres carrés près de Montparnasse, l'Assemblée nationale, le siège du RPR et Nantes pour présider sa région. À la tête d'une grande collectivité, son rayonnement politique local dépasse la Sarthe où il sera toujours le poulain de Joël Le Theule. Pour Roselyne Bachelot, cette période marque « *la fin de l'adolescence politique de François Fillon* ».

La bataille du RPR

Vendredi 16 avril 1999, en pleine réunion au conseil régional des Pays de la Loire, François Fillon fait passer un mot à sa collègue et amie Roselyne Bachelot : « *le RPR est mort.* » Il vient tout juste d'apprendre que Philippe Séguin a démissionné de la présidence du RPR. C'est un choc pour tous les proches du député d'Épinal qui ne comprennent pas ce qui se passe. S'agit-il encore de l'une de ses colères dont il a secret, d'une menace peut-être ? Celui qui s'était battu si fort pour prendre la tête du parti, pour le rénover, vient bel et bien de claquer la porte sur un coup de tête. Il a pourtant été réélu à son poste en décembre 1998, bien décidé à prendre la tête de la liste RPR-DL pour les élections européennes de juin 1999. Que s'est-il passé ? Dans un communiqué que l'homme d'Épinal fait parvenir à l'AFP ce matin-là, il explique : « *Lorsque le président de l'Association des amis de Jacques Chirac, Bernard Pons, peut, sans être démenti, proclamer que voter pour la liste Séguin-Madelin ou pour la liste Pasqua-Villiers marque une même volonté d'adhérer à la majorité présidentielle, lorsque le même fait publiquement la promotion de la liste fédéraliste avant que le chef de l'État, quelques heures plus tard, ne reçoive son animateur François Bayrou, président de l'UDF, il est clair que je n'ai plus rien à faire à la présidence du Rassemblement pour la République, ni* a fortiori *à la tête d'une liste européenne censée défendre la politique du Président de la République.* »

En fait, tout a commencé la veille, lorsque Philippe Séguin découvre une interview de Bernard Pons à la lecture de laquelle il comprend qu'il n'a pas plus de légitimité que les autres leaders de partis. Pourtant, Pasqua, Villiers et Bayrou concourrent à diviser la droite. De plus, Jacques Chirac a reçu François Bayrou qui avait accusé Philippe Séguin d'être *« un obstacle à l'union »*. Philippe Séguin ne se prive pas de téléphoner à Jacques Chirac pour lui demander des explications. Il attendra un démenti qui ne viendra jamais. Le président soupçonnait Séguin de viser la présidentielle de 2002. Le patron du RPR, désavoué, démissionne. Ses proches expliquent que des soucis personnels seraient venus aggraver sa mauvaise humeur. Le président du RPR prend son petit cartable, tourne les talons, claque la porte et disparaît dans l'ascenseur.

Roger Karoutchi, secrétaire national chargé de l'administration générale et de l'animation, fidèle de Philippe Séguin, demande au porte-parole du RPR François Fillon, et au secrétaire général du parti, Nicolas Sarkozy, de venir au plus vite. François Fillon avait pris soin d'appeler Philippe Séguin à son domicile pour insister :

« *Je ne commente pas ta décision mais, maintenant, on fait quoi ?* » Il n'avait obtenu aucune réponse de la part du démissionnaire. Impossible de comprendre la réaction de Philippe Séguin qui abandonne, du jour au lendemain, toute son équipe, son travail, ses proches, les « séguinistes », ses collaborateurs, tous ceux qui croyaient en lui. François Fillon est ébranlé, meurtri, en colère même, devant cette démission inexplicable. Il se sent orphelin, comme Karoutchi. Nicolas Sarkozy, lui, regrette un homme avec lequel il s'est bien entendu. Leur « ticket » avait très bien fonctionné pendant deux ans.

Nicolas Sarkozy et son épouse Cécilia invitent François et Pénélope Fillon à dîner au cours d'un week-end à La Baule, deux jours après la retentissante démission de Philippe Séguin. Le maire de Neuilly propose au député de la Sarthe de faire équipe avec lui pour prendre la tête du parti. François Fillon écoute, ne dit pas grand-chose, laisse entendre qu'il va réfléchir. Pourquoi cette réserve ? Il a l'intuition que Nicolas Sarkozy lui tend un piège. Il n'a pas envie de s'engager de cette façon avec lui. Leurs idées sont trop éloignées, leurs sensibilités opposées. Il prend le temps de réfléchir, comme lorsqu'il était petit garçon et qu'il analysait les propos des adultes.

En attendant, François Fillon, Nicolas Sarkozy et Roger Karoutchi convoquent une réunion du bureau politique qui décide que Nicolas Sarkozy assurera la présidence par intérim et qu'il sera tête de liste aux européennes. Personne ne veut prendre le risque de se présenter à ces élections compte tenu du chaos total qui règne alors au sein de la droite. Après les échecs successifs de l'opposition aux dernières élections, le pari était risqué. La tentative de créer une liste unique échoue. Le scrutin du 13 juin 1999 est une vraie gifle : 12,82 % pour Nicolas Sarkozy et sa liste RPR-DL, 13,05 % pour Pasqua-Villiers, 21,95 % pour François Hollande du PS-PRG-MDC. La division des partis de droite profite aux « souverainistes » de Charles Pasqua, ces derniers revendiquent la préservation de la souveraineté d'une nation, à l'encontre des fédéralistes. Pasqua décide de quitter le RPR pour créer son parti, le RPF, Rassemblement Pour la France. Nicolas Sarkozy abandonne la présidence par intérim du RPR.

Il faut maintenant penser à désigner un nouveau président du parti. L'élection est prévue à l'automne. Renaud Muselier, 40 ans, député des Bouches-du-Rhône, postule. Début juillet, l'ancien président par intérim Nicolas Sarkozy hésite à se porter candidat. Plusieurs sénateurs l'encouragent en ce sens. Le séguiniste Roger Karoutchi est lui aussi favorable à une candidature Sarkozy. François Fillon confirme sa position : Nicolas Sarkozy président, lui-même secrétaire général. Mais cette élection aiguise les appétits au sein d'une droite en pleine crise. Jean-Paul Delevoye, Dominique Perben, Hervé Gaymard, Michèle Alliot-Marie restent discrets sur leurs intentions. Ils font profil bas. Chacun s'observe. Pour être investi, chaque candidat doit obtenir 1 700 signatures d'adhérents dans vingt départements différents. Tout le monde pense que Nicolas Sarkozy sera candidat ce qui lui permettrait de jouer un rôle important lors de la présidentielle de 2002, aux côtés de Jacques Chirac qu'il avait abandonné pour Édouard Balladur en 1995. Nombre de parlementaires multiplient les appels en sa faveur. Lors de l'université d'été des jeunes du RPR fin août, l'intéressé déclare · *« La question n'est pas de savoir ce que je veux faire mais ce qu'il sera de mon devoir de faire.* » Il n'y a plus aucun doute. Mais un coup de tonnerre éclate : Fillon décide de se présenter.

Que s'est-il passé ? Le dimanche 5 septembre, François Fillon, François Pinte son directeur de cabinet au conseil régional, Philippe Séguin, les députés Étienne Pinte et François Cornut-Gentille se réunissent dans un appartement du 16e arrondissement de Paris pour évoquer chacune des solutions qui permettraient de pallier la démission brutale de Philippe Séguin et de trouver un autre leader pour conduire le parti gaulliste. On examine tous les scénarios. C'est décidé, il faut partir à l'assaut avec François Fillon. Celui qui s'apprête à descendre dans l'arène téléphone à Roger Karoutchi : « *Est-ce que je peux venir te voir, là, tout de suite ?* » Face à Karoutchi, il explique : « *Je ne te demande pas de changer de positionnement, je tiens à te dire que je vais être candidat.* » Roger Karoutchi s'étrangle : « *Tu ne peux pas faire ça, c'est Nicolas qui est candidat !* » François Fillon explique alors qu'après avoir fait le tour des fédérations et des élus, il a le sentiment que Nicolas Sarkozy, fraîchement battu aux européennes, sera aussi battu à la présidence du parti. Depuis la démission de Philippe Séguin, Fillon est devenu le représentant en chef des séguinistes au sein du RPR. Il vient de refuser le tandem avec Nicolas Sarkozy. Il brise l'alliance scellée avec son ex-équipier, une alliance qui remontait pourtant à 1997, lorsqu'il s'agissait de ravir le RPR à Alain Juppé.

Roger Karoutchi appelle Nicolas Sarkozy pour le prévenir. Quand François Fillon arrive dans la Sarthe vers une heure du matin, il reçoit un coup de fil de Nicolas Sarkozy qui tente de le convaincre de ne pas y aller. Peine perdue, son choix est fait. Alors que les autres candidats hésitent encore, François Fillon saute le pas et avance seul. Il souhaite que le parti redevienne une vraie force politique et qu'il bénéficie d'une large autonomie, face à l'Élysée, face à Jacques Chirac. Nicolas Sarkozy prône plus de proximité. L'élection de Nicolas Sarkozy pourrait provoquer une nouvelle hémorragie chez les militants, analysent François Fillon et ses amis. « *Si Philippe Séguin était en permanence suspecté de briguer la présidentielle de 2002, ce procès ne peut pas m'être fait* » lance-t-il habilement. Il veut défendre les couleurs de son courant. C'est, selon lui, ce qu'attendent les adhérents. Il préconise la modernisation des institutions, avec le quinquennat et la mise en place d'un régime présidentiel. Il veut un vrai débat de fond.

Roger Karoutchi prend ses distances avec François Fillon, Charles Pasqua applaudit et encourage le nouveau candidat, Nicolas Sarkozy accueille officiellement cette candidature avec le sourire mais, en coulisses, ne manque pas de crier à la traîtrise. Beaucoup ne comprennent pas cette offensive d'un François Fillon jusqu'alors si discret, toujours si bon disciple. Certains parlementaires soulignent le côté « *cavalier seul* » du prétendant. « *C'est un homme qui a toujours voulu jouer perso* » lâche aujourd'hui un parlementaire de son parti sous couvert d'anonymat. « *Jamais il ne renvoie l'ascenseur. Il a d'ailleurs cette aptitude à toujours se trouver dans le tiercé gagnant. Seul ou avec d'autres mais toujours cette faculté à saisir les opportunités pour se placer, lui.* »

La candidature de François Fillon change la donne. Elle prend de court Nicolas Sarkozy tout comme Jacques Chirac. La campagne s'accélère. Jean-Paul Delevoye, sénateur RPR du Pas-de-Calais, se porte candidat. Nicolas Sarkozy n'a toujours pas annoncé officiellement sa candidature. À vrai dire, Jacques Chirac le lui déconseille. Il n'ira finalement pas à ce combat qui l'attirait tant. L'essentiel est de rester dans la ligne de Jacques Chirac qui, pour l'instant, est le mieux placé pour gagner la présidentielle de 2002. *« Je ne veux pas créer les conditions d'une nouvelle crise avec le Président de la République »* se justifie alors Nicolas Sarkozy. Jean-Paul Delevoye devient donc le favori de l'Élysée, François Fillon se pose en autonomiste, voire en rebelle face à Chirac, tout en soulignant à plusieurs reprises que Jacques Chirac est le mieux placé pour représenter le RPR et remporter la présidentielle de 2002.

Autre surprise, le très chiraquien Guy Drut se range derrière François Fillon, qui reçoit les soutiens, plus naturels, de Roselyne Bachelot, François Cornut-Gentille et Philippe Séguin, rentré du Canada. L'adversaire de Delevoye ne cesse de lancer des appels à Charles Pasqua pour qu'il revienne au RPR : sa sensibilité nationale et sociale doit être représentée au sein du parti. François Fillon est de plus en plus confiant. Il s'engage dans une rude campagne. Pour lui, *« le cœur du RPR bat dans les permanences et non dans les états-majors »*. *« Il prend un vrai plaisir à mener cette campagne »* se souvient sa plume, Igor Mitrofanoff. Il fait ainsi le tour de 45 fédérations. Il réunit très vite ses signatures, clame dans la presse qu'il est *« le premier »* à les obtenir, et en quantité : 2 800 alors que 1 700 sont nécessaires. Il tient de nombreuses réunions publiques, pratique un long tour de France sous forme de marathon qu'il est là aussi le premier à mener. Les militants sont de plus en plus nombreux à venir l'écouter, *« plus nombreux que pour les européennes »* s'enthousiasme le marathonien. Il bâtit un vrai programme, partant du constat que 65 % des Français pensent que le gaullisme est dépassé, que le RPR est discrédité à cause de la dissolution manquée, des querelles de personnes et des affaires. Les emplois fictifs du RPR sont passés par là. Le thème de son programme : « *Il faut que ça change. Si vous voulez que rien ne change, alors ne votez pas pour moi* » lance-t-il en meeting. Ou bien : « *Il faut tout changer au RPR.* » Fillon n'a jamais vraiment été un homme d'appareil. Il n'a jamais aimé le fonctionnement du parti. Il a toujours eu peur de s'enfermer dans ces systèmes verrouillés d'où son évolution, au sein du RPR, sous forme d'électron libre. Ses concurrents parlent alors de son comportement suicidaire. « *On ne devient pas président du mouvement contre Chirac !* » Dans *L'Express,* il est présenté comme « *le meilleur ennemi de Jacques Chirac* ».

Le PS, spectateur des rivalités à droite, observe avec un sourire amusé les tribulations de François Fillon. Priés de désigner leur candidat préféré à la tête du RPR, parlementaires et ministres socialistes éliraient François Fillon à la majorité, pour sa « fibre sociale et républicaine ». « *Il ne sera jamais élu. Il est trop à gauche, même pour le PS* » s'amuse Julien Dray.

Plus les jours passent, plus François Fillon prend de l'assurance. Il déclare clairement qu'il refuse d'être le candidat de Philippe Séguin, le démissionnaire. Agacé par les raccourcis entre Séguin et lui, opposé au qualificatif d' « *héritier* » dont on l'affuble, il lance : « *La différence entre Philippe Séguin et moi est qu'il aura fait tout exploser. Je veux casser les dents à ceux qui déclarent que je suis* le *candidat de Philippe Séguin. Lui, c'est lui, moi, c'est moi.* »

Ainsi, François Fillon se libère-t-il de ses « parrains ». Philippe Séguin, Édouard Balladur, Joël Le Theule, c'est fini.

Pour la première fois dans une joute nationale, il se met en avant seul pour défendre ses idées contre tous. Pour autant, le lien entre Philippe Séguin et lui n'est pas vraiment rompu. Distendu par le soutien que François Fillon a apporté à Édouard Balladur, il reste fort. Pendant des années, très proches, ils cultivaient pourtant une vision des choses légèrement différente. Et puis l'un dérive souvent vers la colère, l'autre cherche perpétuellement le consensus par horreur des conflits frontaux. François Fillon a toujours aimé ce qui est minutieusement préparé et bien organisé.

Sur le fond, ils ont eu les mêmes prises de position sur l'Europe. Les élections européennes de 1989, 1990, de Maastricht en 1992, les montrent sur la même ligne. Leur seule différence se résume à l'eurosepticisme de Séguin quand Fillon se veut vrai européen, mais prudent. Il avait voté « non à Maastricht » tout en cherchant les moyens de relancer différemment la construction européenne. Séguin, lui, prônait le « non », point final. On le décrit comme *« un nationaliste ombrageux »* derrière un républicanisme de façade. Au cours des années où Séguin et lui naviguaient de concert, ils menaient des analyses communes sur quantité de points, mais adoptaient rarement les mêmes comportements. L'un est tranché, l'autre ouvert. Lorsque Jacques Chirac gagne les présidentielles de 1995 avec le soutien de Philippe Séguin, c'est François Fillon qui entre au gouvernement d'Alain Juppé et non Séguin, malgré le soutien de l'élu de la Sarthe à Balladur. François Fillon prend position sans se braquer. Et la décision de Philippe Séguin de tout abandonner après le chemin parcouru l'a laissé dans une profonde expectative.

Cette fois, François Fillon s'affranchit de son mentor, vole de ses propres ailes et s'expose seul en pleine lumière. Il joue l'autonomie par rapport à Jacques Chirac et la vit par rapport à Philippe Séguin. « *Cette campagne interne va influencer la suite de son raisonnement politique* » comprend son collaborateur Igor Mitrofanoff. François Fillon poursuit ses meetings alors que les candidatures à la présidence du parti se multiplient : Michel Bulté, Patrick Devedjian, Michèle Alliot-Marie. C'est l'inflation. François Fillon est de plus en plus présent dans les médias. Au fil des portraits qui fleurissent dans les journaux, il déclare être « *un homme libre* ». Il est présenté comme l'un des seuls dont l'influence politique croît depuis près de deux décennies, sans le moindre recul. « *Il accède aujourd'hui à la cour des grands. Sans effraction. En gentleman cambrioleur de la maison chiraquienne* », explique *La Croix*. « *Il trompe son monde, réussit sans faire de bruit* » ajoute le même journaliste.

Dernière ligne droite de ce marathon. Il reste quatre candidats en lice pour la présidence du RPR. Jean-Paul Delevoye, adoubé par l'Élysée, Michèle Alliot-Marie qui se veut la passerelle entre chiraquiens et balladuriens, Patrick Devedjian, libéral proche de Nicolas Sarkozy, et François Fillon. C'est la première fois que le RPR va choisir son président. Plus de 50 000 militants se rendent aux urnes. Le 20 novembre 1999, c'est « plié » pour François Fillon. Avec 25 % des voix, il n'accède pas au second tour qui voit s'affronter Jean-Paul Delevoye et Michèle Alliot-Marie que le candidat évincé choisit quand même de soutenir au deuxième tour. C'est elle qui bat à plate-couture Jean-Paul Delevoye avec 62,71 % des suffrages contre 29 %. S'agit-il d'un véritable échec pour François Fillon ? Non, il s'agirait même plutôt d'un exploit. Il a montré sa capacité à peser au sein du parti. Personne n'imaginait qu'il atteindrait ce score. Les militants l'ont écouté. Il s'est révélé à lui-même. Il dira d'ailleurs : « *Sans la démission de Séguin, je ne me serais pas découvert moi-même.* » C'est à cette occasion, comprend-il, qu'il a tenu ses premiers vrais discours politiques. « *Jacques Chirac me regarda autrement. Pour la première fois depuis l'élection présidentielle de 1995, je fus convié, suprême honneur, à un tête-à-tête à l'Élysée* » sourit-il.

Retour en chiraquie

François Fillon fait allégeance au futur candidat à la présidentielle, l'homme fort de 2002. Jacques Chirac, de son côté, accorde sa confiance à celui qui s'est battu contre lui, et qui a gagné ses galons au sein d'un RPR en pleine crise. François Fillon a fait campagne sur le thème de l'autonomie du mouvement à l'égard du président de la République, mais c'est bien le président qui demeure le passage obligé pour 2002. Les deux hommes remettent les compteurs à zéro après une longue incompréhension. Jacques Chirac avait toujours vu en François Fillon le lieutenant sans personnalité de Philippe Séguin, le politique au sang chaud qui avait claqué la porte du RPR en refusant de se plier aux règles du fondateur du parti. Il était aussi aux yeux de Chirac le bras droit de Joël Le Theule avec lequel les relations ont toujours été difficiles. À cet instant, est-il vraiment prêt à solder tous les différends ? Oui, pour un temps.

Pour comprendre les relations difficiles entre Jacques Chirac et François Fillon, il faut remonter à 1968 et s'intéresser à la célèbre affaire Markovic. En effet, Chirac a toujours accusé Joël

Le Theule, alors secrétaire d'État chargé de l'information, d'avoir alimenté la rumeur dans ce dossier sulfureux qui avait fait la « une » de toute la presse. L'affaire Markovic est l'une des plus sales de la Ve République, un scandale qui fit couler beaucoup d'encre et déstabilisa Georges Pompidou.

Tout commence le 1er octobre 1968. L'ancien garde du corps d'Alain Delon est retrouvé assassiné, son cadavre gît dans une décharge à Élancourt dans les Yvelines. Le beau Yougoslave s'appelait Stefan Markovic. Une lettre laissée avant son décès dirige *a priori* les enquêteurs vers l'acteur de cinéma Alain Delon et son épouse Nathalie, avec laquelle le garde du corps aurait eu une liaison. Une troisième personne est montrée du doigt, François Marcantoni, un sbire du grand banditisme. L'enquête dérive très vite après la publication d'une lettre anonyme qui implique des hauts fonctionnaires et d'anciens membres du gouvernement dans des soirées d'un genre douteux, des parties organisées par le truand corse Marcantoni. L'épouse de l'ancien Premier ministre Georges Pompidou, Claude est en première ligne, soupçonnée, selon la rumeur, de participer à ces soirées de débauche. Markovic prétend même être en possession de photos. Georges Pompidou lui n'est au courant de rien. Il avait démissionné en juillet 1968 de son poste de Premier ministre pour d'autres raisons, et passait ses vacances de la Toussaint à Cajarc. Personne ne le tient informé des rumeurs grandissantes, et c'est bien ce qu'il reprochera au garde des sceaux René Capitant, à son successeur Premier ministre de l'époque, Maurice Couve de Murville, ainsi qu'au président, le général de Gaulle. Joël Le Theule est alors secrétaire d'État auprès du Premier ministre, chargé de l'information. Il est lui aussi soupçonné d'avoir laissé la rumeur se propager.

Le secrétaire d'État à l'Économie et aux Finances se nomme Jacques Chirac. C'est un fervent défenseur de Pompidou. Il entend à la radio que le juge en charge de l'enquête Markovic a cité le couple Pompidou comme témoins dans le dossier. Il fait arrêter la voiture, entre dans un bistrot, appelle le secrétaire d'État chargé de l'information, Le Theule. Les mots sont durs. Il reproche à son homologue de ne pas savoir « *tenir les médias* », de laisser se développer « *cette campagne orchestrée sur les ondes nationales* ».

Auparavant, le même jour, Anne et Michel Fillon, les parents de François, sont passés voir leur ami Joël dans son bureau. Ils sont témoins d'un coup de fil de Jacques Foccart, l'homme de l'ombre de Charles de Gaulle. Foccart explique que de Gaulle est furieux car une revue allemande vient de publier des photos compromettantes de l'épouse de Georges Pompidou. « *Eh bien mes amis, il me tombe un sale truc* » lâche Joël Le Theule en raccrochant. « *Joël est tombé des nues. Il a tout de suite reproché à la responsable de la communication de ne pas l'avoir tenu informé de ces histoires* » se souvient Anne Fillon. Pompidou en a toujours voulu à Le Theule d'avoir « *laissé faire* ». Cette affaire de meurtre n'a jamais été élucidée et Marcantoni a bénéficié d'un non-lieu. Quand Pompidou remporte l'élection présidentielle de 1969, Le Theule se retrouve sur la liste noire. Il ne sera plus ministre tant que Pompidou sera au pouvoir. Pas loin de 10 ans de traversée du désert sur le plan national. C'est d'ailleurs à cette époque difficile que François Fillon fait ses tout premiers pas en politique dans son ombre, comme assistant parlementaire. Lorsqu'il évoque cette affaire, il rétablit sa vérité : « *C'est moi qui ai trié les documents de Joël Le Theule pour les donner aux Archives nationales comme il me l'avait demandé. J'ai lu les papiers confidentiels et je n'ai rien trouvé de compromettant. Bien au contraire. J'ai trouvé notamment des lettres de Pompidou à Le Theule qui l'exonère de toute responsabilité dans cette affaire.* »

Réputation entâchée

Cette histoire aura également un autre retentissement. Lors de sa dispute avec Joël Le Theule, Jacques Chirac aurait adopté une attitude pour le moins homophobe. Au moment le plus chaud de l'affaire, il aurait menacé Le Theule : « *Si ça ne s'arrête pas tout de suite, il va y avoir des pédés qui vont le regretter !* » Joël Le Theule homosexuel ? Personne n'est en mesure de le prouver, mais de très nombreuses rumeurs ont circulé sur cet homme politique célibataire. La méfiance de Jacques Chirac envers François Fillon pourrait-elle venir de là ? Certains l'affirment. Encore aujourd'hui, les amis de François, dont quelques anciens collaborateurs de Joël Le Theule, montent au créneau pour défendre l'ancien ministre disparu, comme Thierry Berthé : « *Moi je peux vous donner des noms de jeunes femmes qu'il a fréquentées. J'ai travaillé avec lui pendant des années, et il n'a jamais été question d'homosexualité.* » Pour Anne Fillon, l'amie de toujours, « *c'est invraisemblable. Nous l'avons connu lorsque qu'il avait 19 ans et nous nous sommes fréquentés pendant quasiment toute sa vie* ». Michel, son époux, renchérit : « *C'était mon voisin de chambre à l'université, nous étions à l'internat nous avions une chambre l'une à côté de l'autre, il n'en a jamais été question.* » Les Fillon dînaient régulièrement avec Joël Le Theule. Les anciens de la « *Catho* » d'Angers organisaient des dîners tous les mois. Un petit groupe s'était alors formé. « *Le procureur de la République du Mans, le directeur des mutuelles du Mans, Joël Le Theule, et nous. Nous dînions les uns chez les autres à tour de rôle. Joël, bien que célibataire, nous a reçus à plusieurs reprises.* » Seul. C'était un solitaire. Il souffrait de sa solitude sans l'avouer. À l'université, ses proches se souviennent de lui comme aimant la compagnie des filles. Il aimait répéter « *les Sarthoises aux Sarthois* » et lorsqu'on lui parlait des garçons, il disait en riant « *jamais dans le diocèse* ». Mais Joël Le Theule ne s'est pas marié. Lorsqu'on lui demandait pourquoi, il rappelait que sa mère, autoritaire, du temps où il était étudiant, lui serinait « *l'agrégation d'abord* ». Il s'est donc plongé dans le travail puis s'est laissé emporter par la politique. En 1968, il a 38 ans lorsque le tout petit dernier d'Anne et Michel voit le jour. Il rend alors visite à ses amis, prend le nouveau-né, Dominique, dans ses bras, et soupire : « *C'est vous qui aviez raison, parce que vous vous êtes mariés quand il était temps.* » « *Mais Joël, il est encore temps,* répond Anne, *pourquoi tu ne te maries pas ?* » « *Aujourd'hui, tu comprends, je crois qu'on ne me prendrait pas pour ce que je suis, on me prendrait pour ce que je fais* » lâche-t-il, un rien amer.

Le Theule, l'infidèle

En plus des retentissements de l'affaire Markovic et des soupçons d'une éventuelle homosexualité, Joël Le Theule s'est également vu reprocher par Jacques Chirac certaines tentatives d'alliances politiques. Lors de la présidentielle de 1974, après le décès de Georges Pompidou, Joël Le Theule se tourne vers le candidat Jacques Chaban-Delmas contre Valéry Giscard d'Estaing. Il n'est pas question pour lui de se rallier à l'opération de Chirac en faveur de VGE. Chaban-Delmas, lui, prône la « nouvelle société ». *« Une société prospère, généreuse, jeune, libérée, libérale-sociale, à la radicale-sociale-démocratie. »* Mais Joël Le Theule a misé sur le mauvais cheval : en 1974, c'est Valéry Giscard d'Estaing qui passe, soutenu par Jacques Chirac.

Quatre ans plus tard, le ministre de la Défense se nomme Le Theule. Il fait partie des quatre ministres RPR qui ont accepté d'entrer dans le gouvernement de Raymond Barre successeur de Chirac à Matignon. Pour ce dernier qui avait démissionné de ses fonctions de Premier ministre en 1976 suite à un désaccord avec VGE, Joël Le theule fait figure de traître.

Chirac brigue l'Élysée en 1981. Il n'a de cesse de briser ces ministres avec l'aide de la machine RPR qu'il préside depuis le 5 décembre 1976. Les quatre excommuniés basculent bien sûr mécaniquement du côté de Giscard. François Fillon a 25 ans et il suit. *« À cette époque, j'ai l'image d'un Jacques Chirac agresseur »*, se souvient-il. 1981. Encore raté pour Chirac. François Mitterrand l'emporte. Joël Le Theule, disparu un an plus tôt, restera donc à tout jamais un ennemi pour Chirac. Et Fillon son « rejeton ». En digne héritier, son parcours restera longtemps marqué par ses révoltes successives contre l'appareil RPR. Il fera partie du Cercle, puis des rénovateurs, avant la tentative de putsch de Séguin et Pasqua contre Chirac dont il sera l'une des chevilles ouvrières. Lors de la prise du RPR par Philippe Séguin contre Alain

Juppé, il figure encore une fois dans la bataille. Pour la présidence du RPR en 1999, il sera carrément en première ligne. Rien ne semblait destiner Jacques Chirac et François Fillon à se réconcilier.

Avec Chirac

Sur le rapprochement entre Jacques Chirac et François Fillon, les critiques et les incompréhensions sont allées bon train. Par quel miracle celui qui avait évolué en marge de la chiraquie pouvait-il soudain se retrouver proche du locataire de l'Élysée ? Des parlementaires RPR crient à l'opportunisme de François Fillon. Après avoir marché main dans la main avec son mentor Philippe Séguin, dont il s'était éloigné en 1995 pour défendre la candidature d'Édouard Balladur à la présidentielle, puis après avoir brigué la présidence du RPR contre le candidat pressenti par l'Élysée, voilà qu'en 2002 il soutient maintenant Jacques Chirac pour la présidentielle. Questionné sur ce revirement, le politique pragmatique constate, tout simplement : « *Seul Jacques Chirac pouvait gagner cette présidentielle.* » Fort de la leçon de Philippe Séguin et de Charles Pasqua durant l'hiver 1990, Fillon a compris le jeu des alliances pour conquérir le pouvoir. Elles sont une nécessité. Il est préférable de les contracter avec ceux qui ont des chances de gagner. Aujourd'hui, il présente ses différends de l'époque avec Chirac comme des « *malentendus que le chef de l'État avait pris lui-même le soin de dissiper, en souhaitant me rencontrer. J'ai constaté au cours des discussions que nous étions largement en phase sur l'analyse de la société et sur les évolutions politiques à mener* ». Lorsqu'on qualifie son mari de « girouette », Pénélope Fillon vole à son secours : « *Il a toujours suivi ses propres idées et s'est allié avec ceux qui correspondaient à ses idées à un moment précis.* »

L'obsession de François Fillon est de parvenir à sceller une solide union des partis de droite afin de frapper fort face à la gauche. D'autres voix que la sienne commencent également à se faire entendre au sein de la droite pour envisager un rapprochement, voire une fusion. Lorsque Fillon est reçu par Jérôme Monod à l'Élysée en 2000, c'est pour remettre les compteurs à zéro mais aussi débattre de la stratégie du RPR. Jérôme Monod vient d'être rappelé par Jacques Chirac, il a déjà travaillé pour lui en 1976 à la transformation de l'UDR en un parti capable de le porter à l'Élysée : le RPR. L'ancien patron de la puissante Lyonnaise des Eaux signe son retour en politique, un quart de siècle plus tard. Considéré comme l'éminence grise du président, il est l'interlocuteur idéal pour François Fillon. Plusieurs tentatives de rapprochement avec Chirac avaient eu lieu dans le passé, notamment à l'initiative de Bertrand Landrieu, ancien directeur de cabinet du président de la République. Sans succès. Jacques Chirac rechignait encore à recevoir le petit rebelle du gaullisme. Mais après la rencontre avec Fillon, Monod vantera ses qualités : « *François Fillon pèse ses mots, sa pensée, il est prêt à s'investir dans le programme de la présidentielle, j'ai fait valoir auprès de Chirac son profil d'ouverture face au libéralisme à tout prix.* »

Au cours de leurs entretiens, le président propose à François Fillon, alors conseiller politique, le secrétariat général du RPR. Ce qui déclenche à l'époque l'hostilité ouverte de Michèle Alliot-Marie. Bien qu'il l'ait soutenue au deuxième tour de son élection à la présidence du parti, elle se méfie de lui. Les tensions au sein des instances dirigeantes du RPR n'échappent à personne en ce début d'année 2000. Après l'accession d'Alliot-Marie à la tête du RPR, l'absence de Fillon est très remarquée lorsque la nouvelle présidente présente son équipe. Il est également oublié lors des vœux du RPR à la presse. Il explique, sans convaincre, que la tempête, la marée noire, les inondations et le vote du budget de la région des Pays de la Loire l'ont tenu éloigné de Paris. Il assure aussi qu'il faut laisser à la nouvelle présidente le soin de gérer les premières heures de son mandat. « *En fait, je me suis rendu compte assez rapidement qu'elle se méfiait de moi*, lâche aujourd'hui François Fillon. *Ma présence dans l'instance dirigeante du parti l'inquiétait. Question de rivalité toute simple.* » Contrairement au vœu de Chirac, elle l'écarte du secrétariat général du RPR au profit d'Adrien Gouteyron. Mais le sénateur n'a pas vraiment la carrure politique pour assumer la fonction, et quelques mois plus tard, le parti est à la recherche d'un nouveau secrétaire général. Jacques Chirac tente à nouveau d'imposer François Fillon. Peine perdue. Michèle Alliot-Marie recrute Serge Lepeltier, et Fillon reste conseiller politique. Ce qui ne tarde pas à frustrer ce dernier : « *J'ai compris à ce moment qu'il y avait une vraie difficulté. J'ai préféré quitter l'état-major du RPR le jour même de la nomination de Serge Lepeltier.* » François Fillon donne sa démission le 27 mars 2001, estimant qu'il mérite mieux que ce poste de « conseiller ». Il déclare « *reprendre sa liberté* ». Il justifiera son attitude en prétextant qu'il n'y a pas de place pour deux stratégies à la tête du RPR. Il aurait voulu être « *un secrétaire général qui ait les coudées franches pour mettre en place les conditions de la victoire aux législatives et pour développer une nouvelle offre politique* » déclare-t-il. Au-delà des rivalités de personne, un dossier de fond sépare François Fillon et Michèle Alliot-Marie, celui de la création d'une structure unitaire de la droite, cette idée qui en revanche rassemble Fillon et Monod. Ils sont même plusieurs parlementaires à promouvoir un rassemblement des partis de droite au sein d'une association, Alternance 2002, que la présidente du RPR qualifie sans ambages de « *montage artificiel et éphémère* ». Dès sa création, Alternance 2002 se donne pour objectif de se transformer à terme en un grand parti de droite. L'idée directrice est d'accorder l'investiture aux candidats de droite aux législatives avant de devenir un véritable parti. Un nouveau parti ? Voilà bien ce qui gêne profondément le RPR tout comme Démocratie Libérale ou encore l'UDF. D'où la colère de Michèle Alliot-Marie mais également des autres responsables des partis, Alain Madelin et François Bayrou.

Malgré les réticences, la création d'une grande formation est en marche, future base de l'UMP. Philippe Séguin, même s'il n'a plus vraiment voix au chapitre, se déclare hostile au projet, tout comme Nicolas Sarkozy et Alain Juppé. Dans le camp des « pour », on retrouve Jean-Pierre Raffarin et

Philippe Douste-Blazy. Dès l'année 2000, François Fillon entame avec ce dernier un tour de France pour défendre l'idée d'une fusion du RPR, de DL et de l'UDF. Selon François Fillon, son idée a été parallèlement récupérée par Jérôme Monod, lequel a encouragé d'autres parlementaires à monter Alternance 2002 en prenant soin de ne pas mettre Fillon en avant. Les fondateurs de l'association revendiquent de leur côté la paternité de l'idée. Quoi qu'il en soit, ce groupe va naître en novembre 2000 d'un appel à l'union, publié dans *Le Figaro* par 364 députés et sénateurs de droite. C'est deux mois plus tard, le 29 janvier 2001, qu'il est baptisé officiellement Alternance 2002. Qui retrouve-t-on à la tête de l'association ? *« Hervé Gaymard, RPR, Dominique Bussereau, DL, et Renaud Dutreil, UDF, sont nommés à la tête de l'association par Jérôme Monod et Jacques Chirac qui font tout pour piloter l'idée d'union et la maîtriser »* explique François Fillon. Il appartient, lui, au noyau des *« membres fondateurs »* qu'il rejoint après avoir quitté l'état-major du RPR de Michèle Alliot-Marie. *« On se réunissait au Sénat, chez Christian Poncelet, et une fois que nous avons lancé notre projet, des seniors sont venus »* aiment à rappeler les responsables de l'association. Après les municipales, les unionistes de la droite, comme on les appelle, se réunissent le 4 avril 2001 à la Mutualité pour pousser à la création d'un parti unique et trouver un nom définitif à la structure souhaitée par les chiraquiens. Alternance 2002 a vécu, bienvenue à l'Union En Mouvement. François Fillon est invité à prononcer un discours à cette occasion et explique le but de l'UEM : *« Nous ne sommes ni un parti ni une écurie présidentielle* [...] *Si nous sommes sortis du rang* [...] *c'est pour harmoniser* [...] *créer les conditions d'une nouvelle offre politique dont l'union est l'un des instruments.* » Pour arriver à fédérer étatistes et libéraux, radicaux et démocrates-chrétiens, souverainistes et européistes, jacobins et girondins, il faudra se battre contre les réticences des appareils politiques. François Fillon va s'y employer, tout comme il va, sans ménager sa peine, s'impliquer en première ligne dans la campagne de Jacques Chirac, au même titre qu'Alain Juppé, Jean-Pierre Raffarin, Dominique Perben ou Philippe Douste-Blazy.

La petite équipe se réunit plusieurs fois par semaine autour de Jérôme Monod pour préparer le projet présidentiel de Jacques Chirac. La veille de Noël 2001, le conseiller du président charge François Fillon de rédiger la plate-forme de l'Union En Mouvement. Pourquoi lui ? Parce qu'il apporte souvent des notes écrites et fait part de ses réflexions : « *Nous n'étions pas nombreux à le faire,* se plaît-il à souligner. *Les hommes politiques parlent beaucoup, mais tous ne travaillent pas.* » Avec ses deux collaborateurs, Igor Mitrofanoff et Jérôme Paolini, il s'enferme pendant huit jours chez lui dans la Sarthe et élabore les fondements de ce qui deviendra l'UMP, tout en s'appuyant sur le travail réalisé préalablement par les autres membres de l'équipe de l'Union en Mouvement. Il parvient ainsi à mettre en forme et en perspective le projet. Dans le même temps, il travaille étroitement aux côtés d'Alain Juppé avec lequel il a toujours entretenu de bonnes relations personnelles, et qui tient désormais un rôle central dans la préparation du programme de Jacques Chirac. Les deux hommes consulteront l'ensemble des partenaires sociaux, du Medef à la CFDT en passant par Force Ouvrière. Jacques Chirac apprend à découvrir celui qu'il côtoie dorénavant, qu'il qualifie d'homme « *intelligent mais mou* »

Au revoir, Sablé !

Au plan local, une page politique et affective très importante se tourne pour François Fillon à la mairie de Sablé. Pour la première fois depuis 18 ans, il ne se présente pas aux municipales de 2001. Rattrapé par le cumul des mandats, il est obligé de choisir entre la présidence du conseil régional des Pays de la Loire et sa mairie. Il ne peut pas conserver deux mandats exécutifs. L'enfant du pays toujours plébiscité par les Saboliens, doit maintenant prendre une décision qui le peine profondément. Il envoie un courrier empreint d'émotion à chacun de ses administrés : « *Une lettre que j'ai écrite avec mon cœur* [...] *En la rédigeant, j'ai pensé à toutes ces années passées à la mairie de Sablé, mais aussi à l'avenir qu'il faut continuer de construire ensemble, mais différemment.* » François Fillon se félicite de son bilan. Les engagements pris ont été tenus : le nombre d'emplois a doublé, Sablé est devenue l'une des villes de France où le taux de chômage est le plus bas avec moins de 4 %. La rénovation des quartiers, les équipements, l'accompagnement des plus démunis sont autant de réalisations à porter à son crédit. « *Personne à Sablé ne peut dire que notre communauté l'a laissé sur le bord du chemin sans chercher à l'aider* » souligne-t-il. Il explique dans sa lettre qu'il choisit la présidence du conseil régional des Pays de la Loire et que « *ce choix est un déchirement, une blessure intime* ». Mais il affirme aussi que c'est depuis le conseil régional qu'il pourra se montrer désormais plus utile à Sablé et à la Sarthe de par l'importance que les régions ont acquises dans l'espace européen et dans le développement du territoire national.

Pour conserver localement son ancrage, François Fillon tient à se porter candidat à la présidence de la communauté de communes de Sablé, poste qui échappe en effet à la loi anti-cumul des mandats. L'occasion pour lui de montrer aussi son attachement à l'intercommunalité, comme son mentor, feu Joël Le Theule. Il pourra succéder ainsi à celui qui en avait été le premier président en 1979. Une petite formalité reste cependant à accomplir : pour obtenir ce poste, François Fillon doit devenir conseiller municipal d'une commune. Il se fait élire à Solesmes, petit bourg situé à proximité immédiate de Sablé et où se trouve sa maison de campagne.

En s'installant pour la première fois, en mars 1981, à la mairie de Sablé, François Fillon avait souhaité ne pas toucher au bureau occupé par son prédécesseur Joël Le Theule. Il en sera ainsi durant toutes ses longues années de mandature jusqu'à son départ. En effet, Pierre Touchard n'a pas conservé le bureau de Joël Le Theule mais celui de François Fillon. Au premier étage, à droite de l'escalier, au fond à gauche, un bureau sobre : une pièce lumineuse, de la moquette blanche au sol, du mobilier moderne, un bureau en verre transparent, des clichés encadrés posés sur des étagères. On y découvre des photos de Joël Le Theule, alors ministre de la Défense, aux cotés de Charles de Gaulle, et des portraits du Général, seul. D'autres de son plus jeune fils Arnaud, ainsi qu'une photo de lui-même en tenue d'alpiniste lors d'une escapade en montagne. Dans un coin, le souvenir d'un voyage à Kourou en Guyane, en compagnie de Jean-François Mattei, Roselyne

Bachelot et Pierre Lelouche. Quelques livres sur le département de la Sarthe, ou encore la collection *Charles de Gaulle* publiée aux éditions Plon. Des médailles obtenues lorsqu'il était président de la commission de la Défense sont exposées sur le dessus d'un meuble. Tous ces objets constituent autant d'invitations à s'arrêter sur les moments forts de la vie de l'enfant du pays.

En campagne pour Jacques Chirac

L'ex-maire de Sablé devient désormais un maillon fort de la campagne de Jacques Chirac en vue de la présidentielle de 2002. Avec Alain Juppé, Philippe Douste-Blazy ou encore Nicolas Sarkozy, le président de la région Pays de la Loire se retrouve au cœur des préparatifs. Il est un des hommes clés de l'Union En Mouvement qui soutient et porte le projet de Jacques Chirac et dont la vocation est de se transformer en parti du président en cas de réélection. Début 2002, l'UEM tient sa première réunion constitutive. Organisée par le député Hervé Gaymard, la convention nationale se déroule en grande pompe, à Toulouse, le 23 février. Nicolas Sarkozy, qui avait pourtant déclaré que l'UEM, « *ça ne sert à rien* », s'est finalement rallié à l'idée de ce rassemblement. Pour la convention, et à la demande de Chirac, François Fillon rédige le discours de politique générale. Le texte s'intitule *La France en mouvement*. Au centre du projet trône ce concept qui lui est cher de la modernisation sociale : innovation et solidarité. Le monde change, donc la France doit changer, explique François Fillon dans sa vision pour le pays. Il prône, sans détour, la rupture, bien avant que Nicolas Sarkozy n'en fasse son mot d'ordre en 2007 : « *Il faut rompre avec la peur d'un monde qui change, rompre avec le conservatisme économique et social, rompre avec une architecture politique et administrative ankylosée. L'heure est venue de nous mettre ensemble en mouvement* » lit-on au fil du texte. « *Le programme présidentiel sera un copié-collé du programme de l'Union En Mouvement* » confirme François Fillon.

Sur le terrain, il se démène. « *J'ai tout fait pendant cette campagne présidentielle,* rapporte-t-il volontiers aujourd'hui. *Je me suis vraiment investi, j'ai fait tous les meetings, toutes les émissions télévisées...* » Il demande à son ami Henri Pescarolo, quadruple vainqueur des 24 heures du Mans, de lui donner un coup de main et de présider le comité de soutien à Jacques Chirac dans le département de la Sarthe. Le pilote accepte sans hésitation au nom de l'admiration sans faille qu'il voue depuis toujours à François : « *Il a de vraies valeurs, celles qui m'ont été transmises, la famille, la patrie, ce sont des grands mots, je sais, mais ça représente beaucoup pour moi. François Fillon est quelqu'un qui a ses ambitions politiques, certes, mais il les fait passer après l'intérêt général.* » L'amitié entre les deux hommes est née en 1999, lorsque Pescarolo décide de monter son écurie après quelque 33 années de participation aux 24 heures du Mans. François Fillon lui propose de s'installer sur le Technoparc du Mans, ce nouveau pôle d'activité de 37 hectares dédié à l'automobile. Lors de cette campagne présidentielle, le champion n'hésite pas un seul instant à mettre sa popularité au service de son ami. Pescarolo ira jusqu'à prononcer le discours d'ouverture du grand meeting organisé au Mans en présence d'Alain Juppé et de Philippe Douste-Blazy. À Nantes, en Loire-Atlantique, à

Tiercé, dans le Maine-et-Loire, François Fillon est l'animateur de la campagne de Jacques Chirac et s'appuie sur ses fidèles. Il se fait le relais du candidat en promettant une forte baisse des prélèvements obligatoires, la liberté de travailler au-delà des 35 heures et après 60 ans. Dans les discours de Jacques Chirac, on décèle très clairement la touche Fillon, comme à Rouen lorsqu'est abordée la décentralisation. Les réunions publiques s'enchaînent à un rythme effréné : de septembre 2001 à mai 2002, François Fillon assure pas moins de 76 déplacements, sans compter ses présences régulières dans la Sarthe. En permanence sur le terrain, il s'appuie sur France.9 (prononcer « France-point-9 »), l'association qu'il a créée il y a quelques mois pour rester en contact avec les jeunes et relayer ses idées : *« France.9 est un micro parti politique en quelque sorte. L'association réunit quelques parlementaires et autres adhérents qui viennent soutenir François Fillon »* explique son secrétaire général Daniel-Georges Courtois. Ce club de réflexion regroupe des citoyens, des élus locaux, des parlementaires, il se donne pour objectif de fédérer le courant républicain. Selon ses propres statuts, France.9 *« rassemble ceux qui s'attachent à la modernisation des principes qui fondent le pacte républicain et ceux qui entendent développer une ambition innovante et collective pour la France »*. L'association organise un grand colloque par an et développe différents thèmes de réflexion autour de la gouvernance et de l'avenir de la France. Des conférences et des rencontres sont planifiées dans tout le pays grâce à de précieux relais au sein même des universités. Pendant cette campagne présidentielle, François Fillon est mis en avant sur le fond comme sur la forme et ne manque pas de vanter les qualités et les mérites de Jacques Chirac. Lorsqu'il évoque l'homme, il met en avant *« sa générosité et son ouverture intellectuelle »*. Selon lui, *« Jacques Chirac a changé »*. C'est en tout cas ce qu'il croit.

« Premier ministrable »

Il y a la campagne conduite sur le terrain au pas de charge, mais il y a aussi celle des ministrables et celle des « Premiers ministrables ». Si Jacques Chirac ne tarit pas d'éloges à propos de Jean-Pierre Raffarin, Bernadette Chirac, elle, soutient Raffarin, mais aussi Douste-Blazy, Nicolas Sarkozy et François Fillon. Pour la première fois, le nom du président de la Région Pays de la Loire circule comme potentiel futur Premier ministre. Fillon se dépêche de laisser entendre dans la presse qu'il n'est candidat à rien. Il affirme : *« La seule ambition sur laquelle je n'ai aucun doute, c'est celle d'aider Jacques Chirac à gagner la présidentielle et à rassembler une vraie majorité pour moderniser mon pays. »* François Fillon espère un bon ministère, sans exclure une place à Matignon, mais il pense que la meilleure façon de postuler est de jeter toutes ses forces dans la bataille présidentielle, sans rien demander. Dès que la liste des potentiels Premiers ministres commence à se dessiner, les attaques fusent. Jean-Pierre Raffarin devient, lui, très vite, la cible des critiques. Elles proviennent notamment du maire de Neuilly qui tente, de cette façon, de promouvoir ses propres ambitions. En coulisses, Fillon et Douste-Blazy ne se gêneront pas, à leur tour, pour attaquer Nicolas Sarkozy.

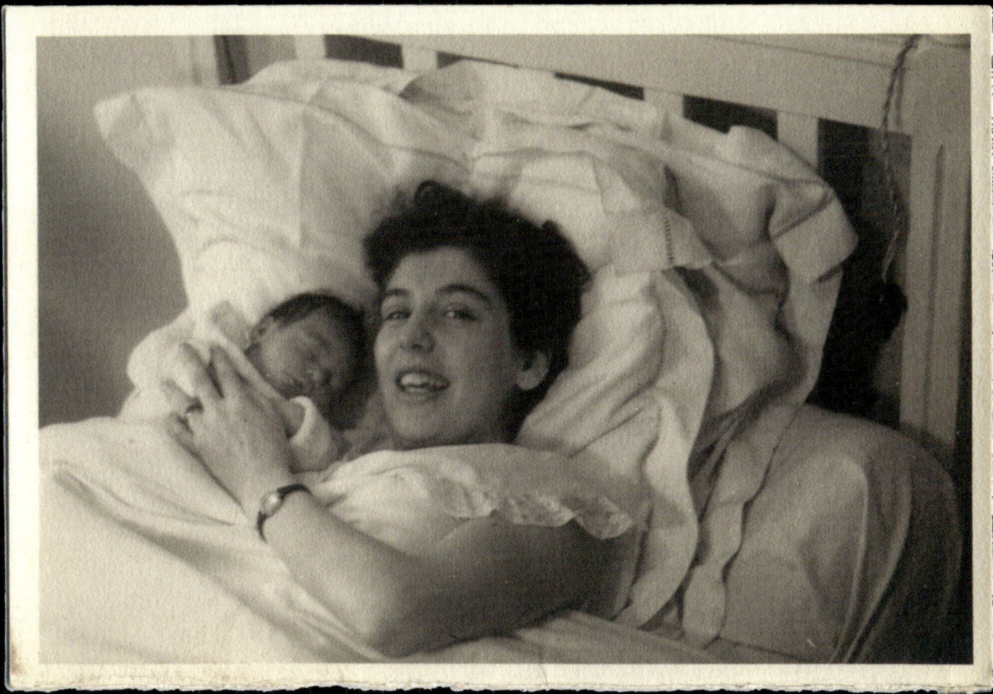

Cahier photos
FRANÇOIS FILLON

4 Mars 1954, naissance de François Fillon.

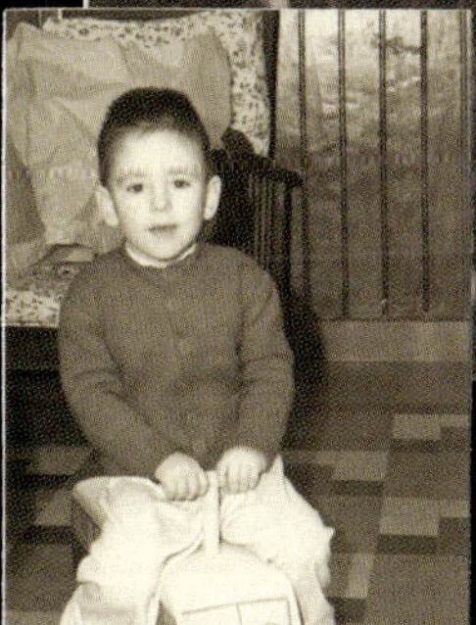

3 ans et déjà fan
de voiture.

Photo de classe de François Fillon à 6 ans.

Page de gauche, de haut en bas :
1958, François Fillon à 4 ans.
Noël 1963, François (à droite) et son cousin.
Août 1958, François et sa mère à la naissance de Pierre.
1961, François à l'école primaire.
1964, Pierre, Arnaud et François dans le lit de leurs parents.
Page de droite :
Été 1955, François joue avec l'appareil photo de son grand-père.

Photo ci-dessus : François Fillon à 15 ans.

Photo ci-contre :
En haut : 1969, François et ses trois frères, Pierre, Arnaud et Dominique.

En bas : 1959, fête du village de Cérans-Foulletourte.
1978, François Fillon dans l'armée de l'air.

Photo en haut à gauche : 1984, François Fillon marie son frère Pierre à Jane, la sœur de son épouse Pénélope - Photo en haut à droite : 28 juin 1980, mariage religieux de François Fillon avec ses deux témoins Michel Legendre et Jane. - Photo ci-dessus : 31 mai 1980, après le mariage civil, déjeuner chez le maire Joël Le Theule. De gauche à droite, son frère Arnaud, sa mère Anne, François, ses frères Pierre et Dominique et son père Michel. Photo en bas à droite : 1978, François Fillon et Joël Le Theule alors ministre des Transports pour le lancement du bateau “Ville du Havre” à Dunkerque.

Photos de haut en bas : 1978, Joël Le Theule et les membres de son cabinet du ministère des Transports dont François Fillon.
Passionné de course automobile, François Fillon aime particulièrement piloter cette Ferrari 250 GT. Il participe régulièrement à la compétition "Le Mans Classic".

Le premier tour de la présidentielle de 2002 ébranle la classe politique et la France tout entière. Ce 21 avril, Jacques Chirac obtient 19,88 % des voix, Jean-Marie Le Pen 16,86 % et Lionel Jospin 16,18 %. Cette journée restera gravée comme un coup de tonnerre dans l'histoire de la République. L'extrême droite jubile, Lionel Jospin annonce son retrait de la vie politique, et Jacques Chirac sait d'ores et déjà qu'il sortira grand vainqueur du second tour grâce au sursaut républicain. « *C'est la douche froide, je me souviens très bien, c'était un moment très dur pour nous et, en même temps, on avait le sentiment qu'on allait gagner* » glisse François Fillon. Du côté de la droite, 48 heures après le séisme électoral, les réticences à finaliser l'union des partis de droite se sont envolées. Tous ou presque ont ressenti le besoin de se rassembler et de resserrer les rangs. Après l'électrochoc du premier tour, Jacques Chirac réunit très vite la plupart des responsables politiques qui conduisaient sa campagne, et propose de franchir le pas. Les chiraquiens accélèrent la cadence et créent l'UMP, l'Union pour la Majorité Présidentielle, sur les fondations de l'Union En Mouvement. C'est ainsi, dans l'urgence et l'émotion, que naît une grande formation unie, pluraliste et démocratique, qui soutient Jacques Chirac. Le 5 mai, le nouveau président de la République est plébiscité avec un score à la soviétique de 82,21 % contre 17,79 % pour Jean-Marie Le Pen. Aucun président de la Ve République n'a jamais été élu avec un tel score.

Avec le recul et au nom d'un profond regret, François Fillon reconnaîtra deux conséquences importantes que son équipe et lui-même n'ont pas su tirer dès le 21 avril 2002 : la nécessité de réformer et celle de procéder à l'ouverture : « *Si on avait fait un gouvernement d'ouverture, ça aurait changé beaucoup de choses. Notre réflexion politique a été insuffisante, nous étions pressés de constituer un gouvernement et pris par l'action.* »

En première ligne

Place maintenant à la formation du gouvernement. Le 6 mai 2002, Jean-Pierre Raffarin est nommé Premier ministre par le président de la République. Nicolas Sarkozy, Philippe Douste-Blazy et François Fillon n'ont plus qu'à attendre leurs portefeuilles respectifs. Philippe Douste-Blazy, à la surprise générale, préfère rester maire de Toulouse. Fillon espère hériter du ministère de la Défense. L'ensemble de son parcours en politique témoigne de son attachement à ce dossier. Il s'est intéressé sans relâche aux questions militaires depuis 25 ans. Mais Jacques Chirac pense autrement : *« Le ministre des Armées, c'est moi »* rappellera-t-il. Alain Juppé, l'homme qui décide dans l'ombre, appelle François Fillon pour lui proposer le ministère de l'Économie et des Finances. *« J'étais surpris, mais je me suis fait à cette idée »* avoue François Fillon. Entre-temps, hors ligne, les conseils de Jérôme Monod influencent la décision définitive du chef de l'État. « *Au travail, il faut un gaulliste social* » lui aurait soufflé l'éminence grise de Chirac. Nicole Notat, ancienne patronne de la CFDT, aurait aussi suggéré le nom de François Fillon pour le ministère du Travail.

Moins de 24 heures plus tard, nouveau coup de fil de Juppé à Fillon pour lui annoncer que c'est au ministère des Affaires sociales, du Travail et de la Solidarité qu'il est finalement nommé. François Fillon consulte ses amis Noël Forgeard, directeur général d'Airbus, Raymond Soubie, ancien conseiller en matière sociale de Raymond Barre, et Pierre David, ancien directeur de cabinet de Joël Le Theule. Ce n'est pas du tout ce qu'il espérait, mais le goût du défi finit par prendre le dessus. Les chantiers de ce ministère sont très lourds et ambitieux. Il s'agit d'assouplir les 35 heures, d'en finir avec la loi de modernisation sociale et de réformer les retraites. Jugée suffisamment explosive pour faire chuter le gouvernement qui s'y attaquerait, la réforme des retraites, maintes fois promise, avait toujours été différée.

Numéro 3

François Fillon devient numéro 3 du gouvernement Raffarin, derrière Nicolas Sarkozy à qui revient l'Intérieur. Fillon est l'un des rares à avoir déjà obtenu un portefeuille dans cette nouvelle équipe. L'ancien lieutenant de Philippe Séguin, balladurien en 1995, pilier de l'Union En Mouvement, représente, à ce moment, au sein du gouvernement, la synthèse de plusieurs facettes. Le gaulliste social a su témoigner sa fidélité à ses différents partenaires politiques. Il a grandi, tout en démontrant sa juste valeur. Propulsé à ce poste clé, il est envoyé en guerrier sur le front social, fort de sa réussite dans la réforme du statut de France Télécom, alors qu'il en était le ministre de tutelle. Certains le qualifient d'habile politique, toujours apte à se placer là où il faut, quand il le faut. D'autres préfèrent souligner son parcours sans faute rehaussé par un sens de l'abnégation sans faille. « *Quatre mandats politiques et trois ministères depuis 1981*, peut-on lire dans la presse régionale. *François Fillon n'a jamais connu d'échecs électoraux.* »

Voilà donc François Fillon, à 48 ans, à la tête d'un grand ministère très convoité, qu'avait occupé l'un de ses mentors, Philippe Séguin. La passation de pouvoir avec Élisabeth Guigou montre que le temps du changement est arrivé. François Fillon se souvient qu'« *Élisabeth Guigou fut glaciale et méprisante* ». Il éprouve une certaine fierté à s'installer ainsi rue de Grenelle, et commence à travailler derrière l'ancien bureau de François Mitterrand, un meuble dessiné par Pierre Paulin. Il demande à son arrivée le raccordement de l'Internet à haut débit, lui qui est déjà équipé d'un téléphone portable dernier cri, relié sans fil à son ordinateur. Il travaille sur place mais n'habite pas l'Hôtel du Châtelet. Il lui faut trouver un logement à même d'accueillir sa famille de cinq enfants. François Fillon ouvre les portes de sa vie privée à la presse. Des photos le présentent dans son ministère avec Pénélope son épouse et leur fils Arnaud, alors âgé d'un an. D'autres clichés sont pris dans son manoir de Solesmes dans la Sarthe en compagnie de ses enfants, tantôt à table, tantôt dans le jardin. Ce fut l'une des rares fois où il dévoila une part de son intimité, donnant libre cours à une longue série de d'images. François Fillon a toujours veillé à préserver jalousement sa vie privée. Sur ses enfants, il en dit le moins possible et il sait qu'il peut compter sur la discrétion de son épouse.

Le ministre fait donc son entrée dans la cour des grands, aux commandes d'un portefeuille riche en défis et il a pleinement conscience de jouer son avenir. Depuis le premier choc pétrolier, ce ministère a toujours représenté un terminus plus qu'un tremplin pour celui qui en a la charge. François Fillon sait qu'il est attendu sur le dossier brûlant du chômage reparti à la hausse depuis 9 mois, et sur cet énorme chantier devant lequel tous les gouvernements depuis Rocard ont fui, la réforme des retraites. Il faudra pourtant trouver le chemin pour réussir, tout en gardant en mémoire le spectre de décembre 1995 avec ces manifestations qui avaient eu raison d'Alain Juppé. Le Premier ministre avait alors tenté de réformer les régimes spéciaux de retraites et celui des fonctionnaires. En 2002, la solution toute trouvée et préconisée par le gaulliste social qu'est Fillon s'appelle le dialogue. À peine 48 heures après l'annonce de sa nomination, il affiche sa priorité dans les colonnes du *Figaro :* « *Écouter les partenaires sociaux pour poser les bases d'une démocratie sociale. Dialoguer, concerter, fixer les objectifs de la réforme, responsabiliser les partenaires sociaux, telle est la méthode que j'entends suivre.* » Il explique qu'il veut entreprendre ce que la gauche n'a pas fait, montrant du doigt ses prédécesseurs Martine Aubry et Élisabeth Guigou. « *J'ai horreur des conflits, je cherche toujours le plus petit dénominateur commun entre deux parties adverses pour trouver une solution* » explique-t-il au quotidien. Il veut sauver l'avenir des retraites après avoir exploré toutes les voies de la concertation et sans imposer de décisions rapides. Moins de dix jours après sa prise de fonction, il discute déjà avec les partenaires sociaux à Matignon, aux côtés du Premier ministre, Jean-Pierre Raffarin. Son objectif est simple et clairement exposé : poser les fondements d'un nouveau contrat social.

Conserver la région ?

Dès le lendemain de sa nomination au ministère, François Fillon est présent, chez lui, à Sablé, pour célébrer les commémorations du 8 mai 1945. Encore un signe fort de la part du nouveau ministre pour montrer son attachement à la vie politique locale et régionale, à un moment où les discussions se multiplient pour savoir si François Fillon abandonnera ou pas la présidence de la Région des Pays de la Loire, alors que le cumul des mandats ne joue pas en sa faveur. Il discute avec sa majorité pour prendre une décision. Jean-Pierre Raffarin, lui, a déjà annoncé qu'il démissionnera de la présidence du conseil régional de Poitou-Charentes. François Fillon sera bien obligé, à contrecœur, de l'imiter et de laisser sa place à Jean-Luc Harousseau, son premier vice-président. Le ministre reste toutefois conseiller régional, président du groupe de la majorité régionale et surtout, montre sa volonté de garder la haute main sur cette institution à laquelle il est très attaché depuis 1998. Il s'est donc battu pour garder sa région, mais les règles du gouvernement ont fini par avoir raison de sa volonté d'ancrage local. François Fillon ne sait pas encore qu'il ne récupérera jamais le poste qu'il abandonne, contraint et forcé.

Fidèle à sa stratégie de conserver ses bases dans la Sarthe, il se prépare à briguer un sixième mandat de député pour les législatives de juin 2002. Comme lui, 17 ministres sur 27 sont candidats. Pendant la campagne, Fillon profite de sa stature de ministre pour soutenir Dominique Le Mener, candidat dans la 5e circonscription de la Sarthe, et surtout Olivier de Chazeaux, candidat dans la 5e circonscription de Levallois-Clichy, qui se présente face à un proche de Nicolas Sarkozy, Patrick Balkany. François Fillon prend le TGV quasiment tous les soirs pour rentrer dans la Sarthe assurer sa présence sur ses terres. Il n'a pas oublié l'alerte de 1997 où pour la première fois de sa carrière politique, il n'avait été élu qu'au deuxième tour. Il soigne son image sur le terrain et tient à montrer que, s'il est ministre, il reste proche de son département. Le résultat est sans appel : élection au premier tour avec 55,21 % des suffrages exprimés, l'un de ses scores les plus élevés. Le député est applaudi par les Sarthois et plébiscité dans les médias. La presse régionale titre : *« La sixième victoire du surdoué ! »* Mais selon la mécanique institutionnelle, le ministre élu député cède son siège à l'Assemblée nationale à son jeune suppléant de 34 ans, Marc Joulaud, adjoint au directeur de cabinet de François Fillon à la Région. Avec la région entre les mains de son vice-président, avec son suppléant à Paris, au Palais-Bourbon, François Fillon peut maintenant s'attaquer aux chantiers du gouvernement.

« Réformes faciles »

Les affaires ne traînent pas. Dès le mois d'août, le projet de loi de François Fillon qui institue les contrats jeunes en entreprises pour les 16-22 ans sans qualification est adopté. Les entreprises bénéficient d'une exonération des charges sociales pendant deux ans et d'un allègement de 50 % la troisième année.

Voilà qui donne un coup d'arrêt au dispositif Aubry sur les emplois jeunes, tout en garantissant les contrats en cours jusqu'à leur terme. Il faut ensuite s'atteler à l'assouplissement des 35 heures, à l'harmonisation du Smic et aux baisses de charges. Les syndicats sont reçus les uns après les autres. Marc Blondel de FO, Bernard Thibault de la CGT, François Chérèque de la CFDT, Alain Deleu de la CFTC, les représentants de la CGPME, ou encore ceux de la CGC. Tous défilent dans le bureau du ministre. Les premiers désaccords ne tardent pas à surgir. L'éventualité de l'assouplissement des 35 heures inquiète. Pas question pour les syndicats de toucher à l'acquis social des 8 millions de salariés bénéficiaires de cette disposition ni de remettre en cause la mesure phare du gouvernement Jospin qui a déjà changé la vie des Français. L'exercice est donc périlleux, il faut jongler entre les souhaits des syndicats, les craintes du patronat et le coût des réformes, comme celle de l'harmonisation des six Smic par le haut. Si ce dernier dossier est bien accueilli par les syndicats, il est critiqué par le Medef. Ernest-Antoine Sellière fait part de son profond désaccord aux journalistes : *« Compenser la hausse du Smic par une baisse des charges est illusoire. »* Les dispositions envisagées par le ministre ne servent ni les entreprises ni la croissance, tempête-t-il. François Fillon doit faire preuve d'habilité sur tous les fronts. Finalement, la loi sur les 35 heures est modifiée sur un seul point : le calcul des heures supplémentaires. Les salariés passés aux 35 heures peuvent dorénavant atteindre un total de 180 heures supplémentaires par an, au lieu d'un maximum plafonné jusque là à 130. Un salarié sur 10 est concerné. Fait exceptionnel, le moment n'est pas à la mobilisation, et la réforme passe. Le Smic est relevé pour deux tiers des bénéficiaires, les charges sociales des entreprises sont allégées pour la énième fois et le délicat dossier des 35 heures a été déminé. Les syndicats apprécient la *« méthode Fillon »* : son langage, son écoute et son humilité sont unanimement salués par les partenaires sociaux. L'intéressé provoque un minimum de vagues. Jean-Pierre Raffarin et Jacques Chirac applaudissent. Voilà pour ses premiers pas, et en attendant la réforme des retraites, *Le Parisien* clame sans hésitation : *« Fillon : réforme facile »*.

C'est indéniable, une page paraît avoir bel et bien été tournée, rue de Grenelle. La rupture est en marche dans le traitement des affaires avec les consultations des partenaires sociaux et la priorité donnée au dialogue social. Mais la rupture est aussi visible dans le comportement du ministre des Affaires sociales. Un jeune chauffeur noir du ministère parle ainsi spontanément de François Fillon : *« Il n'avait rien à voir avec ses prédécesseurs. Lorsqu'il me croisait, par exemple, il venait me serrer la main, je n'avais jamais vu ça avant, les ministres ne m'adressaient même pas la parole. Monsieur Fillon a entamé avec moi plusieurs discussions, me demandant si je pratiquais le basket-ball, vu ma taille. Et à chaque fois, il me parlait de son équipe de basket de Sablé-sur-Sarthe. »* Au sein de son cabinet, François Fillon se montre parfois peu loquace. Mais ses collaborateurs savent décoder son langage gestuel. Son directeur de cabinet, Jean-Paul Faugère, en témoigne. Un jour, une réunion se tient à Matignon autour de Jean-Pierre Raffarin, Francis Mer, ministre de l'Économie des Finances et de l'Industrie du 1er gouvernement, et François Fillon. Jean-Paul Faugère n'a pas correctement diffusé à l'avance un document de travail :

Matignon l'a reçu, mais pas Bercy. Francis Mer, très violent dans sa colère, prend pour cible le malheureux directeur devant le Premier ministre et François Fillon. Jean-Paul Faugère encaisse, reconnaît son erreur et présente ses excuses. François Fillon le regarde, et, sans chercher à le défendre ni à l'enfoncer, l'encourage d'un sourire complice. Daniel-Georges Courtois qui s'occupe de l'organisation politique du ministre confirme lui aussi qu'il est très agréable de travailler avec François Fillon car il met en confiance et ne se met jamais en colère, « *Il faut juste savoir lire entre les lignes et le décrypter.* »

Voilà à peine quatre mois que François Fillon est à son poste et son nom est déjà cité dans la presse comme « Premier ministrable ». Si ses qualités sont mentionnées, ses défauts le sont tout autant. Il est parfois jugé individualiste, précieux et calculateur. « *C'est un faux cul*, ose même un proche de Jean-Pierre Raffarin. *Il ne roule que pour lui-même !* ». D'autres le trouvent trop prudent, ne s'avançant que lorsqu'il a bien étudié le terrain. Il est aussi distingué comme « *homme du compromis* ». Il est celui qui parvient à la fois à s'entendre avec Séguin, Balladur, Juppé, Raffarin et Chirac. Il est encore décrit comme l'anti-Sarkozy, avec ses méthodes de l'ombre et sa discrétion. Le social contre le libéral. L'un et l'autre saisissent la moindre occasion de s'envoyer des piques. Par allusion aux propos du ministre de l'Intérieur qui promet d'arriver à bout de la violence, François Fillon rétorque : « *La violence dans la société est très structurée, on ne l'élimine pas comme ça.* » Nicolas Sarkozy de son côté affirme que « *les ministres forts n'ont pas besoin de l'arbitrage élyséen* », fustigeant la rue de Grenelle car Jacques Chirac a dû trancher sur un dossier. À son tour, le ministre des

Affaires sociales lancera d'autres petites phrases à l'encontre de Nicolas Sarkozy, comme ce jour où, fidèle de la saga *Napoléon* diffusée à la télévision, il relève une réplique de Bonaparte *alias* Christian Clavier, menaçant Fouché : « *Ou vous êtes avec moi, ou vous êtes contre moi !* » « *Je croyais entendre Nicolas Sarkozy* » s'amusera François Fillon devant des journalistes. Les deux ministres s'observent. Lors de cette rentrée du mois de septembre, à dix jours d'intervalle, François Fillon est l'invité des journaux télévisés de France 2 et de TF1. Il est souvent cité dans la presse et devient le membre du gouvernement doté de la plus forte « *unité de bruit médiatique* », fait exceptionnel chez lui. Il réussit à faire parler de lui plus que Nicolas Sarkozy, événement encore plus rare. Les deux sont de potentiels Premiers ministres. Les comparaisons attisent les tensions, qui n'en sont qu'à leur début.

Ne pas battre en retraite

« *Fillon : réforme facile !* » titrait *Le Parisien* à propos des 35 heures à son arrivée au ministère des Affaires sociales. En réalité, le ministre est attendu sur une réforme bien plus lourde, celle des retraites. Elle n'interviendra pas avant 2003, dans la foulée des élections prud'homales de décembre 2002. François Fillon utilise ce laps de temps pour se familiariser avec les syndicats et leurs leaders, et pour sensibiliser l'opinion publique. Chaque Français va, par exemple, bénéficier d'une simulation gratuite du montant de sa future pension. Le ministre martèle à chaque occasion que, dès 2005, le nombre d'actifs diminuera et que le montant des pensions ne pourra aller qu'en se dégradant.

Au cours du mois de novembre, les premières manifestations apparaissent. Le secteur public se mobilise à l'échelle nationale et ces expressions naissantes de mécontentement résonnent comme des alertes.

Si le dossier des retraites a déjà été aplani par les réformes de 1993 et de 1995, le gros du chantier reste à mener. Il s'agit d'un dossier à la fois technique et ardu. Afin de bien se préparer, le ministre des Affaires sociales, conscient qu'il n'a pas droit à l'erreur, se rend en Espagne, en Allemagne, en Suède et en Finlande en compagnie de plusieurs représentants syndicaux. Il s'agit d'une première dans l'histoire de la République. Il se propose de piocher des idées à l'étranger pour bâtir sa réforme qu'il voudrait faire voter avant l'été 2003. La CGT refuse de faire partie du voyage. Très vite, François Fillon comprend que la Confédération ne signera jamais. Il répète pourtant qu'il souhaite privilégier le consensus. Fidèle à son credo, il prend son temps pour se forger une opinion en discutant longuement avec tous ceux qui ont un avis sur le sujet : experts, associations, responsables de partis politiques et organisations syndicales. Jacques Voisin, de la CFTC, émet ce jugement : « *Élisabeth Guigou était très politique, Martine Aubry très technique et François Fillon, lui, réussit la synthèse.* » Les partenaires sociaux louent sa maîtrise des dossiers. Ernest-Antoine Sellière confie que Fillon reste « *une énigme. Il écoute mais quand on le quitte, on ne sait pas si son point de vue a évolué* ». François Chérèque, au contraire, salue sa faculté à trancher dans le vif et à prendre des décisions.

Quelle est donc sa tactique ? Il donne les options du gouvernement sur la réforme tout en expliquant que rien n'est définitif. Il déclare que « *le projet sera arrêté au printemps 2003 et adopté avant l'été* » tout en soulignant qu'il souhaite privilégier le consensus. Mais beaucoup de députés lui reprochent sa lenteur. « *On ne l'entend pas, on ne voit pas où il va, quelle est sa réforme ?* » se lamentent certains. Son obsession du consensus lui vaut les critiques de la droite et de la gauche. « *Il est prudent à l'extrême au risque de tomber dans la tergiversation* » estime un député UMP. Sa discrétion est de nouveau montrée du doigt, ce qui ne manque pas de l'agacer. Jean-Pierre Raffarin se serait même montré fort impatient. Dans les discussions, François Chérèque de la CFDT se révèle un appui précieux. « *Il est sympathique, direct, pas de double langage* », dira de lui François Fillon. Autre allié de taille à la CFDT, Jean-Marie Toulisse. Si le ministre apprécie Bernard Thibault de la CGT, il sait que son syndicat est très difficile à bouger et ne compte pas beaucoup sur lui. Marc Blondel de FO, qu'il connaît déjà, va finalement refuser de s'engager, en menaçant même de faire tomber le gouvernement, comme en 1995. Le véritable allié demeure François Chérèque. Il est alors reçu à plusieurs reprises en secret par le ministre qui veut s'assurer de son soutien. Pendant la phase de concertation, Jacques Chirac, lui, reçoit régulièrement François Fillon à l'Élysée. S'il suit de près la négociation, le président de la République prend cependant soin de ne jamais s'impliquer. En cas d'échec, il ne voudrait pas supporter les conséquences. Son attitude déçoit quelquefois le ministre des Affaires sociales car le chef de l'État refuse souvent de trancher, garde ses distances et même au moment de la signature de l'accord, il fera tout pour qu'on en parle le moins possible. Jean-Pierre Raffarin, lui non plus, ne sera pas toujours d'un grand soutien. Selon un proche collaborateur de François Fillon, « *avec Raffarin, on ne savait jamais où on était. Il laissait entendre une version aux syndicats, en donnait une autre à la presse, une troisième à Fillon et, au final, ne voulait jamais trancher* ». Le chef du gouvernement aurait même mis plusieurs fois son ministre dans l'embarras. En réalité, Raffarin sentait le dossier des retraites lui échapper. Il semblait déplorer de ne pas être mis au courant de l'avancée de la réforme. L'amitié qui existe entre les deux hommes se dégrade en raison d'un manque de confiance réciproque. Au final, François Fillon s'est senti bien souvent seul, même après le vote.

Les concertations feront l'objet de débats vifs et prolongés sans pour autant qu'ils n'engendrent le moindre emportement. Étonnamment, on ne connaîtra pas d'explosions sociales majeures malgré un contexte difficile : une croissance en panne, un chômage en hausse, des restructurations, des fermetures d'usines et la multiplication des plans sociaux. Sur le front de l'emploi, François Fillon s'active, relance les emplois aidés, annonce plusieurs mesures comme le Contrat initiative emploi, la création du RMA (Revenu minimum d'activité) et le contrat d'insertion dans la vie sociale, ainsi qu'un train de mesures pour favoriser l'emploi des plus de 45 ans.

Lorsque les discussions sur les retraites arrivent enfin à leur terme, François Fillon atteint une forme de délivrance. Il peut sortir de sa réserve et mettre un coup d'accélérateur. Le projet a mûri. Il affiche clairement son objectif à la télévision en participant à *100 minutes pour convaincre* sur France 2, temps fort de sa communication, prestation pour laquelle il s'est particulièrement préparé. Ce soir-là, il dévoile les grandes lignes de son projet de réforme : faire travailler les fonctionnaires plus longtemps, augmenter les cotisations, favoriser l'épargne individuelle. Très attendu, il explique à l'aide de mots simples son projet tout en gardant son calme. Il reste d'humeur égale face à la contradiction, sauf peut-être face à Ségolène Royal qui arrive toujours à l'agacer. Au lendemain de la soirée télévisée, les syndicats montent au créneau. Malgré les discussions préalables de ces dernières semaines, ils accueillent fort mal les propositions rendues publiques par le ministre : pour eux, le dialogue a comme un goût d'inachevé et ils promettent un mois de mai agité.

Réformes et malentendus

Les grandes manifestations du 13 mai 2003 maintiennent François Fillon en première ligne. Comme prévu, l'épreuve de force a lieu. La contestation descend dans la rue, comme en 1995. Le gouvernement tremble : on estime le nombre de manifestants de 1 ou 2 millions. Pourtant François Fillon garde son cap, et reprend les négociations avec les syndicats, dans une atmosphère devenue électrique. Au plus fort de la crise, les pourparlers durent toute une nuit. Les organisations syndicales veulent améliorer les petites retraites, permettre à ceux qui ont travaillé plus longtemps de partir à 60 ans. Elles réclament des contreparties pour les fonctionnaires. L'écart entre le projet Fillon et leurs attentes demeure trop important, répètent-elles. De son côté, le ministre ne veut rien lâcher. Les négociations sont longues et difficiles. Les rares moments de détente s'organisent, cette nuit du 14 au

15 mai, autour d'un dîner entre les négociateurs. Au menu, melon et jambon Serrano, suprême de volaille, tarte aux fraises. Le tout arrosé d'un bon bordeaux, sans oublier le fameux cigare de Marc Blondel. Au petit matin, on se quitte sur un constat d'échec. Deux heures plus tard, François Fillon a la surprise d'entendre François Chérèque annoncer à la radio qu'il est prêt à reprendre les discussions. « *Le temps que je m'habille et que je l'appelle,* raconte Fillon, *il était déjà chez le Premier ministre.* » Après avoir appelé son ministre des Affaires sociales, Jean-Pierre Raffarin va alors immédiatement lâcher du lest sur quelques points pour relancer les négociations. À 11 heures ce jour-là, Chérèque est de retour rue de Grenelle, dans le bureau de Fillon. Il lui lâche d'entrée de jeu : « *Voilà, j'ai l'accord de Matignon sur la question, notamment, des longues carrières.* » Si la CFDT est d'accord, il ne reste plus qu'à signer. François Fillon décide sur le champ de convoquer pour le début de l'après-midi tous les participants à la négociation afin de parapher le texte. Seul problème, FO et la CGT comprennent que l'accord a été négocié sans elles. Le front syndical se fissure et tout bascule. La CGC exprime son accord sur le texte de Fillon, la CFDT parle de « *compromis acceptable* », le projet est finalement validé par cinq partenaires sociaux sur huit. Une étape importante a été franchie. Fillon, le bon soldat du gouvernement, reçoit le soir même un coup de fil de félicitations du président, suivi d'un appel du Premier ministre. Depuis 1945, personne n'avait réussi à engager une réforme aussi importante sur les retraites. François Fillon avançait à petits pas depuis plusieurs mois, il apprenait à connaître chacun de ses interlocuteurs. Il s'était immergé progressivement et avec méthode dans un dossier des plus

compliqués. L'homme des défis avait apprivoisé les chiffres, les courbes et la faisabilité de chaque mesure, pour abattre au final ses cartes l'une après l'autre, au moment jugé opportun.

Mais la CGT et FO, majoritaires dans la fonction publique, ne l'entendent pas de cette oreille, et amorcent des actions. Elles ne veulent pas d'harmonisation entre le public et le privé. Le ministre des Affaires sociales ferme la porte à toute négociation. Selon lui, « *on est arrivé au maximum de ce que le gouvernement pouvait proposer* ». Malgré les préavis de grève en cascade, François Fillon entend maintenir son calendrier de réformes. Les enseignants sont en grève. Les cheminots cessent le travail. Face à ces mouvements de protestation, le ministre reste ferme et affirme avec autorité : « *Nous irons jusqu'au bout.* » Pas question de rouvrir les discussions comme le réclament les syndicats à la veille d'une grande mobilisation prévue le 25 mai. Une manifestation de grande envergure déferle ce jour-là, 500 000 personnes défilent dans la capitale et pas moins de 100 000 en province. Le rassemblement n'atteint cependant pas l'ampleur du mouvement précédent. Près de l'Hôtel de Ville à Paris, il n'est pas facile de remarquer ce petit défilé de 300 manifestants qui disent oui à la réforme. Cette journée du 25 mai est celle du verdict, et le gouvernement semble contraint de plier. L'intervention de François Fillon le soir même dans le journal de 20 heures de TF1 est très attendue. Surprise, il fait fi de la démonstration de force et dit non à la réouverture des discussions. « *Il y a eu le temps du dialogue, maintenant le débat va se poursuivre au parlement,* déclare-t-il. *C'est le secteur public qui ne veut pas d'une harmonisation entre le public et le privé et ça, c'est une revendication que nous ne pouvons pas accepter* » pose-t-il clairement. Le ministre a tenu 21 réunions avec les syndicats, du jamais vu en terme de dialogue social. Vincent Roger, son conseiller en charge de la communication, analysera ainsi cet entretien télévisé : « *Je crois que c'est le seul ministre de la Ve République qui vient au journal de 20 heures juste après des manifestations monstres pour dire non à la rue, en plus avec le sourire !* » Le lendemain, dans toute la presse, les images des manifestations font la une, mais les contestataires sont obligés de partager les colonnes avec le « non » de François Fillon. Vincent Roger explique que son patron n'est pas dans la culture de l'immédiat et qu'il ne cède pas facilement à la pression des médias : « *Il a une vision à long terme et il s'y tient. Il déteste faire de la politique spectacle. Il anticipe. Il est particulièrement courageux.* » Et de conclure : « *Il y a un d'Artagnan qui sommeille en lui, un personnage un peu romanesque et romantique.* »

Le texte sur la réforme des retraites a le mérite d'exister. De l'avis de tous, il va même plus loin que prévu, mais comporte cependant de réels points faibles : l'inégalité est maintenue puisque les régimes spéciaux en vigueur à la RATP, à la SNCF et à EDF n'ont pas été touchés. En allongeant la durée des cotisations, le poids de l'effort pèse sur le salarié, la discrimination perdure sur les années de référence nécessaires à une pension pleine. Un déséquilibre s'installe donc entre le secteur privé et le secteur public. Pour François Fillon, ne pas avoir voulu écorner les régimes spéciaux relève d'un choix tactique. Il s'agit d'une façon d'isoler ceux qui avaient fait tomber le gouvernement d'Alain Juppé. Mais des piques arrivent même de son propre camp pour reprocher à François Fillon d'avoir éclipsé le travail de Jean-Paul Delevoye, le ministre de la Fonction publique, qui aurait, dit-on, largement œuvré à la réforme, tant au sein de son ministère qu'au travers de ses réseaux personnels. Un parlementaire UMP rapporte justement « *François Fillon est revenu dans le jeu lorsqu'il a senti que tout allait bien se passer, mais l'artisan est Delevoye* ». Certains confient « *François Fillon s'est félicité du résultat alors qu'au tout début il disait que la réforme des retraites ça ne le concernait pas, que ça concernait les fonctionnaires* ». Le député socialiste Jean-Marc Ayrault, lui, rappelle que la réforme de François Fillon est incomplète et injuste, « *incomplète car elle ne couvre qu'un tiers du financement et injuste car elle ne prend pas en compte l'espérance de vie et pénalise les femmes qui vivent souvent des carrières incomplètes* ».

Autre point négatif né de ces journées et de la signature du texte portant sur les retraites, l'explosion du front syndical. François Fillon lui-même regrette aujourd'hui la dernière phase du dossier qu'il juge « *trop rapide* ». La frustration du Premier ministre de ne pas être aux commandes, la crainte d'un échec a conduit à la précipitation. « *L'accord n'aurait pas dû se faire sans une réunion avec la CGT et FO* » confesse François Fillon. En l'absence d'une partie des partenaires sociaux, les relations des syndicalistes entre eux sont troublées au point d'entraîner des manifestations. « *On aurait évité la crise qui a suivi entre la CGT et la CFDT,* reconnaît le ministre avec du recul. *Ce qui a d'ailleurs fragilisé la CFDT pendant quelques mois.* »

Dernier aspect négatif, le jour de *100 minutes pour convaincre* diffusée sur France 2, François Fillon aurait fait des annonces sans en avoir parlé au préalable au ministre concerné.

En effet, le ministre de l'Agriculture Hervé Gaymard, aurait souhaité annoncer lui-même les avancées réalisées en matière de retraite des agriculteurs. François Fillon lui a brûlé la politesse. Répondant à Ségolène Royal sur le plateau de télévision, le ministre des Affaires sociales lance : « *En évoquant les retraites des agriculteurs, je me permets de faire deux annonces [...] La première, c'est que nous allons mensualiser les retraites des agriculteurs, c'est une vieille revendication, nous allons introduire la mensualisation dans la loi. Et puis nous allons améliorer considérablement les pensions de réversion, et surtout supprimer toutes les conditions qui existent, condition d'âge, condition de cumul ou interdiction de cumul avec un emploi, de manière à ce qu'une personne, une femme notamment, qui perd son mari, même si elle n'a pas l'âge de la retraite, de toucher la pension de réversion* » L'annonce aurait fait bondir Hervé Gaymard devant son téléviseur.

Le projet Fillon est finalement adopté en conseil des ministres, le débat devant les parlementaires va enfin avoir lieu. Une guérilla procédurale et une bataille d'amendements font traîner l'examen du texte. L'opposition remontée ne dépose pas moins de 11 153 amendements sur le bureau de l'Assemblée. Pas question pourtant d'utiliser l'article 49-3 pour faire passer le texte et éviter les débats. Dans le même temps, les grèves qui s'étaient développées un peu partout sur le territoire perdent de leur intensité et finissent par s'étioler. Le 3 juillet, la loi est finalement votée en première lecture, après 19 jours de débat, plus de 155 heures de discussions, ce qui en fait le deuxième débat parlementaire le plus long après celui sur la presse, en

1983. Le vote définitif intervient le 24 juillet 2003. Le gouvernement a tenu son pari : le calendrier a été respecté et le texte a été accepté à la suite de maigres modifications. La loi votée prévoit la retraite après 40 années d'activité pour tout le monde en 2008, après 41 ans en 2012 et 42 ans en 2020, et enfin l'alignement du public sur le privé.

En 2003 en tout cas, fort de ce succès, le ministre plaide désormais pour soutenir le rythme des réformes. En deux ans à ce poste, convaincu et déterminé, François Fillon a réussi à mener tambour battant huit réformes sociales d'importance, malgré les réticences et craintes de Matignon et de l'Élysée qui ont souvent durant cette période freiné des quatre fers. François Fillon a réformé sans casse et sans éclat. La discrétion de sa réussite demeure une interrogation troublante. Lorsqu'il a conclu sa réforme, un peu plus tôt que prévu, au lieu de convoquer la presse, l'homme a profité de son temps libre pour aller acheter des chaussures à son fils. Pourquoi ne pas se féliciter comme d'autres l'auraient fait à sa place ? Et pourquoi ne pas applaudir une réforme qui, à la surprise générale, s'est déroulée sans heurt majeur ? Plusieurs amorces de réponse : le manque de charisme de François Fillon, son humilité, ou peut-être son manque de savoir-faire en matière de faire savoir, sans oublier la volonté de Chirac et de Raffarin d'atténuer ce « succès ». « *J'ai eu l'impression que cette réussite gênait tout le monde,* dit lui-même François Fillon, *Matignon et l'Élysée, qui se disaient qu'on avait eu de la chance et qu'il ne fallait surtout pas trop en faire.* » Ce succès aurait dû lui apporter notoriété et popularité. Rien de tel. La crise de la canicule de cet été 2003 viendra très vite occulter un peu plus cette réussite politique. Et si François Fillon pensait pouvoir s'appuyer sur la réforme des retraites pour en mener d'autres, c'est bien le contraire qui adviendra. Selon Jacques Chirac, il fallait surtout prendre son temps et attendre les régionales avant de poursuivre les réformes.

Ambitieux ou rebelle ?

François Fillon est certes un personnage en retrait, mais depuis l'élection à la présidence du RPR en 1999, on sait aussi qu'il a appris à sortir du bois quand il le juge nécessaire. C'est ce qu'il a fait au cours de l'année 2003, pris en étau entre deux mésententes, l'une avec le Premier ministre, l'autre avec Nicolas Sarkozy. Il va commettre, au cours de cette période, ce que certains présentent comme sa première erreur politique

La canicule a marqué un tournant majeur dans les relations entre François Fillon et le Premier ministre Raffarin. Épuisé par le marathon de la réforme des retraites, l'équipe Fillon part en vacances chercher un repos bien mérité. En cet été 2003, personne n'a vu venir le désastre. Le cabinet du ministre des Affaires sociales était tous les jours en contact avec Paris. « *On nous disait qu'il faisait chaud, mais personne n'a vu qu'il se passait quelque chose de grave* » se souvient Jean-Paul Faugère, directeur de cabinet de François Fillon. Le bilan de la canicule qui s'est abattue sur la France sans crier gare est de 15 000 morts. Ce chiffre ne deviendra définitif qu'après plusieurs semaines d'hésitation. Les victimes sont pour l'essentiel des personnes âgées. François Fillon rentre à Paris le 12 août ; plus tôt que les autres membres du gouvernement y compris Jean-Pierre Raffarin. Mais il est trop tard pour agir. Fillon et Falco se rejoignent sur le front. Hubert Falco, secrétaire d'État aux Personnes âgées, dépend du portefeuille de François Fillon, le ministre de la Solidarité. Dès son retour, Fillon reconnaît les dysfonctionnements de l'État, ce qui n'interdira pas le Premier ministre de lui adresser de sévères critiques, l'accusant d'avoir fui ses responsabilités. Raffarin n'y va pas par quatre chemins : *« Fillon n'a pas pris à temps la mesure de la catastrophe. »* Coupable d'absence, coupable de silence. Étonnamment, la presse épargne Fillon et Falco mais les médias désignent un tout autre responsable, Jean-François Mattei, ministre de la Santé. Jean-Pierre Raffarin, dans une moindre mesure, est lui aussi désigné fautif. Des rumeurs de remaniements commencent à circuler. Le Premier ministre qui avait tant séduit avec ses phrases choc et sa simplicité lors de son arrivée à Matignon, ne convainc plus. On découvrira quelques jours plus tard qu'il est au plus bas dans les sondages : il chute à 33 % de bonnes opinions. Pas moins de 64 % des Français se disent mécontents de son action. Jean-Pierre Raffarin avait lui-même déclaré qu'il ne voulait absolument pas descendre sous le seuil des 35 %. Dans la précipitation, le gouvernement réfléchit à un grand plan pour les personnes âgées. De ce projet, sort la mesure du fameux jour férié qui sera travaillé et dont l'argent récolté servira à venir en aide aux plus fragiles. François Fillon n'approuve pas cette réforme du jour férié et le fait savoir lors des discussions à Matignon. Le ministre des Affaires sociales et de la Solidarité persiste et signe : « *Raffarin tergiversait tout le temps. À chaque fois que l'on sortait d'une réunion, on ne savait pas s'il était pour ou contre* ». Le Premier ministre finit pourtant par trancher. François Fillon est obligé de rentrer dans le rang et de soutenir le choix du gouvernement. C'est dans ce contexte qu'il commettra une nouvelle erreur de communication.

Personne n'est encore informé de ce nouveau plan pour les personnes âgées car les discussions n'ont pas filtré au sein du gouvernement. La consigne donnée aux participants de la dernière réunion est claire : il ne faut pas dévoiler les informations à l'extérieur afin de permettre au Premier ministre d'annoncer lui-même une grande réforme visant à venir en aide aux personnes âgées et aux handicapés par le biais du financement du jour férié travaillé. Mais surprise, François Fillon va doubler Jean-Pierre Raffarin. Le lendemain de la prise de décision, le 27 octobre, alors qu'il se déplace en Dordogne, un journaliste des *Échos* interpelle Fillon : « *Alors, le jour férié, il se fait ou pas ?* » Le ministre répond aussi directement qu'il a été questionné : « *Oui, ça va se faire.* » Le gouvernement a donc bel et bien arbitré sur le jour férié pour financer la dépendance. Dès le lendemain matin, des articles commentant cette déclaration impromptue sont publiés à la une de plusieurs quotidiens. François Fillon lui-même est très surpris par l'impact de ses propos. Il a fait l'annonce avant le chef du gouvernement. Panique à bord. On peut lire dans les colonnes du *Monde* à propos de François Fillon : « *Le bon élève a semblé vouloir mettre en difficulté le Premier ministre sur un sujet délicat qui ne l'a jamais vraiment convaincu.* » Jean-Pierre Raffarin est furieux. « *C'est une faute !* » tempête-t-il. Il désigne ouvertement son ministre des Affaires sociales comme l'auteur de la fuite. « *Il a tué toute pédagogie sur ce dossier* » juge-t-on à Matignon. Des conseillers du Premier ministre exigent même des sanctions. L'affaire prend une ampleur considérable entre les deux cabinets alors que le ministre des Affaires sociales se trouve dès le lendemain en déplacement au Japon. Pendant son voyage, François Fillon appelle Jean-Pierre Raffarin pour s'expliquer mais il ne s'excuse pas. La bataille de communiqués montre la fébrilité qui règne à ce moment précis au sein du gouvernement. Des parlementaires UMP jugent la communication de l'exécutif désordonnée et lui reproche son manque de pédagogie en cette période délicate de réformes. À son retour en France, François Fillon s'entretient en tête à tête avec le chef du gouvernement. Le cabinet de Raffarin s'empressera ensuite d'affirmer « *la situation est en voie d'apaisement.* » Au fond, le Premier ministre restera convaincu que son ministre des Affaires sociales a voulu faire capoter son projet. Plus tard, François Fillon admettra ses erreurs : « *J'ai fait preuve de maladresse, c'était à Jean-Pierre Raffarin de l'annoncer.* » Mais « *ce n'était pas la peine d'en faire un drame non plus* ». Il assure encore aujourd'hui qu'il ne s'agissait pas d'un coup bas mais vraiment d'une erreur. Les tensions ont longtemps persisté sur ce dossier du jour férié. L'un voit un système à la carte, l'autre veut que le lundi de Pentecôte s'applique à tous de façon claire et nette. Jean-Pierre Raffarin préférait que ce soit le lundi de Pentecôte ou n'importe quel autre jour appliqué aux salariés. « *Une façon de choisir de ne pas choisir* » avait alors ironisé *Libération.* Nouvel agacement de François Fillon qui ne supporte pas le manque de courage. Pierre David, l'un de ses proches, ancien directeur de cabinet de Joël Le Theule, confirme : « *Le seul moment où je le vois dire des choses un peu désagréables, c'est lorsque quelqu'un manque de courage. Aller au bout de ses idées, c'est pour lui une devise.* » Autre son de cloche : les amis de Raffarin décrivent François Fillon comme un personnage « *buté* ».

Ces épisodes préfigurent la rupture morale entre François Fillon et Jean-Pierre Raffarin. Le Premier ministre a le sentiment que son numéro 3 cherche à se mettre en avant alors que la cote de popularité du chef du gouvernement est au plus bas, fortement critiqué pour son manque d'autorité, son incapacité à être « *chef* ». Jean-Pierre Raffarin se dit déçu par François Fillon, celui que l'Élysée voulait dresser en face d'un Nicolas Sarkozy considéré comme trop ambitieux. Fillon confirme la défiance du Premier ministre : « *Il m'a toujours vu comme un concurrent.* » Fillon concurrent, c'est en tout cas ce que pensent alors les médias, l'entourage de Nicolas Sarkozy comme celui de Jean-Pierre Raffarin. Dès la rentrée de septembre, à Nancy, lors des journées parlementaires de l'UMP, François Fillon avait déjà troublé l'assistance en prononçant un véritable discours de Premier ministre. Trois allocutions de chef de gouvernement furent en fait prononcées ce jour-là : celles de Jean-Pierre Raffarin, de Nicolas Sarkozy et de François Fillon, comme si la succession était déjà ouverte. Plusieurs parlementaires UMP rejettent cette posture du ministre des Affaires sociales et de son collègue de l'Intérieur. Les ambitions ressurgissent au moment où il faut resserrer les rangs face à l'impopularité grandissante de l'équipe en place. François Fillon se pose dans son discours en défenseur infaillible de l'union de la majorité. Il revient sur son action, se félicite de la réforme des retraites. Il surprend. Celui qui était si loyal et discret se place désormais au même plan que Nicolas Sarkozy. Ce dernier affiche clairement et ouvertement ses ambitions depuis longtemps. François Fillon affirme de son côté présenter ses arguments avec cette liberté de parole qui lui est si chère. Il montre une assurance qu'on lui a rarement connue. Ses propos n'échappent à personne lorsqu'il déclare se sentir « *totalement en phase avec Jacques Chirac, y compris sur les sujets de politique internationale* », ce même Jacques Chirac qui n'a de cesse de le féliciter. C'est pour François Fillon une façon de se démarquer de Nicolas Sarkozy qui joue le bras de fer contre le chef de l'État. Mais Chirac pourrait bien se servir de François Fillon comme d'un contre-pouvoir face à un Sarkozy de plus en plus puissant.

Sarkozyste

À l'automne 2003, Nicolas Sarkozy et François Fillon sont à couteaux tirés. C'est la lutte pour le pouvoir. L'un vise l'Élysée et le fait comprendre, l'autre Matignon, avec les encouragements de Jacques Chirac. François Fillon a l'œil rivé sur le poste de Premier ministre, même s'il ne l'avoue pas. « *J'ai des ambitions comme tout le monde* » lui arrive-t-il de confier. Question de tempérament certainement, et de stratégie. En avril 2003, *Le Parisien* titre : « *François Fillon, l'ambitieux pas pressé* ». La journaliste Myriam Levy écrit : « *Ses ambitions : elles sont grandes. Mais il n'est pas homme à les afficher.* » Elle rejoindra en 2007 le service communication de Matignon. Myriam Levy écrit dans un autre article sur le ministre : « *En 2002, il est resté dans l'ombre. Un peu par obligation, un peu par choix tactique.* » Selon elle, François Fillon est un calculateur qui resterait en retrait pour mieux avancer. Sa stratégie serait à l'opposé de celle de Nicolas Sarkozy. *« Certains ont fait le choix d'une communication très active, j'ai fait le choix inverse. Dans ce ministère, on ne peut pas parader et confondre la communication et l'action en profondeur »* juge François Fillon, se comparant à celui qui fait souvent la « une » de tous les médias. Autre pique lancée par François Fillon : *« La vie politique est trop médiatisée. Cet excès conduit à une simplification des problèmes qui confine parfois à la caricature. »* Il préfère montrer qu'il s'applique à travailler en citant les six réformes qu'il a défendues en 18 mois. Il affiche la rigueur de la réflexion, parle d'« intégration républicaine » quand Nicolas Sarkozy défend la « discrimination positive ». Il revendique un État fort pour assurer la cohésion sociale, Nicolas Sarkozy aussi, mais pour garantir en premier lieu la sécurité.

Sarkozy est aux commandes d'un ministère exposé. Avec un objectif, mettre en place la politique de « sécurité » du gouvernement, point fort de la campagne de Jacques Chirac. L'homme pressé, dès son arrivée au ministère de l'Intérieur en 2002, passe à l'action et s'impose dans les médias à coups d'opérations commandos, de phrases chocs et d'engagements clairs. Une seule stratégie pour lui : occuper le terrain, s'imposer comme l'homme qui tient ses promesses, devenir incontournable et ce jusqu'à son départ du gouvernement, lorsqu'il se lancera dans la course à l'Élysée. Il caracole en tête des sondages. Fillon et Sarkozy sont deux hommes très différents et pourtant parfois si proches. Ils ont le même âge, 49 ans, ne sont pas énarques, ont été formés à la dure école du RPR. Ils ont percé en politique il y a 20 ans. Chirac leur a confié deux portefeuilles clés. Ils défendent chacun un bon bilan : l'un a fait baisser l'insécurité, l'autre a mené à bien des réformes sociales. Tous les deux sont des ex-balladuriens. En revanche, l'un s'est éloigné de Jacques Chirac après en avoir été très proche, l'autre s'en est rapproché depuis peu, après avoir passé toute sa carrière en marge de la chiraquie. Pour avancer, leurs moyens divergent. Quand l'un se fraie une route à coups de Klaxon, l'autre progresse à pas de velours. L'un affiche ses intentions, l'autre murmure qu'il n'en a pas. Sarkozy possède les qualités qui manquent à Fillon et réciproquement. Entre ces deux tempéraments, l'Élysée a choisi son poulain : François Fillon. Jacques Chirac sait que s'il nomme Nicolas Sarkozy Premier ministre, il subira une forme de cohabitation. S'il opte pour Fillon, il sera moins chahuté. Voilà pourquoi Alain Juppé pousse ouvertement à la promotion du ministre des Affaires sociales. Le président de l'UMP déclare en guise d'encouragement que « *François Fillon a investi toutes les fonctions politiques, maire, ministre, président de département, président de région, il lui en reste encore deux à exercer, il a un bel avenir devant lui* ». Son propos est sans ambiguïté. À l'automne 2003, la presse multiplie les articles sur la rivalité entre les deux postulants. C'est un incessant balai de « *Fillon Premier ministrable* » pour *Les Nouvelles de Sablé,* « *Sarkozy et Fillon mettraient bien leurs chaussons à Matignon* » dans *Libération.* On lit dans *Le Monde* que « *Le ministre du Travail veut être le seul prétendant incontestable à Matignon* ». Dans *Le Figaro* on estime « *Fillon, ministre d'influence* ». Et *Valeurs Actuelles* opine que « *Le ministre des Affaires sociales affiche la tranquille assurance de ceux qui veulent aller loin* ».

Instrumentalisé

Un épisode vient amplifier le conflit. Le 20 novembre 2003, Nicolas Sarkozy est l'invité de *100 minutes pour convaincre* sur France 2. Face à Jean-Marie Le Pen, il réalise une performance qui frappe les esprits. Avec six millions de téléspectateurs au rendez-vous, l'émission enregistre un record d'audience. L'homme fédère. *Le Canard enchaîné* révèle que, ce soir-là, Alain Juppé a convoqué une réunion au siège de l'UMP avec les élus et les cadres pour parler de l'organisation du parti. Plusieurs d'entre eux ont fait savoir qu'ils ne pourraient pas s'y rendre, émission oblige. « *La présence à cette réunion est impérative. Les magnétoscopes ne sont pas faits pour les chiens !* » a rétorqué Patrick Stéfanini, bras droit d'Alain Juppé. Pourtant, au cours de cette soirée, beaucoup de choses vont changer. Lorsque le journaliste Alain Duhamel demande à Nicolas Sarkozy s'il pense à l'Élysée, sa réponse fuse.

Alain Duhamel : « *Laurent Fabius, dont vous parliez à l'instant, a reconnu que quand il se rasait le matin, en regardant son miroir il lui arrivait de penser à la candidature à l'élection présidentielle. Vous avez dit tout à l'heure, au début de l'émission, que vous étiez ministre de l'Intérieur, rien que ministre de l'Intérieur, et tout le temps ministre de l'Intérieur, mais vous vous rasez quand même le matin. Alors quand vous vous rasez le matin, là vous pouvez penser à autre chose qu'au ministère de l'Intérieur, est-ce qu'il vous arrive à ce moment-là de penser à l'élection présidentielle ?* » Nicolas Sarkozy soigne son effet et répond : « *Pas simplement quand je me rase.* »

Ces six petits mots, « *pas simplement quand je me rase* » font l'effet d'une véritable bombe. Ils enclenchent la cohabitation.

Les chiraquiens se déclarent heurtés par ce discours offensif qu'ils reçoivent comme une véritable déclaration de guerre. Nicolas Sarkozy devient plus que jamais l'homme à abattre. Envoyé au front par l'Élysée, François Fillon riposte le 7 décembre sur Europe 1, en déclarant qu'il est « *extrêmement choqué de voir que moins de deux ans après la présidentielle, il y a de nouveau un débat ouvert sur la prochaine échéance* ». Lui, confie-t-il à son tour, en se « *rasant le matin, en travaillant et en se couchant le soir, il ne pense qu'à une seule chose, les réformes dont il a la responsabilité* ». Et d'ajouter que « *s'il y a échauffement des ambitions individuelles, il est vraiment très prématuré* ». Il conclut qu'un tel débat est « *très négatif pour la sérénité du travail du gouvernement de la majorité* ». Sur la discrimination positive, François Fillon déclare en écho aux propos de Jacques Chirac qu'elle est « *techniquement, juridiquement et politiquement inconcevable* ». Celui qui se complaît d'ordinaire à la discrétion sort tout à coup de ses gonds. Ses collaborateurs expliquent que François Fillon « *est le seul à ne pas trembler devant Nicolas Sarkozy, tous les autres ont peur de lui, même Jean-Pierre Raffarin* ». Nicolas Sarkozy choisit de ne pas répondre aux répliques de François Fillon, ou du moins pas directement, comme si son détracteur n'avait pas son envergure. Trois jours après la charge de François Fillon qui a fait les choux gras des médias, le ministre de l'Intérieur envoie au charbon Brice Hortefeux, son fidèle lieutenant. « *Propos inutiles, agressifs et dangereux, propos qui témoignent d'une certaine jalousie* » rétorque le secrétaire général adjoint de l'UMP sur RTL. À la sortie du conseil des ministres, le même jour, François Fillon est cueilli par les journalistes. Sa réponse claque : « *Qui est monsieur Hortefeux ?* » Une question-réponse ironique qui sera largement reprise lors de la campagne présidentielle de 2007, lorsque surgiront les différends que l'on sait entre Ségolène Royal et Éric Besson. Juste avant que ne débute ce même conseil des ministres, Nicolas Sarkozy avait pris François Fillon en aparté et l'avait sommé de lui donner des explications sur ses récentes déclarations. Le ministre des Affaires sociales lui avait alors répondu : « *Je ne te visais pas.* » Ce à quoi Sarkozy aurait répliqué : « *Tu te fous de ma gueule !* » En coulisses, le ministre de l'Intérieur soupire : « *Quand je pense que l'on présente Fillon comme mon rival... 25 ans de politique pour en arriver là* [...] *François Fillon a du talent, pourquoi ne l'exprime-t-il pas ? Pourquoi ne met-il pas en avant ses idées plutôt que de m'agresser ?* » Les noms d'oiseaux volent bas. Aujourd'hui, les parlementaires n'osent même plus les répéter tant ils étaient virulents. Pour Fillon, Sarko est « *facho* ». Selon Sarko, Fillon est « *fayot* ». Ce 10 décembre, jour d'explications en marge du conseil des ministres, les deux rivaux devaient se retrouver côte à côte l'après-midi pour la séance de questions d'actualités à l'Assemblée nationale puisque Sarkozy assurait l'intérim de Raffarin en déplacement. Fillon ne vient pas, grippé. Cette absence ne passe pas inaperçue. Chacun de leur geste est épié. De retour, Jean-Pierre Raffarin calme le jeu : « *Ce sont deux très bons ministres.* » Mais François Fillon comprend que Nicolas Sarkozy a gagné, comme toujours, la bataille de la communication au sein de la droite. Après sa réforme sur les retraites, il culmine à 29 % de popularité, Nicolas Sarkozy s'envole à 60 %. Avec le recul, Fillon admet avoir mis des mois à comprendre qu'il était instrumentalisé par Jacques

Chirac. Le président de la République vantait volontiers les mérites de François Fillon dans la presse tout en glissant régulièrement à l'oreille du ministre de l'Intérieur que son concurrent était parfait, qu'il était un bon ministre, et qu'il ferait même un bon Premier ministre. Fillon devient alors l'anti-Sarkozy.

« *On a tout fait pour nous opposer* » assure François Fillon. On peut noter que sur le plan des idées, les deux hommes ne se sont jamais rencontrés et que sur bon nombre de dossiers leurs ministères empiétaient l'un sur l'autre. Si François Fillon concède que « *chacun défendait le point de vue de son ministère et chacun voyait ses propres objectifs* », il reconnaît aussi que « *Chirac s'est servi de moi comme d'un adversaire possible de Nicolas Sarkozy* [...] *Jacques Chirac me disait souvent que j'étais parmi les trois premiers ministrables. Je reconnais que j'ai mis quelques mois à le comprendre : j'ai été instrumentalisé* ». Fillon prend conscience de ce qu'il décrit comme une « manipulation » à la fin de l'année 2003, lorsqu'il se rend compte que le calendrier des réformes est gelé : rien de ce qu'il propose alors n'est retenu par le président. Il en est ainsi de la réforme de l'ANPE et de l'Unedic, mais également de celle du marché du travail qu'il considérait toutes deux comme indispensables. François Fillon commence à se poser sérieusement des questions.

Il décide alors l'un des gestes les plus déterminants de sa carrière : il tend la main à Nicolas Sarkozy. L'acharnement des chiraquiens contre le probable candidat à la présidentielle qui brigue de surcroît la tête de l'UMP commence à l'exaspérer. Jacques Chirac tente tout pour barrer la route de Nicolas Sarkozy comme candidat à la présidence du parti gaulliste. Raffarin souhaitant ce poste, cherche même un « deal » avec Nicolas Sarkozy, lui proposant de devenir le numéro 2 de l'UMP. Jacques Chirac pousse plusieurs candidats dont Hervé Gaymard. Quand surgira l'affaire Clearstream, obscure accusation de blanchiment d'argent où apparaît tardivement sur une liste douteuse le nom de Nicolas Sarkozy de Nagy-Bocsa, François Fillon ne sera dupe de rien : « *L'affaire Clearstream était destinée à empêcher Sarko d'être président de l'UMP car l'Élysée avait bien compris que le jour où il serait président de l'UMP, il aurait l'instrument dans les mains pour être candidat à la présidentielle.* » Lucide, il estime qu'il appartient à une équipe « *dont la stratégie va conduire à la déroute totale* ». L'adversaire direct du ministre de l'Intérieur, après avoir défrayé la chronique des journaux sous les traits de premier agent anti-sarko, accorde une interview au *Parisien* le 12 février 2004. Le titre est sans équivoque : « *Non au tout sauf Sarkozy* ».

L'accord

Face au journaliste, François Fillon dénonce la guerre des clans qui pourrait provoquer l'implosion de la droite. Alors qu'Alain Juppé, obligé de quitter la tête du parti en novembre, suggère que sa succession fasse l'objet d'une élection démocratique, le ministre des Affaires sociales précise les choses : « *Une organisation politique comme l'UMP ne pourrait survivre à une élection clanique. C'est pourquoi je récuse le discours du "tout sauf Sarkozy" qui est le plus stupide qu'on puisse imaginer.* » Il poursuit : « *Que Nicolas Sarkozy veuille être candidat à l'élection présidentielle, c'est vraiment son droit. Loin de moi l'idée de le nier.* » Il remarque que l'on ne sait pas encore si le président Chirac se représentera, et si d'aventure il ne le faisait pas, ajoute-t-il en substance, Nicolas Sarkozy aurait sa place. Volte-face étonnante. Il la justifie ainsi : « *L'élection présidentielle, c'est davantage une affaire entre un homme et le peuple qu'une affaire de partis.* » Dès lors, on ne peut pas imaginer un seul instant que Nicolas Sarkozy ne prenne pas contact avec François Fillon, son tout nouvel ami. Le ministre de l'Intérieur l'appelle en effet après la publication de l'article. Les deux hommes conviennent d'un déjeuner au ministère de la rue de Grenelle. Personne ne le sait encore, mais c'est à cet instant que beaucoup de choses vont se jouer pour la présidentielle de 2007. « *Nous nous sommes dit que nous avions une chance de gagner la présidentielle si nous nous rassemblions, si nous prenions l'UMP, et si nous sortions de l'immobilisme dans lequel Chirac nous avait installés.* » confie aujourd'hui François Fillon. Complot ? Non, déception, se justifie Fillon : déçu par le gouvernement Chirac dont les réformes très ambitieuses se sont arrêtées net après celles des retraites à cause des manifestations et par crainte des élections régionales à venir. Le ministre manifeste sa volonté de mettre un terme à sa compétition avec Sarkozy, une compétition qui n'avait, selon lui, aucun sens. Il concède que Nicolas Sarkozy est la seule option possible pour éviter que la gauche ne gagne la présidentielle. Au cours du déjeuner, Nicolas Sarkozy tend la main à celui auquel il adresse cependant un reproche : « *Tu vois, je t'ai toujours proposé de faire équipe avec moi, c'est toi qui n'avais pas voulu. Moi, je n'ai pas changé d'avis.* » Le pacte entre les deux hommes sera scellé ce jour-là.

Fillon estime que Nicolas Sarkozy a beaucoup changé : « *il était avant très autoritaire et désagréable dans la relation humaine. Il n'y avait pas beaucoup de place pour le dialogue avec lui. Là, il a changé car il a connu beaucoup d'échecs, c'est lui-même qui le dit.* » Pourquoi le refus d'alliance avec Nicolas Sarkozy en 1999 ? Éloignement idéologique à cette époque : Fillon orphelin après le départ de Philippe Séguin souhaitait faire perdurer le courant séguiniste, encouragé par des élus et des militants RPR. Pendant des années, donc, Sarkozy et Fillon ne se sont pas parlés pas, jusqu'en 2002, lors de leur entrée au gouvernement Chirac. François Fillon justifie aujourd'hui encore son rapprochement avec Sarkozy en expliquant que les alliances sont nécessaires pour qui veut exercer le pouvoir, et qu'un homme politique qui ne veut pas exercer le pouvoir n'est pas un homme politique. Si l'on a des idées, c'est pour les mettre en œuvre. Au début de sa carrière il reconnaît qu'il défendait purement et simplement ses idées, sans imaginer un seul instant pactiser avec ceux qui ne pensent pas comme lui. À l'hiver 1990 il avait appris avec Philippe Seguin qu'on ne peut pas faire cavalier seul si l'on veut réussir. « *La politique, ça a toujours été de tout temps, sur tous les continents un jeu d'alliance*, affirme encore aujourd'hui François Fillon. *La politique c'est une bataille, vous choisissez vos alliés, votre stratégie.* »

Les détracteurs de François Fillon voient dans cette nouvelle entente un constat d'échec du ministre des Affaires sociales : faute d'endiguer la popularité grandissante de Nicolas Sarkozy, il a décidé de lui faire allégeance. Certains reprochent à François Fillon une conversion brutale au libéralisme, d'autres une tactique sournoise sous des airs de gentil garçon. Mais si les critiques existent, elles restent rares. De plus, il est très étonnant que cet « *appel à Nicolas Sarkozy* » soit presque passé sous silence. Si les journalistes ne relèvent pas vraiment le virage brutal que vient de prendre François Fillon, Jacques Chirac lui, ne s'y trompe pas. Les proches du président se sont toujours méfiés de François Fillon et de ses « fidélités successives ». Depuis la fameuse interview du *Parisien,* Jacques Chirac ne voit plus François Fillon de la même façon. Jean-Pierre Raffarin et Jérôme Monod adressent des remarques indirectes au ministre des Affaires sociales, lui font comprendre qu'il est en train de détruire toute possibilité de promotion. Raffarin lui laisse entendre qu'il est vraiment « *en train de sacrifier son avenir politique* ». Le chef de l'État lui-même prévient François Fillon qu'il fait le mauvais choix, que « *Nicolas Sarkozy est un atlantiste, communautariste, libéral et que donc, jamais, il ne sera élu président de la République* ». Fillon le dit lui-même, Jacques Chirac se répand aussi sur son compte. Il serait un personnage infidèle qui change régulièrement de partenaires politiques. « *Ça ne me gêne pas du tout, j'ai toujours trouvé formidable de la part de Chirac et de son entourage de lancer ce genre de critiques*, ironise François Fillon, *alors qu'il est lui-même l'exemple de quelqu'un qui a changé d'alliance avec une rapidité exceptionnelle tout au long de sa carrière, comme en 1974. Jacques Chirac s'était allié avec Giscard d'Estaing pour combattre les gaullistes, et il s'est contredit souvent.* »

De France.9 à l'UMP

Le rapprochement avec Nicolas Sarkozy doit s'officialiser, mais pas à n'importe quel prix. Après le sérieux revers subi par la droite aux régionales de mars 2004 et l'échec aux européennes de juin, l'UMP doit se remettre en question. François Fillon, artisan de la création du parti unique à droite en est convaincu. Il relance son association France.9 : défenseur des valeurs républicaines et sociales, ce groupe volontairement laissé en sommeil pendant la première phase de la vie de l'UMP se ranime sous l'impulsion de Fillon cinq mois avant l'élection du président du parti. Nicolas Sarkozy, qui n'a jamais caché son ambition de prendre la tête du mouvement, bénéficie d'une formidable cote de popularité. Ils sont nombreux à être persuadés qu'il sera donc largement élu à la présidence du parti. Mais François Fillon tient à négocier son « ralliement » : il souhaite voir ses propres idées prises en compte au sein du parti remodelé. Faute de quoi, il n'exclut pas de se présenter lui-même à la présidence de l'UMP, sur un air de déjà-vu, comme une redite de 1999. Menace à peine voilée, François Fillon n'écarte pas la formation de son propre courant au sein du parti. Il ne soutiendrait pas un candidat qui serait hostile à la création de différentes mouvances à l'UMP, lui assurant une vraie diversité. *« Un parti, c'est une organisation avec des postes et des responsabilités, structurées en fonction de sensibilités »* martèle-t-il. Comme pour montrer sa force de frappe, Fillon rassemble autour de lui des ministres et parlementaires lors d'une réunion organisée par France.9. Toutes les familles de pensée au sein de l'UMP sont représentées : Xavier Darcos, « juppéiste », François Goulard, libéral, Christian Jacob, chiraquien, et bien sûr des fidèles comme Roselyne Bachelot ou encore Gérard Larcher, le sénateur de Rambouillet. Le leader de France.9 affirme ce soir-là que la droite court à l'échec de la présidentielle de 2007 si elle ne se ressaisit pas, si elle ne passe pas à l'offensive tout de suite après la terrible claque des régionales. Il insiste aussi pour réaffirmer que le parti doit absolument soutenir l'action du président et du gouvernement. « *Ce que j'ai fait avec vous, je peux le refaire* » scande François Fillon afin d'être certain que chacun comprenne son message. Il n'écarte pas l'idée d'être candidat, mais si un autre postulant épouse ses convictions, il appellera tous ceux qui lui font confiance à créer la dynamique d'un succès autour de ce projet. Ainsi, François Fillon accepterait de travailler avec Nicolas Sarkozy, mais négocie sa place dans l'équipe dirigeante du parti. Pour l'heure, il ne se prive donc pas de critiquer celui qui est en passe d'être élu président de l'UMP et de prendre ses distances officiellement lorsqu'il n'est pas d'accord avec lui. Une façon de bien montrer qu'il s'est rallié, mais n'a pas dit son dernier mot.

On discute longuement. Au final, François Fillon obtient gain de cause. Les courants pourront s'exprimer au sein de l'UMP de Nicolas Sarkozy, à commencer par le sien, s'il le souhaite. Conforté par le soutien grandissant des militants, Nicolas Sarkozy arrive même à obtenir l'aval de l'Élysée pour briguer la présidence de l'UMP. Lorsqu'il dépose sa candidature au siège du parti, rue de La Boétie, ce ne sont pas 3 400 parrainages qu'il vient déposer, mais 30 000. Dix fois plus qu'il n'est nécessaire. Il dévoile qui seront ses futurs lieutenants : le libéral Jean-Claude Gaudin qui a travaillé avec Alain Juppé, et le centriste Pierre Méhaignerie. Le nom de François Fillon est également cité dans la nouvelle équipe : il prendra en charge le projet de réforme des statuts de l'UMP aux côtés du futur président du parti. François Fillon a trouvé sa place. Les deux hommes établissent alors le même diagnostic : l'Union pour un Mouvement Populaire doit être relancé, gagner en cohérence afin d'éviter en 2007 de revivre un « 21 avril 2002 ». Il faut rendre la politique à nouveau intéressante pour les Français. L'autre point capital aux yeux de François Fillon est la redéfinition des espoirs et attentes de la classe moyenne : il prône une fiscalité plus juste qui *« récompense le travail au mérite »* et élabore un dispositif favorisant l'accession à la propriété. L'ensemble de ces priorités figureront encore dans le programme présidentiel de Nicolas Sarkozy en 2007.

Les deux hommes se montrent ensemble à Bourges le 7 octobre 2004, lors d'un meeting commun. *« Tu as décidé de relever le gant*, se réjouit Nicolas Sarkozy. *Alors je le relève avec toi ! »* Fillon a d'autres mots pour évoquer leur rapprochement : *« Nous sommes distincts. Nous nous sommes parfois heurtés sans indulgence. Pour tout dire : lui c'est Nicolas, et moi c'est François. Il est rassurant de voir que le futur président de l'UMP ne s'entoure pas de sosies. »* Et maintenant, l'heure est au combat politique : *« La stratégie du "tout sauf Sarkozy" est remplacée par le "tout sauf les socialistes" »* selon François Fillon. Lors d'une autre réunion où ils sont tous deux présents, le 5 novembre à Vertou, en Loire-Atlantique, François Fillon justifie encore sa nouvelle idylle avec Sarko : *« Malgré nos différences ou plutôt à cause de nos différences, nous allons travailler ensemble. Nicolas a le talent et le punch pour faire bouger les choses, mon rôle est de l'y aider avec détermination. »* Le futur président de l'UMP expose son analyse du pourquoi de sa candidature : *« Si la situation avait été moins difficile, je ne serais pas candidat, d'autres auraient voulu être à ma place, tout se serait décidé dans les petits bureaux et je ne suis pas sûr que mon nom serait sorti de la boîte. Mais, de la base, est montée une pression. »*

Quelques jours seulement avant son élection, Nicolas Sarkozy doit quitter le gouvernement et son poste à Bercy comme le lui a demandé Jacques Chirac. François Fillon, lui, devra se partager entre le gouvernement et l'équipe dirigeante de l'UMP, sous l'œil critique de l'équipe Raffarin et de la chiraquie tout entière. Les grands écarts ne lui font pas peur. L'homme du consensus, qui a toujours su mettre en avant ce qu'il y a de bon dans chaque camp, celui qui aime trouver le dénominateur commun entre deux adversaires, se forge sa place entre les sarkozystes et les chiraquiens. Vincent Roger, l'un de ses collaborateurs, analyse ainsi la situation : « *Fillon comprend que nuire à Sarkozy, c'est nuire à la droite, nuire à l'idée de gagner la présidentielle en 2007. Même si Sarko et lui ne se sont pas entendus entre 1999 et 2003, il y a toujours eu de la transparence entre eux, et de la franchise.* »

Au cours d'un grand show à l'américaine qui réunit militants et artistes le 28 novembre 2004, Nicolas Sarkozy est élu sans surprise président de l'UMP sur le score sans appel de 85,1 % des suffrages. François Fillon devient conseiller politique au sein de l'UMP tout en conservant son portefeuille au gouvernement.

Jean-Pierre Raffarin et la plupart des chiraquiens traitent François Fillon d'opportuniste. « *Il a proposé ses services à Villepin, à Sarkozy. Il cherche vers qui se raccrocher pour ne pas couler politiquement* » s'irrite un proche du Premier ministre. Au moment de rejoindre l'équipe de Nicolas Sarkozy, le voilà lâché par Jean-Pierre Raffarin avec lequel les relations s'étaient déjà détériorées. Désormais, le Premier ministre prend soin de ne pas citer son ministre des Affaires sociales lors de ses interventions publiques. La discorde entre les deux hommes va ressurgir sur le jour férié travaillé pour financer la dépendance des personnes âgées et des handicapés. En revanche Jacques Chirac saisit la moindre occasion pour de nouveau féliciter François Fillon, comme ce jour où son ministre des Affaires sociales déclare « *l'UMP doit faire son choix du candidat à la présidentielle le plus tard possible, tout simplement parce que Jacques Chirac se prononcera le plus tard possible. Rien ne se fera contre le président de la République* ». François Fillon jongle alors entre sa fidélité au chef de l'État et sa nouvelle alliance avec Nicolas Sarkozy qui pour sa part se réjouit ouvertement de cette amitié en déclarant : « *Vous avez vu mon nouvel ami ? Il est bien, non ?* »

Premier échec

Pour bien comprendre la solidité de l'alliance nouée en 2004 entre Nicolas Sarkozy et François Fillon, il est indispensable d'observer en parallèle le retentissement du terrible échec de la droite aux élections régionales. Ce scrutin arrive dans un contexte politique tendu. Dès l'automne 2003, les relations entre Raffarin et Fillon, très commentées dans les médias, témoignent du trouble qui règne au sein du gouvernement. Les nombreuses rumeurs de remaniement ministériel ne font que renforcer ce malaise perceptible. Pour le poste de Premier ministre, tout semble possible. Pour l'Élysée, s'il faut remplacer Jean-Pierre Raffarin, ce sera Juppé. Le chef de l'État répète en privé : « *Je ferai tout ce qu'il m'est possible pour que Juppé me succède à l'Élysée.* » De son côté, Alain Juppé se lâche. « *Sarko en fait trop, mais ce n'est pas grave : un petit plus un con, ça ne fait qu'un petit con* » aurait-il osé selon *Le Canard enchaîné*. En attendant un éventuel remaniement, Jacques Chirac laisse à Jean-Pierre Raffarin toute latitude à Matignon jusqu'aux régionales de 2004. Il est urgent d'attendre le prochain verdict des urnes. De son côté, en vue de cette échéance, François Fillon, compte sur ses électeurs. Il a décidé de conduire la liste de la majorité dans les Pays de la Loire. Ministre et tête de liste, il déclare accorder sa priorité au gouvernement. Les articles de presse dès 2003 sont unanimes : s'il y en a un qui n'a pas de souci à se faire pour ces élections, c'est bien François Fillon. En plein débat sur les retraites, alors qu'il est de plus en plus mis en avant comme « Premier ministrable », il a cette phrase pour marquer son attachement à sa région : *« Mon sort personnel a très peu d'importance. Si j'échoue, je retournerai dans les Pays de la Loire... C'est une très belle région. »*

S'il se consacre beaucoup au dossier délicat des retraites, le ministre des Affaires sociales tente de ne pas perdre de vue les élections régionales à venir qui serviront de test pour le gouvernement, deux ans seulement après la présidentielle. Dès février 2003, au Mans, il se présentait comme le patron du parti de droite dans la Sarthe lorsqu'il avait rassemblé 700 invités pour lancer l'UMP. Il se déplace ensuite sur le terrain notamment pour lancer le « pôle santé Sarthe et Loire », un vaste complexe d'une superficie de 31 000 m² situé en pleine campagne, à Bailleul. L'établissement a pour vocation de faire venir dans la région des spécialistes de toutes les disciplines afin que les habitants soient mieux pris en charge sur le plan médical. Il s'agit d'un vaste chantier auquel il est attaché et pour lequel il s'est beaucoup battu. Le ministre se rend également à Plougastel pour la création d'une fédération UMP dans le Finistère. Toujours en vue des prochaines régionales, il fait aussi cause commune avec le parti de Philippe de Villiers, le Mouvement Pour la France. Cette union UMP-MPF en surprend plus d'un au niveau national en raison des divergences entre les deux mouvements, mais sur le plan personnel les deux hommes se connaissent très bien et depuis longtemps. Cette entente permet à Philippe de Villiers de placer un candidat MPF comme chef de file dans le département de la Vendée, son fief à lui. Le RPR et le MPF avait déjà fait alliance lors des régionales de 1998. Roselyne Bachelot, vice-présidente du conseil régional des Pays de la Loire et députée de la première circonscription du Maine-et-Loire, refuse de s'associer au MPF pour cette élection de 2004. « *J'avais posé comme condition,* se rappelle-t-elle, *de ne pas avoir de membre du MPF sur ma liste. Je me souviens quand il* [François Fillon] *m'a téléphoné, il m'a dit :*

– Je sais que tu ne vas pas être contente mais j'ai l'intention de faire alliance avec le MPF, avec Philippe de Villiers.

– C'est toi qui juges, c'est toi qui es le chef, mais moi je n'aurai pas de MPF sur ma liste ! lui ai-je répondu. Ce qu'il a accepté. »

Ce choix de Roselyne Bachelot se révèle payant : elle sera la seule ministre du gouvernement Raffarin à rafler la majorité absolue dans son département, à la tête de sa liste. François Fillon, toujours en quête d'union, propose à l'UDF de le rejoindre, et tend la main au sénateur Jean Arthuis. Ce dernier, à l'approche de l'échéance électorale, finira par accepter une fusion des listes dans la perspective du deuxième tour. Par la suite, cette union s'avérera capitale pour François Fillon.

Pendant l'année qui a précédé ces élections régionales François Fillon tente d'être présent sur le terrain mais accaparé par son ministère, il est en réalité de moins en moins disponible. Il passe « *en coup de vent* » à Caen, comme le souligne *Ouest-France,* et pire encore, il annule des déplacements comme celui prévu à La Roche-sur-Yon, la ville de son adversaire socialiste Jacques Auxiette où il devait évoquer la réforme des retraites. À l'approche du scrutin, la presse locale suit le moindre de ses pas. On peut lire par exemple dans les colonnes de *Ouest France* que « *si François Fillon a décidé de conduire la tête de liste UMP-MPF aux régionales, il a déjà prévenu qu'il souhaite rester au gouvernement, et qu'il laissera, en cas de victoire, le fauteuil de président à Jean-Luc Harousseau, déjà en place depuis 2002* ».

Défaite par surprise

À l'approche de l'échéance électorale, François Fillon, confiant, intensifie son action sur le terrain. En janvier 2004 à Nantes, il présente sa stratégie électorale en grande pompe. Pour lancer sa campagne, il procède à une démonstration de force en s'appuyant sur la puissance de frappe de la machine UMP dans la région. Il fait venir des cinq départements des Pays de la Loire de nombreux députés et sénateurs. Le 5 février 2004, devant plusieurs centaines de personnes, il tient son premier vrai meeting au Mans au cours duquel il dévoile les noms de ses 17 colistiers, parmi lesquels des membres de la société civile. À sa grande surprise, sa réunion publique est copieusement perturbée par des sympathisants de gauche venus huer le ministre à l'entrée du Palais des Congrès. Certains ont même réussi à pénétrer dans la salle pour y semer le trouble. Des militants de la CGT, de Sud et de FO, des enseignants, des demandeurs d'emplois sont venus protester contre la réforme des retraites et réclamer des emplois. Sur le fond, François Fillon fustige son adversaire de gauche Jacques Auxiette qu'il qualifie « *d'archéo-socialiste* ». Ce soir-là, il lance qu'il ne sera « *jamais vraiment parisien car à Paris il est en contrat à durée déterminée* ». Il ne se félicite pas pour sa réforme des retraites, c'est le président sortant Jean-Luc Harousseau qui s'en charge. À l'approche du vote, les meetings s'enchaînent, Dinan, Laval, Caen. Tous les soirs, la qualité du bilan est mise en avant et les sympathisants applaudissent. Le dernier déplacement rassemble quelque 1 200 personnes à Nantes. François Fillon lance un vibrant hommage au père fondateur de la région Pays de la Loire, le gaulliste Olivier Guichard, récemment disparu. À la veille du scutin, les sondages sont favorables. Personne ne peut imaginer un seul instant que la droite puisse perdre cette région très conservatrice. En d'autres termes, personne ne peut imaginer que François Fillon, le ministre qui a réussi la réforme des retraites, puisse perdre « sa » région.

Le 21 mars, les résultats du premier tour sèment la panique à droite. François Fillon arrive en ballottage favorable face au socialiste Jacques Auxiette. Les calculettes fonctionnent à plein régime et les premières équations rassurent. L'addition des voix du centriste Jean Arthuis et de celles de François Fillon semblent lui donner une avance confortable. Au plan national, en revanche, c'est la gifle : la droite recule de trois ou quatre points par rapport à 1998. Dans les Pays de la Loire, la droite résiste mieux. Si François Fillon voit le verre à moitié plein, la gauche se prend elle aussi à espérer, portée par l'élan national et par la volonté de sanctionner le gouvernement. Une gauche qui dénonce un François Fillon qui n'est plus « gaulliste social » mais « libéral ». La région des Pays de la Loire serait-elle enfin à portée de main des socialistes ? Jacques Auxiette commence à croire que le miracle est possible. Le socialiste Stéphane Le Foll observe que *« François Fillon n'a pas besoin de se fouler beaucoup avec un électorat assez âgé, agricole et rural qui vote à droite de toute manière sans se poser trop de questions »*. Sauf que cette fois, il accuse un léger recul. Entre les deux tours, la campagne prend une tonalité plus vive. Élisabeth Guigou, ancienne ministre de l'Emploi et de la Solidarité, vient soutenir à Sablé le candidat de gauche Jacques Auxiette et déclare que ce deuxième tour est l'occasion de se ressaisir après le vote républicain de la gauche pour Jacques Chirac en 2002. François Fillon multiplie les déplacements, les meetings, les soutiens pour les cantonales qui se disputent également aux mêmes dates. Dans la presse, il aime à rappeler à quel point cet ancrage régional est important pour lui : *« La Sarthe, les Pays de la Loire, sans cela, j'aurais l'impression d'être en l'air, suspendu, en dehors des réalités. Et ça m'a permis de ne pas être un pion dans la main d'un parti. J'ai toujours tenu à ma légitimité électorale qui m'a donné une autonomie. »* Le second tour a lieu le 28 mars 2004. Plusieurs interrogations demeurent : les reports de voix seront-ils favorables à la droite ? La gauche, peut-elle transformer l'essai ? La droite va-t-elle réussir à garder la région Pays de la Loire ? En réalité, ils sont peu nombreux à croire à la victoire de la gauche. Jacques Auxiette lui-même en doute. Lors du dernier débat avec François Fillon, il lui avoue en tête à tête

« *J'ai fait mon boulot, mais enfin, il n'y a aucune chance que je sois président de la région.* » Les sondages donnent la droite gagnante au second tour.

Le jour venu, une partie de l'équipe gouvernementale attend les résultats, réunie à Matignon. François Fillon est là. Il est 18 heures. Il s'agit de préparer le discours à tenir sur les plateaux des journaux télévisés de 20 heures sur TF1 et France 2. Chacun de dire à François Fillon : « *Oh toi, tu es le seul à ne pas avoir de souci à te faire !* » Pour mémoire, en 23 ans, Fillon n'a jamais perdu une seule élection de toute sa carrière. Ce soir-là, il attend comme à chaque scrutin les résultats de la toute petite commune de Chassillé dans la Sarthe. Le maire, son ami Michel Legendre, lui envoie toujours les résultats par SMS dès le dépouillement terminé, dépouillement rapide vu le nombre d'électeurs. Ces premiers chiffres donnent en général une tendance assez fiable. Mais cette année, exceptionnellement, les estimations attendues ne lui sont pas envoyées. François Fillon doit les réclamer. Les chiffres qu'il recueille s'avèrent catastrophiques. « *Je découvre que je ne suis pas majoritaire. En plein cœur de ma circonscription, je suis battu à Chassillé. Là, je comprends que je suis battu* » raconte t-il aujourd'hui. « *C'est impossible !* » s'affolent ses collègues. À cet instant, ils ont d'autres soucis à se faire face aux résultats dramatiques qui commencent à remonter au niveau national. Depuis le départ, ils pensaient que François Fillon serait l'un des seuls à conserver sa région. Plus tard dans la soirée, le ministre des Affaires sociales se rend sur le plateau de TF1. Il réagit parmi les premiers aux résultats qui se précisent un peu plus chaque minute. Il croise le socialiste Bertrand Delanoë qui devance les chiffres officiels et lui lance : « *Je peux vous féliciter, vous êtes l'un des rares à gagner !* » Patrick Poivre d'Arvor de son côté, présente cette soirée électorale et témoigne : « *Ce jour-là, François Fillon est arrivé sur le plateau de TF1, il ne connaissait pas encore les résultats. Lorsqu'il les a appris, il a mis quelques secondes pour encaisser le choc. La mine était grave.* » Effectivement, il tombe de très haut : le voilà battu dans sa propre région. La défaite est indiscutable avec 53,27 % pour la gauche et 47,63 % pour sa liste. À l'échelle de son département la Sarthe, le ministre est également battu avec seulement 46,30 % des suffrages exprimés. Il est arrivé en tête uniquement en Vendée, fief de Philippe de Villiers, en Mayenne, département de Jean Arthuis, et en Maine-et-Loire avec Roselyne Bachelot. Au fur et à mesure que la soirée avance, la quasi-totalité des régions de droite basculent à gauche : Bretagne, Picardie, Franche-Comté, Haute et Basse-Normandie, Languedoc-Roussillon, Rhône-Alpes. Au final, ce sont 23 des 26 régions françaises qui sont raflées par la gauche, à l'exception de l'Alsace et de la Corse. Plusieurs ténors de la majorité présidentielle sont battus dont Valéry Giscard d'Estaing en Auvergne, les ministres Xavier Darcos en Aquitaine, Gilles de Robien en Picardie et Jean-Paul Delevoye en Nord Pas-de-Calais. Pour le Premier ministre Jean-Pierre Raffarin, la défaite la plus cuisante est bien entendu la sienne, qu'il subit en Poitou-Charentes, la région qu'il a présidée pendant quatorze ans. C'est la socialiste Ségolène Royal qui s'empare de son fauteuil, la surprise est immense. « *François Fillon a fait bonne figure dans ces circonstances, il a eu les mots qu'il fallait* se souvient encore Patrick Poivre d'Arvor. *Dans sa tête, pour moi, il a anticipé la rupture ce soir-là. Pas forcément avec Jacques Chirac mais avec une certaine façon de faire de la politique.* » Les mots prononcés par François Fillon sont simples et forts, il parle de « *21 avril à l'envers* ». Cette formule lui sera vivement reprochée par Jacques Chirac. Ces critiques ne seront jamais adressées en direct. Juste avant de commencer l'émission télévisée au cours de laquelle il doit commenter les résultats, François Fillon peaufine avec son directeur de cabinet au téléphone l'argumentaire à tenir devant les caméras et micros : ne pas contester la victoire de l'opposition, assumer la défaite pour le compte de la majorité, reconnaître que c'est le peuple qui s'est prononcé. Jamais les deux hommes n'ont évoqué cette formule du « *21 avril à l'envers* ». L'équipe de François Fillon est prise au dépourvu par cette formule choc qui semble accabler une majorité balayée. À chaud, sur TF1, il précise son analyse. Selon lui, un pays capable en deux ans de désigner deux majorités différentes pour gouverner est un pays qui ne va pas bien, qui souffre d'une crise politique très sérieuse. « *On ne peut pas réformer sans avoir le soutien du peuple.* » Son examen de la situation est vivement salué par *Le Nouvel Observateur*. Aujourd'hui encore, le ministre ne regrette pas ce qu'il a dit : « *J'ai dit ce que j'avais à dire, qui à mon avis était tout à fait juste.* » Aussitôt son intervention diffusée, François Fillon s'envole pour Nantes où il doit faire face à la débâcle. Il donne une brève conférence de presse, félicite son adversaire, souligne qu'il n'a pas à rougir de son bilan, ajoute qu'il est victime d'une lame de fond, sorte de « *21 avril à l'envers* ». Il conclut en espérant « *que le président de la République en tirera les enseignements* ». Pour la garde rapprochée du ministre, ce revers est difficile à encaisser. Jean-Luc Harousseau à qui François Fillon avait laissé son poste de président de Région lorsqu'il est arrivé au gouvernement, avoue avoir reçu ce jour-là une énorme claque.

Mauvaise passe

Qui aurait pu imaginer une défaite de François Fillon, l'homme politique au parcours sans faute, qu'on appelle dans la région le « *surdoué de la politique* » ? Pour la première fois depuis 23 ans, il a flanché. Il essuie le « *premier échec d'une carrière fulgurante* » selon la formule des *Nouvelles de Sablé*. L'une des régions les mieux enracinées à droite a basculé, comme les autres. L'analyse des résultats est limpide : il s'agit d'un vote sanction contre le gouvernement Raffarin et François Fillon est de ceux qui en font les frais. « *C'est le ministre du chômage* » accuse le socialiste Jean-Marc Ayrault. Fillon vit un vrai traumatisme, d'autant qu'il s'est toujours appuyé sur sa légitimé locale, dans tous ses combats au sein du RPR puis de l'UMP. Il tente de se consoler : les régionales ne sont pas des législatives et il n'y a donc pas de changement de majorité dans le pays. Mais les rumeurs de remaniement sont plus que jamais d'actualité et dans ce cas de figure son portefeuille serait directement menacé. Il pourrait bien être emporté par une vague rose comme celle qui, paradoxalement, l'avait vu émerger en politique en 1981. « *Désormais, il n'apparaît plus invulnérable* » souligne *Les Échos*. Les critiques d'ailleurs ressurgissent : Le « *gaulliste social* », devenu trop « *libéral* » a fait peu de cas des manifestations monstres lors de la réforme des retraites. Il ne s'est pas assez battu contre le chômage, les syndicats lui reprochent, entre autres, de ne pas répondre à leurs courriers.

Le résultat des cantonales qui se déroulaient aux mêmes dates que les régionales est en cohérence puisque la Sarthe, département le plus peuplé de la région, a basculé à gauche. « *Il était totalement sonné*, confirme Pénélope Fillon. *Ce fut le moment le plus éprouvant de sa carrière.* » Période pénible donc pour celui qui a conduit la réforme des retraites, peu populaire, qui a dû faire face à la montée continue du chômage et qui est arrivé face aux électeurs sous la pression de ces dossiers très lourds. Marie-Armelle et Pascal Lelièvre, les voisins de François à Solesmes dans la Sarthe, se souviennent de ces moments de déception : « *Après son échec aux régionales, il voulait tout abandonner. Pénélope a beaucoup compté dans son choix, elle l'a encouragé, il était prêt à tout lâcher tellement il était écœuré.* »

Le soir du 28 mars, son épouse regarde TF1 dans le bureau du maire de Sablé, en compagnie de Pierre Touchard, de ses amis et de ses voisins les Lelièvre. Elle confirme que son mari a été sérieusement ébranlé : « *Il s'est vraiment demandé s'il continuait ou pas.* » Pierre Touchard, le maire de Sablé-sur-Sarthe, se rappelle que François Fillon ne montrait rien à personne : « *C'est quelqu'un qui dans la souffrance est introverti. Il n'a pas exprimé son amertume.* » Jean de Boishue dit, lui, avoir vu le ministre « *très triste. Il avait l'impression d'avoir gâché tout l'héritage d'Olivier Guichard qui lui avait confié les clés de la région lors de son départ. Il a perdu ce qui était, pour lui, plus qu'une région.* » Thierry Berthé, un collaborateur à la région, confirme : « *Il a été affecté personnellement, il a été affecté politiquement. Mais je pense que ça l'a mûri.* » Cette défaite marque également un coup d'arrêt aux ambitions politiques de François Fillon. Comment peut-il encore prétendre au poste de Premier ministre ? La compétition avec Nicolas Sarkozy semble bien loin. Selon des rumeurs persistantes, le ministre des Affaires sociales va sans doute quitter le gouvernement.

Excès de confiance

Au lendemain de ce revers, le perdant s'isole pour prendre le temps de l'analyse. Pour Jean-Paul Faugère, son directeur de cabinet, cet échec est un moyen de se remettre en question : « *On n'a pas vu venir cette claque. Nous en avons beaucoup discuté. Occupé par son lourd portefeuille ministériel, il n'allait pas assez dans sa région.* » François Fillon reconnaît qu'il était trop confiant, parce qu'il avait déjà beaucoup fait pour les Pays de la Loire. Sa campagne n'a pas été assez active sur le terrain. Il en a discuté avec ses amis Marie-Armelle et Pascal Lelièvre . « *c'est vrai, il n'avait peut-être pas suffisamment fait campagne.* » Trop confiant. Le jour de l'élection, lorsqu'il vote à Solesmes, il assure d'ailleurs à ses amis que deux régions sont sûres de rester à droite, dont la sienne.

Son collaborateur, Pierre David, se souvient que François Fillon a surtout cherché à comprendre ce qui s'était passé dans la quatrième circonscription de la Sarthe. « *On s'est aperçu que les gens n'avaient pas voté pour lui, que le Front National n'avait pas du tout voté pour la droite au second tour et avait même voté à gauche. L'équation personnelle, qui était forte, n'avait pas joué ou peut-être joué négativement. Il y avait une sorte de sanction probablement des Sarthois qui ont trouvé qu'il ne s'occupait pas tellement d'eux.* » Jacques Auxiette, le tombeur de François Fillon, lui reproche son « *arrogance* » lors de la campagne. Le candidat malheureux à la région analyse l'échec de son côté : ce « *21 avril à l'envers* » n'est pas l'expression d'un rejet de la politique sociale du gouvernement mais au contraire une impatience face à des changements trop lents à se mettre en place. Les Français veulent plus de réformes et plus vite. Un constat que sera loin de partager Jacques Chirac.

De nombreuses voix à gauche appellent à la démission de Jean-Pierre Raffarin. Le remaniement ministériel semble inévitable. Le président de la République doit tenir compte de l'échec des régionales, sanction de sa politique lit-on et entend-on dans tous les médias. Le chef de l'État ne tarde pas à en prendre acte. Un remaniement est annoncé. Le 1er avril, la nouvelle équipe est présentée. Les piliers de l'équipe sortante sont maintenus au gouvernement mais à des postes différents. Francis Mer et Luc Ferry quittent leurs fonctions, Nicolas Sarkozy est nommé à Bercy, François Fillon prend le portefeuille de l'Éducation nationale, l'Enseignement supérieur et la Recherche, Jean-Louis Borloo arrive au ministère de l'Emploi, du Travail et de la Cohésion sociale, Dominique de Villepin à l'Intérieur, Michèle Alliot-Marie reste à la Défense. Jean Pierre Raffarin, lui, est maintenu à Matignon, ce qui ne manque pas de faire vivement réagir la gauche. Les socialistes dénoncent sans tarder une politique de l'autruche. Jacques Chirac, a-t-on coutume de dire, n'agit jamais sous la contrainte. L'arrivée de François Fillon à l'Éducation suscite aussi de vives critiques dans le monde enseignant. L'Éducation, ce n'est pas un dossier que connaît Fillon, crient les syndicats. L'ancien ministre des Affaires sociales se montre également déçu par ce transfert. Il pensait avoir accompli son devoir avec la réforme des retraites et caressait le rêve d'accéder à un ministère régalien, comme celui de la Défense ou des Finances. Il est déçu, mais ses nouvelles fonctions vont l'aider à panser ses plaies. Il se plonge dans le travail : « *C'est vrai qu'après le choc, j'ai compensé par mon arrivée au ministère de l'Éducation nationale. Quand vous êtes nommé numéro trois du gouvernement, ministre de l'Éducation nationale, même si ce n'est pas votre choix, vous vous remettez au boulot.* » De nouveaux dossiers délicats l'attendent. Les défis ne manquent pas à cette place destinée au départ à Alain Juppé, privé de portefeuille en raison de sa condamnation dans l'affaire des emplois fictifs du RPR. Lorsque Jacques Chirac propose à Fillon ce ministère, il lui parle tout de suite de la réforme de l'école qu'il avait lui-même lancée lors d'une cérémonie de vœux, mais que Luc Ferry n'a pas su mener à bien face à la fronde des syndicats. Chirac dit alors à Fillon : « *La réforme de l'école est en panne. Ferry a été grillé par le mouvement social. Il faut donc que tu prennes l'Éducation nationale parce que tu es le seul à pouvoir conduire cette réforme.* » Avant d'accepter, Fillon pose ses conditions, conscient qu'il vient d'imposer aux enseignants qui représentent plus de la moitié des fonctionnaires une sorte de défaite avec la réforme des retraites. Ses conditions ? D'une part, être le numéro deux du gouvernement, ce qu'il deviendra après le départ de Nicolas Sarkozy, d'autre part, obtenir les moyens de financer les changements. Jacques Chirac répond favorablement à toutes ses demandes. Les questions d'éducation ne vont pas tarder à passionner le nouveau ministre, lui qui s'était déjà frotté au monde de l'université en 1993. Il n'arrivera pourtant jamais à établir une relation avec les syndicalistes de l'Éducation nationale comme au temps de la réforme des retraites. Quoi qu'il en soit, il demeure persuadé que l'Éducation représente le chantier majeur pour l'avenir.

Le François Fillon de l'Éducation nationale est différent de celui des Affaires sociales. Son propre entourage le trouve transformé. Il avait adopté un style gaulliste social, personnage qu'il était parvenu à construire mais qui ne correspondait pas à sa nature intrinsèque. Certes, il est social, mais il est aussi animé par des convictions économiques qui l'apparentent davantage à un libéralisme contrôlé. François Fillon croit au marché, à l'économie compétitive mondiale. Il considère qu'on ne peut plus s'affranchir des règles de la mondialisation. De plus, son style a évolué, on découvre qu'il est capable de prononcer des phrases dures. Il n'a plus aucune naïveté sur les hommes et leurs comportements. C'est bien ce que l'on verra un an plus tard si l'on en croit les propos virulents qu'il tiendra quand il quittera l'Éducation nationale.

Temps de pause au Sénat

Au lendemain des régionales, François Fillon envisage de se présenter aux sénatoriales partielles de septembre. C'est l'une des décisions de sa carrière politique qui sera la plus vivement critiquée par ses détracteurs. Ses adversaires jugent son choix peu courageux. Même s'il appartient au gouvernement Raffarin III, il sait qu'il n'est qu'en « CDD » pour reprendre sa propre expression. Il peut se retrouver du jour au lendemain sans aucun job, alors qu'une rumeur récurrente de remaniement ministériel agite à nouveau les allées du pouvoir. Il est passé de la catégorie des élus champions du cumul de mandats à celle des politiques démunis. Il n'a plus aucun mandat électif national, et pour cause : il avait été dans l'obligation d'abandonner son bureau de la mairie de Sablé à Pierre Touchard après 18 ans de réélections en application de la loi sur le cumul des mandats. Idem pour la présidence du conseil général. Désormais, il n'a plus la région. Il lui faut donc aller chercher une nouvelle légitimité électorale. Pas question de se frotter aux électeurs qui l'ont rejeté en provoquant une législative partielle. D'où la tentation de se faire élire par les grands électeurs. Pour le socialiste Stéphane le Foll, c'est une façon de se mettre à l'abri : « *Dans le creux de la vague, il va chercher une légitimité au Sénat. Je pense qu'à ce moment-là, les électeurs dans la circonscription n'auraient pas voté pour lui lors d'une législative partielle. C'est facile de dire qu'on est courageux quand on prend le moins de risque possible, tout le temps.* » La retraite du sénateur de la Sarthe, Jacques Chaumont, ouvre des perspectives à François Fillon. Il saisit l'opportunité. Il en discute avec le maire de Sablé, Pierre Touchard qui lui donne son avis : « *Tu pourrais y aller, moi je ne vais pas me présenter au Sénat. Ça te revient naturellement, c'est évident.* »

François Fillon explique son choix sans faux semblant : « *Je me suis présenté aux sénatoriales car à l'époque c'était pour neuf ans. Donc si je n'y allais pas, il faudrait attendre mon tour éventuel dans neuf ans. Et à ce moment, il y a dans la Sarthe un député qui rêve de se présenter aux sénatoriales. Je n'ai pas du tout envie de lui laisser cette possibilité.* » Fillon ajoute qu'il a un modèle dans ce domaine, un certain François Mitterrand qui s'était lui aussi réfugié au Sénat dans les années 1960 alors qu'il était en difficulté dans son fief. Et lorsque le ministre est critiqué sur cette solution de facilité, la réponse ne manque pas de cynisme : *« Je trouve que ce n'était pas mal joué, même si ça n'a pas toujours été compris par tout le monde. Mais je laisse dire. La vérité c'est que moi, je suis là, et les autres qui disent que c'est un moment de lâcheté, je ne sais pas où ils sont. »*

Ils seront trois UMP à briguer un poste de sénateur, François Fillon en remplacement de Jacques Chaumont, Roland du Luart et Marcel-Pierre Cléach qui cherchent tous deux à être reconduits. Le ministre de l'Éducation nationale se déclare officiellement candidat dès le 5 juillet 2004. Il mène une campagne très active auprès des grands électeurs, maires, élus municipaux, conseillers généraux, députés, les seuls à voter pour les sénatoriales, le 26 septembre de cette année. Ils sont un total de 1 400 grands électeurs. Malgré une bataille à droite, le scrutin entérine l'élection de François Fillon comme sénateur. Ses deux autres collègues UMP retrouvent eux aussi leur siège. Le ministre sait qu'il ne peut pas siéger au sein de la Haute assemblée. Il ne peut pas, en effet, cumuler les fonctions. Il laisse donc tout naturellement sa place à son remplaçant, Jean-Pierre Chauveau. À charge pour lui de démissionner le jour où François Fillon viendrait à perdre son portefeuille. Les grands électeurs seraient à nouveau convoqués mais François Fillon aurait toutes ses chances d'être réélu : il sait que les postes ministériels sont en général attribués aux parlementaires. Bref, il a tout calculé pour ne pas être écarté de la vie politique. Il pourrait également quitter le gouvernement, devenir sénateur et postuler s'il le désire à la tête de l'UMP à la fin de l'année 2004. Tout est envisageable. François Fillon retrouve sa fameuse légitimité électorale. Une bonne nouvelle n'arrive jamais seule. Vainqueur aux sénatoriales, nommé à l'Éducation nationale il est en passe d'obtenir un poste important au sein de l'équipe dirigeante de la future direction de l'UMP à la fin de l'année 2004. Il devrait y retrouver un certain Nicolas Sarkozy.

« *On s'en va* »

Pour sa quatrième expérience gouvernementale, François Fillon s'installe au ministère de l'Éducation nationale, de l'Enseignement supérieur et de la Recherche au printemps 2004. Mais le nouveau ministre ne gardera son portefeuille que 14 mois. Les tensions accumulées entre François Fillon, le président de la République et le Premier ministre ont fissuré le socle de leur confiance réciproque et auront raison de leur collaboration. Lorsque le gouvernement Raffarin III est nommé, les Français sont plongés dans un profond pessimisme. Les sondages jugent Jacques Chirac peu convaincant, l'opinion est sceptique sur la capacité de ce gouvernement à faire mieux que le précédent. Lorsque François Fillon s'empare des dossiers, les défis à relever sont de taille. Son expérience acquise en 1993 au ministère de l'Enseignement supérieur et de la Recherche lui est utile. Il doit régler le conflit des chercheurs au plus vite, mener la réforme de l'université et rédiger une nouvelle loi d'orientation sur l'école. Il faut également répondre aux syndicats qui s'opposent au transfert de personnels non enseignants vers les départements comme le prévoit le projet de loi sur la décentralisation. Il découvre un grand ministère qui semble avoir perdu ses repères, une charge qui use les ministres les uns après les autres sans leur laisser le temps de réformer. *« Combien de temps va-t-il tenir, celui-là ? »* s'amusent entre eux les représentants syndicaux. Le nouveau ministre espère que Jacques Chirac lui octroiera la marge de manœuvre indispensable pour réformer alors que le chef de l'État, au pouvoir depuis dix ans, semble s'installer dans l'immobilisme. La désignation du nouveau gouvernement ne trompe personne. Le maintien de Jean-Pierre Raffarin à son poste malgré la grogne générale, la redistribution des portefeuilles à des ministres déjà présents dans l'équipe précédente, équivaut à de bien timides changements qui augurent assez mal de l'avenir. Jacques Chirac annonce la couleur d'emblée quand, à la surprise générale, il décide de faire subitement machine arrière sur plusieurs dossiers chauds : les chercheurs, les intermittents du spectacle et la réforme de l'allocation spécifique de solidarité versée aux chômeurs en fin de droits. C'est une façon pour lui de calmer le jeu et de restaurer la confiance avec les syndicats. Ces derniers sont d'ailleurs prompts à applaudir à cette reculade, alors que les ministres concernés assistent, amers, à la destruction de leurs travaux. Obéissant au souhait présidentiel, François Fillon, à peine en place, met un terme au plus vite à la colère des chercheurs : il cède à leurs revendications et clôt ainsi un conflit long de trois mois. Pourtant quelques jours plus tôt, Jean-Pierre Raffarin affichait encore sa fermeté face à ces mêmes chercheurs, mais la déroute des régionales est passée par là.

Fidèle à sa méthode, le ministre va ensuite essayer d'instaurer le dialogue social. François Fillon veut jeter les bases d'une bonne relation avec ses partenaires. Il commence donc par consulter les organisations syndicales, leur fait part de ses priorités pour les mois à venir : l'apprentissage des fondamentaux en primaire, la lutte contre l'échec scolaire et la réussite des élèves situés en zones défavorisées. Chacun de ses gestes et de ses mots sont attendus. Son premier cafouillage intervient avec la circulaire sur les signes religieux à l'école. Son annonce est réalisée dans la plus grande confusion, non sans bruit ni reproche. Les syndicats lui demandent de revoir ce dossier hérité de son prédécesseur dont la copie est jugée trop longue et confuse. Dans la foulée et en bon élève, François Fillon propose une nouvelle version clarifiée d'un texte qui a déjà été remanié à plusieurs reprises, ce qui apaise la contestation des syndicats enseignants. D'entrée de jeu, le ton est donné. Fillon sait à quoi s'attendre à la tête de son ministère de l'Éducation nationale. Il s'agit de ne pas froisser les partenaires sociaux, ne pas laisser monter la grogne et d'éviter toute manifestation. Autant d'objectifs difficiles à atteindre.

Si le ministre consulte aussitôt installé à son poste, aux yeux de certains il s'enferme dans un mutisme qui lui est très vite reproché. Il est jugé trop en retrait, alors qu'il joue en réalité la prudence. Le Premier ministre n'est pas le dernier à le critiquer. Il le considère comme le *« maillon faible du gouvernement »*. Il prononce en outre ce jugement : *« Il n'avait déjà pas été génial dans la communication du ministère des Affaires sociales, mais depuis deux mois à l'Éducation il est tout à fait transparent. Et puis, il ferait mieux de s'occuper de son ministère au lieu de se rapprocher de Sarkozy.* »

Ignorant ou feignant d'ignorer les mots durs qui peuvent circuler à son sujet en cette rentrée 2004, François Fillon tente d'imposer son style et s'applique à réformer. Il affirme ainsi sa volonté de rétablir l'autorité au cœur de l'école et d'imposer le respect de la laïcité dans les établissements scolaires par l'interdiction du port du voile islamique. Il veut également réhabiliter la bonne vieille dictée et la récitation, toutes deux tombées en désuétude. Il propose encore l'acquisition par les étudiants d'un ordinateur au prix très symbolique d'un euro par jour. Après la rentrée scolaire, il peut se féliciter du respect de la circulaire sur le voile et du franc succès rencontré par le PC à un euro. Mais les mesures en faveur du retour de la dictée et de la récitation dans les classes laissent, elles, les syndicats perplexes.

Un son de cloche dissonant se fait aussi entendre durant ce même intervalle, au sujet du lundi de Pentecôte : les parlementaires UMP et les enseignants tiennent au maintien de ce jour chômé. La mésentente entre Raffarin et Fillon va ressurgir sur ce dossier mais également sur celui de la réforme de l'école, où chacun des deux hommes cherche à en revendiquer la paternité. Autre *casus belli* entre Fillon et Raffarin : la présidence de l'UMP, ce poste très convoité. Même si Nicolas Sarkozy apparaît comme le favori, Jean-Pierre Raffarin rêve d'y aller et François Fillon laisse entendre un temps qu'il pourrait lui aussi se présenter. Au final, le ministre de l'Éducation nationale confirme son ralliement à Nicolas Sarkozy à qui il offre son soutien pour l'investiture de novembre. Pour Jean-Pierre Raffarin, le coup de grâce est donné par Jacques Chirac lui-même le 1er septembre qui accorde son estampille à Nicolas Sarkozy. Le nouveau président de l'UMP sera intronisé début décembre 2004. François Fillon, qui a réussi l'exploit de devenir à la fois ministre du gouvernement et conseiller politique de l'UMP, opère alors une réconciliation surprise avec Jean-Pierre Raffarin. L'initiative du rapprochement est à mettre au crédit du Premier ministre qui considère qu'il vaut mieux une entente au sein du gouvernement, avec François Fillon, devenu numéro deux depuis le départ de Nicolas Sarkozy.

François Fillon applique au traitement de ses nouveaux dossiers la même technique que celle qu'il a employée à la réforme des retraites : dans un premier temps, il consulte et écoute l'ensemble des partenaires sociaux, période pendant laquelle il est toujours accusé de se tenir en retrait. Dans un deuxième temps, il passe l'examen de la télévision en *100 minutes pour convaincre* sur France 2 au cours desquelles il annonce et explique les grandes lignes de son projet, en l'occurrence sur l'école. Enfin, troisième temps, il accompagne son texte jusqu'au vote devant les parlementaires qui interviendra au printemps 2005. Après des mois de consultation, la réforme sur l'école est fin prête. Il la dévoile dans son ensemble à la télévision, le 18 novembre 2004 ce qui déclenche une vague de mécontentement social. Que prévoit donc la réforme ? L'enseignement d'une langue vivante dès le CE2, un nouveau bac avec des contrôles continus et des épreuves dont le nombre est ramené à six, un brevet obligatoire pour les classes de troisième avec des mentions, le redoublement est réhabilité. Le texte prévoit aussi des bourses au mérite pour les lycéens. Mais c'est la refonte du bac qui va cristalliser l'opposition au projet global. Fillon en a maintenu l'annonce alors même, paraît-il, que l'Élysée et Matignon auraient tenté, en vain, de le dissuader de toucher à ce sujet sensible. Syndicats et associations de parents d'élèves regimbent face à l'ensemble du projet, mais c'est bel et bien ce bac revu et corrigé par François Fillon qui fait le plus grincer les dents. Sous pression, rattrapé par les consignes gouvernementales, le ministre retire de son texte quelques mesures jugées sensibles. Précaution inutile puisqu'elle n'empêchera pas, le 7 décembre 2004, le déroulement de la toute première grève des professeurs. Pourtant, en dépit d'un climat d'inquiétude générale, la réforme du bac et la suppression des TPE (travaux personnels encadrés) peinent à mobiliser. Est-ce le souvenir de la fermeté de François Fillon face à la très forte mobilisation contre la réforme des retraites ? La crainte de fortes retenues sur salaires ? Sans doute les deux. La situation va pourtant très vite se dégrader, au point de chahuter la mise en œuvre des réformes envisagées par François Fillon.

Le 12 janvier 2005, le ministre de l'Éducation nationale présente son texte en conseil des ministres. Il s'applique à défendre son calendrier malgré l'annonce par les syndicats d'une nouvelle manifestation la semaine suivante. Ils tiennent à rappeler que le CSE, Conseil supérieur de l'éducation, dont les avis ne sont que consultatifs, a rejeté le texte du ministre. Le projet met en place une loi d'orientation destinée à remplacer celle de 1989, pour donner un nouvel élan à une école en proie à l'échec et à la violence. Selon les syndicats, ce *« texte s'en prend plus aux symboles qu'aux fondements de l'éducation ».* Les associations de parents d'élèves se joignent à la protestation. La colère monte chez les enseignants, bientôt rejoints par les lycéens. Le ministre est encore loin d'imaginer l'ampleur que va prendre la colère qui s'élève. Il assure que le nouveau baccalauréat sera prêt dans trois mois. Pour avancer, il obéit à son credo qui figurera dans son livre, *La France peut supporter la vérité*, qui paraîtra chez Albin Michel en octobre 2006 : « *Oui, je prétends que l'Éducation nationale peut être dirigée. Il suffit pour cela que son ministre ait de l'autorité et des convictions.* »

Pour mettre toutes les chances de son côté, François Fillon prend le temps d'expliquer sa réforme. Mais il a beau faire preuve de pédagogie, les contestataires restent sourds à ses démonstrations. Le ministre a du mal à comprendre pourquoi cette réforme du bac, réclamée par les lycéens durant les décennies 1980 et 1990, déclenche une telle opposition. Les épreuves du bac ramenées de 12 à 6 déchaînent les inquiétudes alors que dans les autres pays européens la moyenne des épreuves est de 5. Mais Fillon n'arrive pas à convaincre. Le 20 janvier, on assiste comme prévu aux premières démonstrations de force dans la rue. Les manifestants s'en prennent au budget, aux suppressions de postes, aux salaires, en fait à toute la réforme. Le gouvernement redoute l'engrenage infernal. Pour les syndicats qui s'interrogeaient sur leur capacité à mobiliser, l'opération est une réussite. Plus de 200 000 fonctionnaires de l'Éducation nationale ont arpenté les rues au cours de cette journée. Près de 20 % des personnels enseignants se sont retrouvés dans toutes les grandes villes de France. Les revendications débordent largement le cadre du projet Fillon puisqu'elles évoquent même le pouvoir d'achat. Dans la foulée de ce succès, une autre journée de contestation est annoncée pour le 5 février. Bernard Thibault, de la CGT, prévient : « *On a franchi un cap dans la mobilisation des salariés, le gouvernement aurait tort d'en évacuer la réalité.* »

En attendant le 5 février, c'est au tour des lycéens de monter en première ligne, eux que l'on accuse parfois de jouer les supplétifs des syndicats étudiants. « *La réforme est caricaturée, ce n'est pas la fin du bac !* » s'offusque François Fillon, bien déterminé à se montrer ferme dans la défense de son texte face à la tempête qui se lève. « *Je ne me laisserai pas faire,* menace le ministre irrité par l'attitude des syndicats agitateurs, *les lycéens ont été mal informés.* » Chaque jour voit la mobilisation des jeunes croître dans les établissements scolaires. Les élèves sèchent les cours et prévoient d'amplifier le mouvement. Les amendements déposés par François Fillon pour prendre en compte certaines critiques ne suffisent pas à calmer les contestataires. Malgré un léger recul, la rue gronde toujours.

Le réformateur chahuté se sent de plus en plus seul. Face à lui, en plus des lycéens, des parents d'élèves et des enseignants, d'autres voix commencent à s'élever en provenance des rangs des parlementaires UMP. Ils critiquent l'*overdose* de réformes, le « *beaucoup de bruit pour rien* ». Ils remettent en question, de plus en plus ouvertement, l'utilité du texte. Les éditorialistes s'interrogent : François Fillon ne va-t-il pas laisser sa peau de ministre face à cette fronde ? C'est alors qu'intervient un soutien de taille : celui de Nicolas Sarkozy. L'homme fort de l'UMP est le seul à monter au créneau pour défendre le ministre des réformes, son conseiller politique. « *La loi Fillon, c'est un plus pour l'école*, martèle le président de l'UMP. N*ous avons été élus pour réformer la France et nous devons continuer notre travail.* » Jacques Chirac vient lui aussi officiellement soutenir son ministre en souffrance. Il appelle à la mobilisation derrière François Fillon. Il déclare que le texte a été adopté en conseil des ministres, que c'est donc un bon texte et qu'il faut aller jusqu'au bout. Mais en coulisses plusieurs membres du gouvernement, comme le président Chirac, se disent très inquiets. Le jour même où le chef de l'État soutient officiellement son ministre, il souffle à son ami : « *Si tu as une crispation trop dure sur le bac, lâche du lest.* » Il n'est pas question de braquer les lycéens. Un an plus tôt, Chirac avait déjà ordonné à Luc Ferry, son ancien ministre de l'Éducation, de retirer sa réforme sur l'université. Jacques Chirac semble plier de façon quasi systématique face à la rue. À quelques mois du référendum sur la constitution européenne, le président ne veut pas provoquer une crise contre-productive sur le plan électoral. « *Il faut que je sois honnête,* dit aujourd'hui François Fillon, *j'ai eu un soutien très fort de Chirac pendant toute la période de préparation de la réforme. Je pense que Chirac voulait que la réforme passe et il m'a apporté un soutien personnel, m'appelant jusqu'à plusieurs fois par mois pour m'encourager, me donner le sentiment qu'il était vraiment derrière moi. Il m'a vraiment soutenu jusqu'au moment où ça a commencé à basculer dans la rue.* »

Le 10 février, nouvelle démonstration de force : quelque 100 000 jeunes se montrent prêts à en découdre. « *Fillon t'es foutu, les lycéens sont dans la rue* », « *Fillon zéro pointé* », « *Fillon tu sors ! Ta réforme aussi !* » Les banderoles n'épargnent pas le ministre. Sa famille qui suit de très près l'actualité en souffre. « *Vous savez, ça fait mal quand vous voyez tous les jours "Fillon, ta copie zéro". Les jeunes ont seulement 15 ans et ils sont manipulés* » regrette sa mère, Anne. D'autres dénoncent, en effet, une manipulation des lycéens, ce que les manifestants réfutent et prennent pour du mépris. Les mouvements de protestation sonnent comme un air de revanche après la réforme des retraites. De toute évidence, le malaise ne se fonde pas sur la seule réforme de l'école. La mobilisation du 10 février fait mouche. Atteint, François Fillon annonce le soir même qu'il suspend sa réforme du bac. Il se dit prêt à ajuster son projet et assure qu'il ne fera pas cette réforme tant que les craintes des jeunes manifestants n'auront pas été levées. Il décide de prendre du temps. Grande avancée pour les lycéens mais François Fillon a du mal à digérer ce camouflet. L'homme des réformes a suivi l'avis du chef de l'État. « *Je choisis d'abandonner ce projet pour protéger le reste de ma réforme, plus essentiel à mes yeux que la modernisation du bac.* »

Au premier jour de l'examen du texte par les députés, une nouvelle manifestation est organisée pour bien montrer que les élèves n'ont pas envie de voir ressurgir la réforme du bac sous une autre forme. Cette contestation persistante pousse le gouvernement à décréter une procédure d'urgence au deuxième jour des débats parlementaires afin de limiter à un seul passage l'examen du texte. Le vote définitif interviendra donc plus tôt, vers la fin mars. Les manifestations se poursuivent jour après jour. 165 000 lycéens défient le gouvernement dans la rue le 8 mars : ils réclament maintenant la suppression pure et simple du projet Fillon. La loi est vite votée et le ministre refuse de rouvrir le débat. Le 9 mars, les chercheurs descendent à leur tour dans la rue crier leur colère contre la réforme. Le lendemain, les syndicats des fonctionnaires manifestent eux aussi contre les 35 heures, les salaires et la réforme de l'école. Une voix se fait encore entendre publiquement pour soutenir son conseiller. « *Tiens bon François !* » lui lance Nicolas Sarkozy. La loi sur l'école est enfin votée au sénat. Le mouvement lycéen semble s'essouffler.

Il prend en fait une autre forme : ça passe mais ça casse. Et justement les casseurs surgissent, les radicaux résistent, les occupations d'établissements scolaires se multiplient. La contestation se poursuit sous une forme plus violente. En avril, à quelques semaines des épreuves du baccalauréat, les professeurs, les parents d'élèves et les lycéens retournent dans la rue. Les contestataires en appellent directement à Chirac qui refuse de bouger. À l'approche du référendum sur la constitution européenne, un retrait du texte aurait des conséquences très négatives, estime-t-on à l'Élysée. Sur le terrain, chaque lycée occupé est débloqué par les forces de l'ordre. La patience fait place à la fermeté. Le ministre de l'Éducation envoie les CRS dans les établissements scolaires. Il est accusé d'être trop dur. On retiendra de lui cette phrase qui en démobilisera plus d'un : « *À chaque blocage de lycée, il y aura déblocage.* » Le mouvement perd en intensité, pour de bon. Le gouvernement peut enfin respirer. La loi est passée mais au prix de plusieurs mois de bras de fer. Une contestation qui prendra une ampleur encore plus importante un an plus tard avec le CPE, le Contrat première embauche de Dominique de Villepin. Cette fois, le président Chirac retire lui-même le projet.

Au moment où François Fillon soupire de soulagement, il est déstabilisé, le 22 avril, par le Conseil constitutionnel qui rejette le projet de loi. Deux articles clés sont concernés : le 7 qui définit les missions de l'école et le 12 qui approuve les objectifs et orientations du rapport annexé. Ces deux articles sont considérés comme anticonstitutionnels. Sans qu'il soit question de juger la loi sur le fond : il s'agit d'une censure sur la forme. Le ministre peut passer outre par voie de décrets, quoiqu'ils soient plus facilement modifiables par un successeur. « *Cela ne va pas m'empêcher d'avancer* » réplique Fillon. C'est quand même une « *double claque* » pour le ministre de l'Éducation, comme se plaît à le relever le socialiste Jack Lang. Ce revers laisse aussi présager de nouvelles passes d'armes avec les syndicats gonflés par cette annonce. François Fillon est fragilisé. Ses relations avec le Conseil constitutionnel ont toujours été compliquées, sa loi sur l'autonomie des universités avait déjà été totalement invalidée par le même conseil lorsqu'il était ministre de l'Enseignement supérieur et de la Recherche, en 1993. Le bilan du ministre rue de Grenelle en 2005 reste assez mitigé : réforme votée mais violente contestation et invalidation de sa loi par le Conseil constitutionnel. Jean-Paul Faugère, le directeur de cabinet de François Fillon, tempère : « *Je crois qu'il a été un grand ministre de l'Éducation nationale. Ceux qui travaillaient au sein du ministère considéraient qu'il a réellement tout donné pour faire bouger les choses et il a quand même réussi à faire voter une loi difficile.* » Pour un autre proche du ministre, « *il est parti avec un goût d'inachevé* ».

Personne ne sait vraiment à quel point cette épreuve a été difficile à endurer pour François Fillon. Drapé dans sa dignité pour faire face à la rue, il a été meurtri. Son texte n'est après tout qu'une adaptation de la loi Jospin de 1989. « *Il a mal vécu la fin de la période du vote de la loi qui, sans doute, a précipité en partie son départ du gouvernement* » confie l'un de ses collaborateurs. Il a compris qu'à ce poste il aurait du mal à obtenir les changements qu'il désirait. Un dossier en chasse un autre. François Fillon se jette très vite dans la campagne pour le oui à la constitution européenne.

D'un référendum, l'autre

Celui qui avait voté non à Maastricht en 1992 se lance dans la campagne du oui au référendum sur la constitution européenne du 29 mai 2005. Il sillonne la France pour expliquer sans complexe que l'heure est venue de répondre oui à l'Europe. Pourquoi ? Les temps ont changé. Le projet de constitution vient combler, selon François Fillon, une grande partie des lacunes de Maastricht sur la politique économique et sociale, sur les institutions politiques, sur le rôle du Parlement et la subsidiarité. « *Il est donc logique d'avoir voté non en 1992 et oui aujourd'hui* » se justifie Fillon. Treize ans plus tôt, il dénonçait l'établissement d'une monnaie unique avant d'attribuer à l'Union européenne des institutions politiques. C'était « *mettre la charrue avant les bœufs. En 1992, on craignait l'Europe fédérale, ce qui n'est plus le cas avec la politique d'élargissement. Dans l'Europe élargie, l'Europe des nations a toute son importance* » explique-t-il dans *France Soir*. La question du revirement lui est systématiquement posée lors de ses déplacements : est-il à l'aise pour expliquer son évolution ? Beaucoup verront dans ce virage à 180° la volte-face d'un homme qui change d'avis au gré du vent.

La campagne est harassante. À l'approche du vote, les sondages ne sont guère favorables. Le 26 mai, à trois jours du vote, le non continue de monter, avec 55 % contre 45 % pour le oui. Les chiffres ne bougeront plus. Le 29 mai, 54,87 % des électeurs disent non. C'est la douche froide. Jacques Chirac en sort groggy. Il sait que les conséquences de ce résultat seront difficiles à supporter dans toute l'Europe mais aussi en France. Son éventuel troisième mandat à la tête du pays en prend un coup. Le socialiste Jean-Marc Ayrault appelle solennellement le président de la République à démissionner. Même tonalité chez Jean-Marie Le Pen. Le président de l'Association des Régions de France, Alain Rousset, parle de « *désaveu pour le président* ». « *La droite est discréditée* » attaque le socialiste Julien Dray. François Fillon est l'un des invités du 20 heures de TF1 le soir même. Il dira : « *On a besoin de franchise dans notre relation avec les Français et on a besoin d'actions.* » Et encore : « *Un rendez-vous avec le peuple n'est jamais sans conséquence. Le président de la République a raison de vouloir apporter des modifications à l'action gouvernementale.* » Nicolas Sarkozy, lui, appelle à « *des remises en cause profondes, rapides* ». Il faut donc réagir vite et au mieux à ce coup de semonce. Jacques Chirac y réfléchit.

La France a voté non. La Sarthe, si chère au cœur de François Fillon, a aussi voté non à 57 %, malgré la campagne du ministre pour le « oui ». Un détour en Guadeloupe et en Martinique pour relever que ces terres des Antilles ont, elles, étonnamment approuvé la constitution, à plus de 60 % de moyenne. Le résultat du référendum engendre une onde de choc dans toute l'Europe, élargie à 10 nouveaux pays membres depuis peu. L'Union européenne a les yeux rivés sur la France, premier à rejeter le Traité sur les dix pays qui se sont déjà prononcés. Les réactions sont mitigées, parfois contenues : Romano Prodi, l'ancien président de la Commission européenne, se dit « *extrêmement déçu* ». Gerhard Schröder, le chancelier allemand, se veut un brin optimiste et parle d'« *un revers pour le processus de ratification de la constitution européenne, mais pas sa fin* ». Gianfranco Fini, le vice-président du Conseil italien, estime que le processus de ratification du Traité constitutionnel « *doit se poursuivre* » dans l'ensemble des pays européens. L'image de la France en Europe ressort ternie et l'Union européenne redoute une contagion et un coup d'arrêt à cette constitution tant attendue. Plusieurs politiques avaient évoqué un plan B dans la campagne, une prétendue alternative qui n'était qu'illusion. François Fillon, toujours prompt à partager ses réflexions, signe une analyse dans *Le Monde* sur la défaite et les attentes des Français face à l'édifice européen. En parallèle à cette réflexion européenne, il s'interroge aussi personnellement sur son propre sort au sein du gouvernement, au lendemain de ce référendum perdu. Comme si le glas allait peut-être bientôt sonner pour lui.

Le constat global apparaît clairement : le rejet de la constitution européenne par les Français est certes fondé sur des interrogations, la place de la France au sein de l'Europe, mais le malaise exprimé porte en réalité bien plus loin. Confronté à un marché de l'emploi en berne, à un pouvoir d'achat affaibli, à une crise sociale latente, les Français veulent être rassurés. Ils réclament du changement, une prise en compte de leurs problèmes. Ils attendent une réponse du président de la République. Jacques Chirac mettra quelques heures à se remettre du choc référendaire, mais s'exprimera finalement assez vite devant la nation lors d'une allocution télévisée : « *Au cours de ce débat, vous avez exprimé vos inquiétudes et vos attentes. J'entends y répondre en donnant une impulsion nouvelle et forte à l'action gouvernementale. Je vous ferai part dans les tout prochains jours de mes décisions concernant le gouvernement et les priorités de son action.* »

Le jour le plus long

Des rumeurs de remaniement circulent. On évoque même une démission du chef de l'État ou encore une dissolution de l'Assemblée, l'une et l'autre réclamées par l'opposition. Deux éventualités peu probables, même si Jacques Chirac s'était beaucoup impliqué dans la campagne en intervenant trois fois sur les chaînes de télévision en faveur du oui. Pour en savoir davantage, il faudra patienter jusqu'au mardi 31 mai, date choisie par le président pour s'adresser à nouveau aux Français.

Dès le lundi 30 mai, la démission de Jean-Pierre Raffarin, à la tête du gouvernement depuis trois ans, ne semble plus guère faire de doutes. À son débit, trois déroutes électorales consécutives. L'ensemble de ses ministres demeurent suspendus à la sonnerie du téléphone, histoire de savoir ce qu'il adviendra de leur sort. François Fillon est de ceux-là. Jean-Louis Debré annonce l'annulation de toutes les séances prévues à l'Assemblée nationale ce mardi, signe pour les observateurs que l'ambiance lourde d'une interminable attente s'installe. Le lundi matin, le chef de l'État procède à des consultations. Défilent à l'Élysée Jean-Pierre Raffarin, Nicolas Sarkozy, François Bayrou, Dominique de Villepin et Michèle Alliot-Marie. Les noms de Villepin et Sarkozy sont cités parmi les Premiers ministrables. Et Fillon ? Ce jour-là, il n'a aucun contact. Ni avec Matignon, pas davantage avec l'Élysée. Son téléphone ne sonne pas mais il sait qu'en période de remaniement il faut savoir faire preuve de patience.

Mardi 31 mai, il envoie une note à Jacques Chirac sur la situation du pays. Le président le rappelle pour lui dire qu'il partage totalement son analyse. Sans plus de commentaire.

Ce même jour, Dominique de Villepin est nommé Premier ministre. Le chef de l'État, qui a beaucoup consulté ces dernières heures, a hésité entre Nicolas Sarkozy et son fidèle lieutenant depuis 1995. Il opte pour la solution de Villepin, tout en invitant Nicolas Sarkozy, l'homme politique le plus populaire à droite et plébiscité par les Français qui le réclament à Matignon, à revenir au sein du gouvernement en tant que ministre d'État. Sarkozy pose ses conditions : il veut rester à la tête de l'UMP. Chirac accepte. On se souvient qu'en 2004, pour éviter que Nicolas Sarkozy ne s'empare de la présidence de l'UMP, Jacques Chirac avait édicté une règle : nul ne peut cumuler une fonction gouvernementale et la présidence du parti, sous peine de nuire au *« bon fonctionnement des institutions »*. Au lendemain de la défaite du oui, on n'en parle plus. Jacques Chirac est affaibli alors que Nicolas Sarkozy devient chaque jour plus populaire. L'homme fort de la droite retourne au ministère de l'Intérieur 14 mois après avoir quitté la place Beauvau et 6 mois après avoir quitté Bercy. Il vaut bien mieux avoir un Sarkozy avec soi à l'intérieur que contre soi à l'extérieur du gouvernement, lui qui aspire depuis si longtemps à devenir Premier ministre, et maintenant président de la République. Jacques Chirac sait parfaitement que ces deux nominations n'apaiseront en rien la vieille adversité qui perdure entre Villepin et Sarkozy. Choisir Villepin, c'est protéger sa fin de mandat. Il est probable qu'avec un Sarkozy à Matignon, Chirac aurait été dépassé par l'homme pressé. La passation de pouvoir entre Raffarin et Villepin a lieu le mardi 31 mai. Jacques Chirac s'exprime comme prévu à la télévision et justifie devant les Français le choix de son Premier ministre. Il déclare l'emploi cause prioritaire de son gouvernement.

Le mercredi 1er juin, Dominique de Villepin commence à constituer son équipe gouvernementale. C'est une journée particulièrement interminable et stressante pour les ministrables et les membres encore en fonction du gouvernement. De l'aveu de tous, ce sont des moments très difficiles à vivre, suspendus aux moindres bruits de couloirs, aux rumeurs relayées par les télévisions. « *Il faut vous imaginer comment ça se passe. Nous sommes dans le bureau de François Fillon, le ministre est entouré de ses principaux collaborateurs, il y a LCI qui tourne en boucle. Le téléphone n'arrête pas de sonner mais ce sont des journalistes qui veulent savoir ce qu'il va devenir. C'est ça le climat qui règne au moment d'un changement de gouvernement et vous ne savez pas si vous en êtes ou si vous n'en faites pas partie* » raconte avec émotion Vincent Roger, directeur de communication du ministre. Sur LCI, l'équipe de Fillon découvre les noms de ceux qui sont consultés par le tout nouveau Premier ministre, Dominique de Villepin : « *On voit Jean-François Copé,* se souvient Vincent Roger, *Philippe Douste-Blazy, Xavier Bertrand ou encore Jean-Louis Borloo.* » Pas de Fillon. Nombre de personnalités politiques sont aperçues sur le perron de Matignon. Pas de Fillon. Aucun appel, ni de Villepin ni de Chirac. « *Vous imaginez, vous êtes François Fillon, vous êtes numéro 2 du gouvernement, vous avez la télé et vous voyez le Premier ministre qui reçoit tout ce beau monde et pas vous. Vous vous dites "c'est un peu surprenant"...* » Ne pas figurer au casting gouvernemental est une chose, mais que le Premier ministre ne vous consulte pas, en est une autre. François Fillon avait pourtant participé à la rédaction du programme de Chirac en 2002. Il a réalisé les deux principales réformes du début du quinquennat. Il est le numéro 2 de l'UMP aux côtés de Nicolas Sarkozy. Dominique de Villepin ne manque pas de raisons pour solliciter une discussion avec lui au moment de la formation du gouvernement, qu'il fasse partie ou non de la future équipe.

Jeudi 2 juin, Vincent Roger résume la funeste journée : « *Le jeudi, c'est deux balles dans la nuque pour Fillon. Les deux balles, c'est deux coups de téléphone, un de Chirac, un de Villepin.* » Jacques Chirac appelle effectivement François Fillon à 11 heures 25 :

« *Le Premier ministre vient de me remettre la liste du gouvernement, il n'y a pas de place pour toi.*

– *Très bien.* Fillon a la gorge nouée, mais il ne laisse paraître aucune émotion.

– *T'as besoin de quelque chose ?*

– *Non, de rien* », répond Fillon, toujours impassible.

La conversation est très froide. Brève, pas plus d'une minute.

11 heures 30. Dominique de Villepin, le nouveau locataire de Matignon, appelle à son tour. L'échange est encore plus glacial. Il confirme : le nom de François Fillon ne figure pas dans son équipe. En début d'après-midi, nouvel appel, c'est Philippe Ridet, journaliste au *Monde*. Il lui demande : « *Alors, que devenez-vous ?* »

L'entretien dure là aussi très peu de temps. François Fillon se confie, quasiment sans que le journaliste ait à le relancer. Philippe Ridet raconte aujourd'hui avoir « *éprouvé un sentiment d'injustice et de dépit* ». Voici ce qu'il écrit alors : « *L'amertume, on la devine d'abord dans le timbre de leurs voix. À ce quelque chose de heurté et d'essoufflé quand ils disent : "Pour moi, c'est niet". Ou encore : "Nous, nous avons eu le courage de dire non".*

François Fillon, désormais ex-ministre de l'Éducation, et Patrick Devedjian, ex-ministre délégué à l'Industrie, tous deux proches de Nicolas Sarkozy, symbolisent la brutalité des alternances et des jeux d'influences. Sans vraiment y croire, un conseiller de François Fillon lâche : "Pour nous, maintenant, c'est la zen attitude". » À propos de François Fillon, le journaliste écrit le 3 juin : « *Entrant malgré lui dans la peau de l'ex-ministre, il récapitule :"Je suis le seul à avoir mené neuf réformes législatives. Quand on fera le bilan de Chirac, on ne se souviendra de rien. Sauf de mes réformes". Mais déjà l'esprit de revanche perce à travers les mots : "Je vais m'investir à fond dans l'UMP, préparer les échéances futures pour Nicolas Sarkozy en 2007. En me virant du gouvernement, ils ont fait de moi un directeur de campagne avant l'heure..."* »

Après avoir pris connaissance des mauvaises nouvelles, François Fillon, le visage défait, ouvre la porte du bureau de ses collaborateurs et leur dit : « *On s'en va !* »

« *Objectif 2007* »

« Je vais me reposer un peu, me faire élire au Sénat en septembre, écrire un livre sur la crise de régime » planifie François Fillon le 2 juin 2005, jour de son éviction du gouvernement auprès du journaliste Philippe Ridet du *Monde* qui l'interroge sur son avenir proche. Le jour de son départ du gouvernement, son comportement change, et choque. Ses mots sont peu amènes. Le 3 juin, *Le Monde* a publié les propos d'un ministre *viré*, d'un homme généralement apprécié pour son *fair-play*, qui ne se met guère en avant quelles que soient ses fonctions et l'importance de ses missions, un homme qui contrôle son humeur. Quand il décoche sa petite phrase, *« De Chirac on ne se souviendra de rien »*, c'est comme si la foudre tombait aux pieds de la classe politique tout entière. Pour Jean de Boishue, *« ces mots ne reflètent pas du tout le vrai François Fillon. Il a eu ce jour-là un*

discours de violence. Il rompt vraiment avec Chirac. Il décide que plus jamais il ne travaillera avec lui. Je me souviens que lui-même avait été surpris par la force de ses propos, juste après. » Roger Karoutchi : « *Il a surpris tout le monde parce que, comme beaucoup de gens gentils, des gens dont on se dit "ils ne feront pas de vague", il a estimé que c'était une injustice totale et un manque de discernement. Il a dit brutalement ce qu'il pensait.* » Ses remarques agressives lui ont valu un coup de fil du secrétariat de Dominique de Villepin pour venir en discuter dès le lendemain à Matignon. On raconte que les deux hommes auraient eu alors, en tête à tête, une explication orageuse. François Fillon n'a pas gardé le profil bas. Alors qu'en règle générale les ministres déçus ou évincés lors d'un remaniement souffrent en silence, cette fois la grogne des « virés du gouvernement » prend de l'ampleur. François Fillon se retrouve aux côtés de Michel Barnier et du très sarkozyste Patrick Devedjian. Ils sont au total une bonne quinzaine ainsi remerciés.

« *C'est normal d'être viré du gouvernement, mais il y a la manière de faire* » commente l'entourage de François Fillon. Celui que Jacques Chirac avait présenté comme un « Premier ministrable », l'un des principaux responsables du parti majoritaire, est limogé sans ménagement et sans la moindre explication. Thierry Berthé, collaborateur de François Fillon au ministère de l'Éducation nationale, exprime aussi son avis personnel sur les conditions du départ de son ministre : « *Lui dire qu'il n'y avait plus assez de place dans le gouvernement, ça voulait lui dire qu'on le considérait comme le 5e sous-secrétaire d'État. On lui aurait expliqué qu'il pâtissait d'une divergence politique, il aurait mieux compris.* » Fillon se sent injustement puni. À propos de sa réforme sur l'école, il écrit dans son livre . « *Ce qui aurait dû être considéré comme un progrès acceptable, si ce n'est un succès, déclencha une réaction presque immédiate : mon éviction du gouvernement.* » Il paie les manifestations massives lors des réformes des retraites et de l'école, son revers aux régionales, ses relations tendues avec Jacques Chirac, son ralliement à Nicolas Sarkozy. Il paie d'avoir été en première ligne lors de la crise sociale alors qu'il avait réussi à faire voter des textes parmi les plus sensibles, comme celui sur les contrats jeunes, sur l'assouplissement des 35 heures, sur la réforme du RMI, sur la réforme des retraites ou encore celui sur l'école. Le succès de son travail lui avait certes permis d'accéder à une autre dimension politique, mais, à cet instant, c'est le rejet populaire qu'il cristallise sur son nom. François Fillon se voit alors confronté à un sérieux paradoxe : il a réussi en même temps qu'il a échoué. Son ralliement à Nicolas Sarkozy a de toute évidence pesé lourd dans la balance. Depuis un an, il s'est rapproché ostensiblement de l'ennemi avoué de Chirac, surtout depuis qu'il a compris qu'il était l'instrument de l'Élysée chargé de contrer Sarkozy. Pendant 16 mois, François Fillon et Nicolas Sarkozy ont travaillé ensemble pour s'emparer de l'UMP. Lorsque François Fillon est nommé chef de projet du parti puis conseiller politique du président du parti gaulliste, leur collaboration s'est faite plus étroite, les deux hommes ont resserré leurs liens. Pour les chiraquiens, demeurer au gouvernement de Jacques Chirac et faire allégeance à Nicolas Sarkozy équivaut à un crime de lèse-majesté. Ils ne le lui ont jamais pardonné. Quand François Fillon déclare avec force : « *En me virant du gouvernement, ils ont fait de moi un directeur de campagne avant l'heure...* », la formule « *avant l'heure* » en dit long, ce qui n'a pas été perçue à sa juste valeur. Elle signifie que le rapprochement avec Sarkozy n'a jamais été une réaction à un échec, mais un pas net et volontaire dès janvier 2004, alors que tout le monde hurlait « *tout sauf Sarkozy !* » Depuis, les chiraquiens au sein du gouvernement n'avaient cessé de le surveiller.

En tout cas, François Fillon peut enfin travailler librement avec son coéquipier Sarkozy, le seul à l'avoir défendu en pleine crise sur l'école. Igor Mitrofanoff, sa plume et son conseiller, a ressenti cet apaisement : « *Je me demande si dès le lendemain, il n'était pas soulagé. Il était en train de se libérer de quelque chose. Je l'ai vu lors d'un déjeuner après son éviction, il était heureux et respirait la liberté.* » En réalité, il oscille entre l'euphorie d'une liberté retrouvée et l'amertume de l'échec. Les membres de la famille Fillon pour qui la nouvelle est également difficile à avaler témoignent des sentiments qui habitent alors l'ancien ministre : « *On a tous été un peu révoltés*, reconnaît son frère Pierre. *C'est une période que la famille a mal vécu, surtout après l'échec électoral de 2004. Je l'ai trouvé assez aigri pendant quelques semaines, parce qu'il trouvait quand même qu'il vivait une injustice totale. Il me disait que ce n'était pas mérité, qu'il s'était vraiment battu pour la réforme des retraites et puis, voilà le résultat.* » Son épouse Pénélope déplore : « *C'est dommage de ne jamais prendre le temps de remercier les gens pour le travail qu'ils ont accompli. Je trouve cela inhumain, et à chaque formation de gouvernement, c'est pareil.* » Elle se souviendra toujours de la brutalité de l'annonce du 2 juin et de leur départ du ministère : « *Nous avons appris la nouvelle en fin de matinée. J'ai tout rangé très vite. D'ailleurs, je n'ai pas l'habitude d'emmener beaucoup de choses, la plupart de nos affaires restent à Solesmes dans la Sarthe. Je peux vous dire qu'à 17 heures 30, nous étions déjà sur l'autoroute.* » Aucun membre de la famille n'a dormi au ministère ce soir-là. Aucun des enfants, même ceux qui avaient cours le lendemain. La famille Fillon s'est organisée autrement. « *Antoine passait son bac la semaine d'après, mais on l'a hébergé ailleurs,* raconte Pénélope. *Pourquoi serions-nous restés ? Même François n'est pas resté. Depuis, je m'attends toujours à tout, à tout moment.* » Direction la Sarthe où François Fillon se fixe un objectif, celui de renouer avec ses racines et retrouver sa famille.

« *Le lendemain ou le surlendemain, il faisait déjà des courses à Sablé* » sourient Pascal et Marie-Armelle Lelièvre, ses voisins de Solesmes. « *Il n'avait plus l'habitude de s'occuper des petits détails de la vie quotidienne et finalement, ça lui a fait du bien,* constate le couple. *Il achetait lui-même son billet de train pour faire ses allers-retours entre Sablé et Paris.* » Maintenant qu'il n'a plus ni véhicule de fonction ni chauffeur, et comme il faut bien qu'il se déplace, François Fillon décide d'acheter une voiture. « *On voyait François arriver tout seul, rester discuter avec nous,* racontent Pascal et Marie-Armelle. *Il avait le temps, c'était toujours le même homme mais qui n'avait plus de garde du corps.* » François Fillon s'offre une voiture mais aussi un pied-à-terre à Paris puisque ses fonctions de conseiller de l'UMP l'obligent à faire le va-et-vient entre sa région et la capitale. Il s'adapte fort bien à son changement de vie et à son nouveau rythme. Pascal et Marie-Armelle Lelièvre : « *Avec Pénélope Fillon, on avait organisé depuis plusieurs semaines un barbecue le 23 juin, soit quelques jours après l'éviction de François. Tous les habitants du coin étaient invités.*

On s'est posé la question de savoir si le dîner était maintenu après ces bouleversements politiques. Toutes les invitations avaient été lancées, et tout le monde venait bien sûr, parce que c'était chez les Fillon. Pénélope nous a dit "on ne change rien du tout". François est donc bel et bien venu et il était en pleine forme, à la surprise générale. » Il dispose désormais de plus de temps. Ses amis, très soucieux de sa santé, lui proposent de courir des marathons. Denis Lambert, PDG de LDC, producteur de poulets de Loué, est de ceux-là : « *Finalement,* regrette-t-il presque, *nous n'en avons même pas eu le temps, il s'est vite occupé autrement !* »

Accompagné de sa femme et ses enfants, François décide de prendre des vacances, direction la Grèce, une semaine sur une petite île des Cyclades, dans une maison que l'on dit prêtée par un ami. Pendant ce séjour, l'ex-ministre se repose et réfléchit à l'orientation qu'il souhaite donner à sa vie, tant sur le plan politique que personnel. « *Je l'ai laissé réfléchir et digérer dans son coin, sans jamais lui poser de question* » confie son épouse. Après sa brève retraite, François Fillon revient sur ses terres sarthoises, visiblement bien dans sa peau, plein de détermination pour les projets qu'il entend mener à bien dans un avenir proche. En premier lieu, écrire le livre qui lui tient à cœur sur la crise politique que traverse la France. En deuxième lieu, se présenter au Sénat afin de décrocher un mandat électif national. Enfin, il veut passer plus de temps avec son jeune fils Arnaud, alors âgé de 4 ans.

Au lendemain de son départ du gouvernement, le président de l'UMP, Sarkozy, lui confie les rennes d'un groupe de réflexion concurrent de la Fondation pour l'innovation politique créée à l'initiative de Jérôme Monod, proche de Jacques Chirac. Si Fillon et

Sarkozy regardent dans la même direction politique et s'estiment, l'harmonie entre les deux hommes n'est pas encore à son zénith. François Fillon rencontre toujours des difficultés à intégrer le cercle rapproché de Sarkozy. Il lui faudra attendre plusieurs mois avant de se voir confier l'élaboration du programme de l'UMP pour 2007, une mission qui lui donne alors l'occasion de s'impliquer davantage au sein de l'appareil. François Fillon tient à conquérir un mandat national. Mais lequel ? Législatives ou sénatoriales ? Il opte une fois encore pour le Sénat. De quoi alimenter les reproches de ses adversaires qui y voient à nouveau un manque de courage de sa part. Pour eux, Fillon aurait peur d'affronter les électeurs après la série de gifles reçues et les crispations que son action au gouvernement ont cristallisées. Le Sénat et le vote des grands électeurs lui paraîtraient moins risqués. Dès la mi-août, l'ancien ministre reprend son bâton de pèlerin pour battre la campagne en vue des sénatoriales partielles du 18 septembre. Jean-Pierre Chauveau, qui occupait avec son accord le siège de sénateur après sa victoire de 2004, a démissionné sans se faire prier. Durant sa campagne, le candidat Fillon ne manque pas une occasion de mettre en avant ses neuf réformes votées au cours de ses trois années passées dans le gouvernement Raffarin.

Il est élu sénateur le 18 septembre 2005 dès le premier tour avec un confortable score, 56,5 % des voix, de quoi le rassurer. Le lendemain, *Libération* titre, un brin moqueur : « *François Fillon se réfugie au Sénat* ». L'ancien Premier ministre, Jean-Pierre Raffarin, et deux autres ex-ministres qui ont provoqué, eux aussi, des élections partielles, Marc-Philippe Daubresse et Éric Woerth, ont également opté pour le confort du Sénat. Cette victoire donne au sénateur UMP de la Sarthe un regain de confiance et l'encourage à multiplier les interventions. Fort de sa liberté de parole, il monte au créneau et tacle sèchement l'action du gouvernement en place et le Premier ministre, Dominique de Villepin. « *Il y a assez peu d'espoir pour un Premier ministre d'être un bon candidat à la présidentielle* » lance-t-il, acerbe, sur l'antenne de Canal+. Quelques mois plus tard, devant les caméras de LCI : « *La continuité que Dominique de Villepin réclame, ce n'est pas un argument médiocre, mais je pense qu'elle n'est pas adaptée à la situation de notre pays. Le changement que propose Nicolas Sarkozy correspond à l'urgence de la situation.* » Une manière comme une autre de revendiquer la politique de « *rupture* » prônée par Nicolas Sarkozy. Au Grand Jury RTL-*Le Figaro*-LCI, il renouvelle ces attaques à l'encontre de Dominique de Villepin et défend à nouveau la nécessité de « *rompre avec ce qui se fait depuis 20 ans* [...] *Quelques mois, c'est un délai trop court pour construire une relation avec les Français* [...] *L'histoire a montré que les Premiers ministres font rarement de bons candidats.* » En novembre, dans les colonnes du *Figaro*, il affirme encore avec conviction : « *Il n'y a pas de place pour deux candidats de la majorité pour 2007.* » Par petites touches incisives, François Fillon s'engage dans la campagne de la présidentielle et prend rendez-vous, aux côtés de Nicolas Sarkozy.

La France et la vérité

Son mandat sénatorial en poche, l'élu de la Sarthe se plonge dans l'écriture. Ce passionné des livres et de la lecture avait flirté avec la plume par trois fois dans le passé. Il avait participé à un ouvrage collectif sur l'Otan, vite périmé car publié peu de temps avant la chute du mur de Berlin. Puis un autre en collaboration avec le journaliste Jean Guisnel sur la réforme de France Télécom, qui ne sera jamais publié. Cette fois, il a le temps d'affiner sa réflexion sur l'état de la France et la réforme des institutions. Il couve une forme de rage et veut partager ses idées. Sa voisine Marie-Armelle l'a observé pendant cette phase d'écriture : « *Il a passé quasiment tout son temps à travailler. En semaine, il restait seul, il ne sortait pas beaucoup de chez lui. Il m'appelait pour me demander si j'avais du pain.* » Quand il ne va pas l'acheter. François Fillon : « *Au bout d'un moment, j'ai dû aller faire des courses. Il faut bien se nourrir. Alors j'allais au supermarché de Sablé, par exemple le mardi vers 13 heures, et là les gens me regardaient en se disant "qu'est-ce qui se passe, il n'a plus de boulot, sa femme l'a quitté". Ils n'avaient pas l'habitude !* » Cette période de solitude l'a aidé à se reconstruire même si le défi littéraire qu'il s'était lancé ne fut pas exempt de hauts et de bas : « *C'était un exercice difficile. Je suis resté parfois deux jours sans rien écrire. Dès que j'allumais mon ordinateur, je cliquais sur autre chose, je téléchargeais de la musique et puis parfois, tout à coup, ça démarrait et là j'écrivais pendant cinq ou six heures d'affilée.* » Son rêve impossible et secret : ne pouvoir vivre que de sa plume. Marie-Armelle Lelièvre : « *De temps à autre, il venait nous voir et nous lisait un petit passage pour avoir notre avis.* » Pascal Lelièvre repense aussi à son voisin en papa : « *À cette époque, il s'est beaucoup occupé d'Arnaud, son petit dernier, comme un vrai papa poule.* » Tous les proches de François Fillon s'accordent à dire que son fils a été un solide soutien, essentiel pour lui. Pierre Fillon, son frère, pense que *« sans son livre et sans Arnaud, ça aurait été beaucoup plus dur, mais il y avait toute la famille autour de lui, ainsi que ses amis ».* Il s'est rendu disponible pour être plus proche de son fils, mais il a dû s'en éloigner pour pouvoir écrire, se rendant compte de la concentration qu'exigeait cet exercice. Sylvie Fourmont, sa secrétaire particulière, faisait tout pour l'aider dans son entreprise : *« Il fallait lui réserver des plages entières de disponibilité, il fallait du temps, et qu'il soit dans une certaine ambiance, donc chez lui dans la Sarthe. Il a beaucoup écrit seul chez lui, sans Arnaud pour venir le distraire. »*

La rédaction de cet ouvrage est un véritable exutoire. Il approfondit l'ensemble des idées qu'il a tenté de faire passer jusqu'ici, propose des réformes, donne sa vision de la France, non pas celle du déclin mais celle qui gagne. Il aborde sans tabou les réussites et les faux-pas de sa propre famille politique. Il égratigne au passage Jacques Chirac et condamne son immobilisme. C'est l'occasion de pointer les erreurs de l'actuel Premier ministre, Dominique de Villepin, en qualifiant de « faute » son passage en force sur le contrat première embauche. Il stigmatise la rigidité du locataire de Matignon, l'explique par son *« ignorance des ressorts profonds du pays ou bien une trop grande confiance en soi* [...] *Dans les deux cas, ce sont des défauts sérieux pour un dirigeant politique. Par orgueil et précipitation, Dominique de Villepin a malheureusement fauté. »* L'essayiste fait aussi part de sa vision du monde syndical, aborde ses expériences ministérielles, offre ses propres solutions pour une France qu'il veut meilleure. Il aspire à tout changer. Il tente d'aider le lecteur-électeur à la prise de conscience. Il dit « stop » aux crises que la France traverse,

« stop » à ce mode de gouvernance immobile depuis 25 ans, « stop » à la réussite sans effort. C'est en ce sens qu'il titre son ouvrage dont la publication est prévue à l'automne 2006, chez Albin Michel, *La France peut supporter la vérité*. Il cultive son goût de l'écriture tout en apprenant à se livrer. Il appartient à cette catégorie d'hommes politiques, peu nombreux, qui ont une vision pour la France, au-delà de leur circonscription ou de leur ministère. Une qualité apparemment reconnue par Jacques Chirac et Nicolas Sarkozy qui ont su l'utiliser, raison pour laquelle la rédaction du projet de l'Union En Mouvement lui a été confiée, comme celle du programme présidentiel et législatif de Chirac en 2002. Il en sera de même du projet de réforme des statuts de l'UMP à l'arrivée de Nicolas Sarkozy en 2004, ou encore, quelques mois avant la présidentielle de 2007, du programme de l'UMP. Dans ce véritable livre-programme, François Fillon ne se contente pas de présciser son analyse sur l'état de la France et les solutions pour la sortir de sa torpeur : il sort de sa réserve habituelle, qui donnait jusqu'alors de son personnage cette image trop lisse. L'homme que l'on disait sans aspérité aurait-il changé ?

Sylvie Fourmont, son assistante, est persuadée que la rédaction de *La France peut supporter la Vérité* restera l'un des moments forts de sa carrière : *« Il s'est libéré et a pris une autre dimension* [...] *Avant, il n'osait pas dire les choses. Aujourd'hui, il ose parler librement, que ce soit avec ses collaborateurs ou même avec Nicolas Sarkozy. »* Impression confirmée par ses proches, comme Vincent Roger, qui estime que *« Dominique de Villepin a réveillé le d'Artagnan qui sommeillait en Fillon »*. Son rapprochement avec Nicolas Sarkozy n'est certainement pas étranger à sa transformation. Pierre Molager, son ancien chef de cabinet à la communauté de communes de la Sarthe, assure que cette période correspond à sa maturation : « *Il y a d'abord le livre, une façon de faire un bilan et de se projeter en avant. Ensuite, il y a une deuxième préparation qui le transforme, celle du projet de l'UMP pour Nicolas Sarkozy.* » De l'avis de tous, Fillon devient un homme différent. Un proche dit de lui qu'« *il endosse le costume du patron de l'administration française* », place à laquelle personne ne l'aurait imaginé quelques années plus tôt. Il prend enfin son destin en main. Il veut croire encore à la victoire, espérer en des lendemains meilleurs. Avec Nicolas Sarkozy, pense-t-il, ça devient possible.

Au programme

Entre 2005 et 2006, François Fillon travaille. Lui a-t-on promis un poste d'importance dans le futur gouvernement de Nicolas Sarkozy ? Non. Pense-t-il au poste de Premier ministre ? Oui et non. Oui, parce qu'il a conscience que cet objectif est à sa portée, qu'il possède toutes les capacités pour y parvenir et assumer la tâche. Non, car Nicolas Sarkozy ne lui promet rien. En tout cas pas encore. Il a cependant bien compris que l'accessible rêve passe par le travail, par sa capacité à endosser le costume, sans y faire allusion. Il décide de faire « comme si » avant même qu'on l'ait désigné. Quand il compare son parcours à celui de ses collègues, il sait pertinemment qu'il peut garder la tête haute. Les retraites, la suppression du service militaire, la privatisation de France Télécom, l'école, c'est lui ! Il a occupé nombre de postes clés et de fonctions stratégiques parmi les plus exposées, susceptibles de déstabiliser un gouvernement comme les Affaires sociales ou l'Éducation nationale. « *Il ne rate pas grand-chose, finalement*, constate son collaborateur Jean de Boishue. *Je ne connais pas beaucoup de gens capables de recommencer, de se refaire une forme de pensée, une forme de sensibilité, une forme d'intelligence, une forme d'énergie en se mettant vraiment dans la peau du personnage que l'on sera.* » Dès son retour de vacances en Grèce, François Fillon s'installe dans un bureau du siège de l'UMP. Cette proximité physique permet à la relation qu'il noue avec Nicolas Sarkozy de gagner en densité. En 2006, leur proximité intellectuelle et idéologique ne fait plus aucun doute. Ils partagent la même vision de la France, la même volonté de réformer. Sarkozy, l'homme pressé, rencontre celui de l'ombre, l'homme au discours tranchant partage les avis de l'homme du consensus.

À partir de novembre 2004, pendant deux ans, François Fillon participe aux nombreuses conventions thématiques mises en place par l'UMP. Des milliers de personnes participent à ces rendez-vous, syndicalistes, consultants extérieurs ou encore parlementaires UMP. Chacun vient enrichir les discussions au sein du parti afin d'élaborer une vision claire destinée à nourrir le programme de 2007. François Fillon suggère à Nicolas Sarkozy de travailler à l'élaboration du programme, lourde responsabilité que le président de l'UMP lui confie sans hésiter. Sa mission est précise, susciter l'émergence d'idées et de propositions en provenance de la base et des élus. François Fillon est loin de s'imaginer au début à quel point l'opération sera astreignante. Il sera secondé dans sa mission par Emmanuelle Mignon, conseillère auprès de Nicolas Sarkozy. Ce tandem anime des groupes de réflexion de 25 personnes composés d'une quinzaine d'élus de premier plan de l'UMP et d'une dizaine de conseillers techniques très ciblés, en vue de faire jaillir et dégager des idées fortes. Ils ont été choisis soit parce qu'ils sont proches de Nicolas Sarkozy soit parce qu'ils sont jugés imaginatifs et créatifs. Parmi eux, Valérie Pécresse, Gérard Longuet, Patrick Devedjian, Dominique Paillé ou encore Laurent Wauquiez. Sur le dossier de l'emploi par exemple, une idée claire semble se détacher : le chômage est dû en grande partie à la rigidité du marché du travail, un diagnostic qui n'apparaît cependant pas aisé à faire comprendre à l'ensemble du groupe. Chacun y va de sa petite opinion, certains se demandent si le droit du travail n'est pas trop protecteur, s'il ne faudrait pas aller dans le sens d'un assouplissement du Code du travail ou encore se diriger vers un contrat unique. Ne serait-il pas pertinent de fusionner l'ANPE et l'Unedic ? Toutes les questions sont abordées, mais les idées restent au niveau d'analyses déjà connu. Il est nécessaire d'aller plus loin. Au fil du temps, les réunions tournent à la dispute. Certains commencent même à déserter. L'animateur en chef se rend assez vite compte que ces rendez-vous ne produisent pas la matière et les résultats escomptés. Le projet fait du surplace. François Fillon s'inquiète car il sent le projet au bord de l'échec...

Avec Emmanuelle Mignon, il réfléchit à une autre méthode susceptible de dégager des pistes concrètes et accomplir la mission qui leur a été confiée par Nicolas Sarkozy. Après des mois de mai et juin 2006 difficiles, ils décident de faire appel à un cabinet extérieur. L'américain Boston Consulting Group, spécialisé dans l'organisation de *brainstormings* dans le milieu des entreprises, est finalement retenu. Il intervient dès juillet 2006. C'est la première fois qu'un parti politique fait appel à ce genre de prestataire en pleine campagne.

Pendant 15 jours, sans discontinuer, « le groupe Fillon » travaille ainsi avec l'aide technique de ces consultants. Des remue-méninges intensifs s'engagent entre les participants. L'objectif est de déterminer quelle France chacun souhaiterait voir émerger dans les cinq ans à venir et, à partir de cette image, de proposer toutes les solutions et moyens d'y parvenir. Les idées les plus folles et les plus originales sont les bienvenues. Cette approche va à contresens de la méthode de travail proposée plus tôt et qui partait d'un diagnostic pour se projeter dans cinq ans. Le travail exigé n'est pas facile et les exercices demandent une implication de tous. Par exemple, le meneur de jeu projette des profils de Français, chaque sujet évolue dans un décor, son milieu social transparaît. Au regard de cette photo, autour de la table, le jeu consiste à imaginer ce que souhaite cette personne, quels sont ses désirs mais aussi ses angoisses. Les profils vont du jeune au plus âgé et sont issus de tous les milieux sociaux. La société de conseil apporte son expertise : elle aide le groupe à apprendre à se parler, à avancer, à respecter son calendrier, mais pas question d'intervenir sur le fond. Là, c'est l'affaire de Fillon qui coordonne le groupe. Emmanuelle Mignon, de son côté, se consacre à la synthèse des conventions et des propositions émanant des ateliers. Igor Mitrofanoff a beaucoup apprécié cette démarche inédite dans la politique française : « *Ces exercices nous ont permis de nous dépasser, de sortir des clichés, des idées habituelles que nous avions, de pousser un peu plus loin notre réflexion. Dans la foulée de cet exercice, nous avions beaucoup de propositions qui s'ajoutaient également aux centaines de propositions issues de toutes les conventions.* » Deux cents propositions, plus ou moins raisonnables, émergent de ces séances, véritables creusets d'un esprit d'équipe. On retient au final 30 propositions qui constituent la colonne vertébrale du projet de l'UMP.

En septembre 2006, le rythme s'accélère encore. Les réunions deviennent quotidiennes. François Fillon et Emmanuelle Mignon font le point entre eux une ou deux fois par semaine. Tous les 15 jours, un rapport est soumis à Nicolas Sarkozy en réunion. Au cours de ce mois, Emmanuelle Mignon a appris à travailler avec François Fillon : « *C'était un vrai plaisir de travailler avec lui parce que c'est quelqu'un qui est agréable dans la vie quotidienne. Il est très zen, toujours très courtois. Il sait faire confiance et sait trancher. Sur des problèmes et des sujets très lourds dans lesquels il faut une autorité politique, François Fillon a toujours été efficace.* » Ou bien : « *Il m'a énormément étonnée aussi, moi qui suis moins patiente que lui, dans sa façon de gérer les individus. Quand il sentait qu'il y avait du blocage dans une réunion, il le notait puis revoyait les intéressés en tête à tête.* » Quelqu'un d'autre a été impressionné par la qualité de son travail lors de ces séances de travail. Nicolas Sarkozy. « *François Fillon s'est ancré dans un rôle de grande ampleur à partir de ce moment-là* » a observé Emmanuelle Mignon.

Débordement sur l'aile gauche

Sur la route de la présidentielle, Nicolas Sarkozy et François Fillon s'influencent mutuellement. François, par exemple, met fortement l'accent sur la prépondérance d'un couple franco-allemand au sein de l'Union européenne, ce que Nicolas n'avait pas si présent à l'esprit. Influence indéniable de François Fillon, de la même façon sur la place privilégiée à accorder aux valeurs et à la démocratie sociales. C'est lui qui aurait soufflé l'idée au futur chef de l'État de recevoir les partenaires sociaux au plus tôt. « *Nicolas Sarkozy avait reçu* [les partenaires sociaux] *avant l'échéance électorale avec François Fillon, c'était une façon de montrer l'importance du dialogue social et du calendrier social* », précise Igor Mitrofanoff.

La rénovation des institutions, François Fillon y tient. Au tout début de leurs discussions, en amont de la campagne, c'est lui qui a convaincu Nicolas Sarkozy de l'évoquer. Le patron de l'UMP était persuadé qu'il fallait rénover les institutions mais que le sujet n'était pas très porteur. Le candidat n'a finalement pas été aussi audacieux que l'aurait souhaité son conseiller, mais le sujet a bel et bien figuré dans les thèmes de campagne, les rénovations institutionnelles figurent en bonne place dans le projet final de l'UMP. Sur le reste, les deux hommes sont en accord sur la plupart des autres points moyennant quelques ajustements. Sur l'enseignement supérieur et la recherche, François Fillon aura généré beaucoup d'idées, rejoignant assez largement Nicolas Sarkozy sur la question. Emmanuelle Mignon confirme que François Fillon a pu influencer Nicolas Sarkozy sur « *l'éducation, la réforme de l'enseignement supérieur – des points sur lesquels il était très ferme –, mais aussi sur les retraites et la réforme des régimes spéciaux* ». Un de leurs principaux points de désaccord restera finalement le service civique obligatoire. Sarkozy est pour, Fillon contre.

En septembre 2006, François Fillon fait une annonce inattendue sur les régimes spéciaux de retraites sans avoir pris soin de consulter Nicolas Sarkozy, alors à New York. Le Premier ministre putatif déclare dans *Le Parisien* que si Nicolas Sarkozy est élu à la présidence de la République, les régimes spéciaux de retraite dont bénéficient les salariés de la SNCF, de la RATP, d'EDF, de GDF, de La Poste, de la Banque de France et même les parlementaires, seraient « *réformés dès le début de la législature* ». Ces propos soulèvent un tollé. Nicolas Sarkozy, pourtant, approuve. Un sondage va montrer que les Français approuvent cette réforme des régimes spéciaux. Emmanuelle Mignon rapporte cette réaction du patron de l'UMP : « *Nicolas Sarkozy me disait : "vous voyez Emmanuelle, ça veut dire qu'il ne faut pas être petit bras, il faut des propositions très fortes". Cet épisode a tourné à l'avantage de Fillon.* » Lequel affirme : « *Il y a des sujets comme ça sur lesquels je veux montrer que je ne transige pas avec la vérité. Nicolas Sarkozy en a finalement profité.* » Le blog de François Fillon bruisse d'approbations de ses propos dans la presse sur les régimes spéciaux. Et pour cause : pendant la campagne, ce féru de nouvelles technologies, toujours prêt à utiliser les outils à sa disposition, a créé son propre blog sur lequel il lance ses réflexions. Il répond lui-même, quelle que soit l'heure, à ses correspondants.

Pendant la pré-campagne, Nicolas Sarkozy et François Fillon apprennent donc à se connaître, à s'apprécier, à se respecter. Ils évoquent souvent la stratégie qu'ils adopteront bientôt ensemble, les premiers projets de loi à mettre en œuvre en cas d'élection du président de l'UMP et le rythme des réformes. L'ensemble des projets et des mesures de gouvernement sont définitivement mis en place au cours des trois derniers mois qui précèdent l'ouverture officielle de la campagne. Le mot « Premier ministre » a-t-il été lâché entre eux ? Nicolas Sarkozy lui en a déjà parlé en souriant,

« *toujours en souriant* » assure un proche de Fillon. Xavier Bertrand, à l'époque porte-parole de Nicolas Sarkozy, se souvient de la grande sérénité de François Fillon, même lorsqu'il courait toutes sortes de rumeurs sur les autres « matignonnables ».

Mais il y a des actes qui n'ont trompé personne. Ainsi la place occupée par François Fillon lors des meetings de Nicolas Sarkozy. Ou encore l'emplacement de son bureau au QG de campagne rue d'Enghien, à Paris, qui fait face à celui de Nicolas Sarkozy, au troisième étage, entre celui de Claude Guéant et de David Martinon, deux des plus proches collaborateurs de Sarkozy. Comme si cette disposition géographique annonçait les futures responsabilités d'un Fillon à Matignon. Qui a choisi l'emplacement de son bureau ? La rumeur prétend qu'il s'agit de Cécilia Sarkozy. L'intéressé sait seulement que Claude Guéant lui a dit : « *Voilà le bureau que Nicolas Sarkozy vous a réservé.* »

François Fillon s'y installe à partir de la mi-janvier 2007, dès le coup d'envoi de la campagne. Il est le seul de tous les proches collaborateurs politiques à demeurer en permanence au QG et à ne pas partager son bureau. Il est le seul sans titre dans l'organigramme officiel de campagne. Sa fonction est d'incarner la politique de Sarkozy, d'être alternativement le bras droit et le bras gauche du chef. Claude Guéant est le directeur de campagne, David Martinon est nommé chef de cabinet. En voisin de bureau de Fillon à cette époque, il a tout le loisir de mesurer la stature de l'homme. Pour lui, il n'y a jamais eu le moindre doute sur les capacités du conseiller d'accéder à une fonction élevée : « *Il était vraiment très au-dessus du lot. Il était le meilleur. À mon avis, il n'y pas eu de discussion sur l'idée qu'il n'y avait que lui qui pouvait accéder au poste de chef de gouvernement. Ses qualités ?*

Plus intelligent, plus calme, avec une autre dimension, très expérimenté, malgré son jeune âge. » Les visites ne vont pas tarder à se succéder dans son bureau. Les « ministrables » se croisent avec le secret espoir d'appartenir à son futur gouvernement. François Fillon sert café sur café. Rarement il n'a été autant sollicité. Cette ronde l'amuse, mais il garde les pieds sur terre.

Le prochain Premier ministre ? Des voix s'élèvent pour suggérer que François Fillon pourrait bien finir par se laisser piéger par Nicolas Sarkozy. « *On le fait travailler pour rien, il va se faire mener en bateau à la fin ! On connaît Sarko !* » colportent des membres de l'équipe de campagne. À leurs yeux, François Fillon, l'homme si calme et si lisse, ne fait pas l'affaire. Ces collaborateurs ne semblent pas percevoir davantage le lien entre les deux hommes qui ne cesse de se consolider. Au mois de mars 2007, dans l'avion qui l'emmène aux Antilles, Nicolas Sarkozy gratifie François Fillon de « *plus que parfait* ».

À Matignon

Le 6 mai 2007, Nicolas Sarkozy est élu président de la République française, avec 53,06 % des suffrages, contre 46,94 % pour Ségolène Royal, la candidate socialiste. Cette élection se situe dans la moyenne haute des scores de la droite en France. Le taux de participation, 84,77 %, est parmi les records pour une présidentielle. Les résultats traduisent une adhésion au programme mais aussi à la personnalité de Nicolas Sarkozy. Tous les médias commentent la victoire de celui qui est parti du bas de l'échelle et qui, à force de volonté, de travail, d'acharnement, et au prix de quelques infidélités, est parvenu à ses fins. Depuis 25 ans au moins, il rêvait de ce poste. En 1993, François Mitterrand lui avait confié qu'il lui avait fallu 30 ans pour entrer à l'Elysée. L'équipe de l'UMP est soulagée. Tous ceux qui ont travaillé d'arrache-pied pendant des jours et des nuits, des semaines et des mois, quelques années même pour certains, jubilent.

Les réactions affluent du monde entier. Le jour de sa victoire, Nicolas Sarkozy s'entretient avec Tony Blair. Le chef du gouvernement britannique lui téléphone pour le féliciter de son élection. Au cours de la conversation, Nicolas Sarkozy glisse : « *Et si vous disiez quelques mots au futur Premier ministre de la France ?* » en lui passant François Fillon. Voilà qui annonce la couleur. Nicolas Sarkozy n'a pas changé d'avis, il envisage de nommer François Fillon à la tête de son gouvernement. Le *Financial Times* commente cet éventuel choix comme une volonté de désigner un « *modéré* » pour conduire les réformes sociales, celui qui, selon le quotidien, serait pour la gauche, le « *moins détesté* » de l'équipe Sarkozy.

Au soir de la victoire, autre signe qui ne trompe pas, le nouveau président français dîne au Fouquet's, à Paris. À ce dîner, peu de politiques, mais François Fillon est là, comme Claude Guéant, David Martinon et Rachida Dati. David Martinon profite de l'ivresse de la victoire pour taquiner François Fillon. « *Je voudrais faire quelque chose que je ne pourrai plus jamais faire après.* » François Fillon sourit. David Martinon poursuit : « *J'ai envie d'embrasser François Fillon.* » Martinon, très proche de Nicolas Sarkozy, sait que François Fillon est l'appelé, l'élu désigné par le chef de l'État pour diriger le gouvernement. Un peu plus tard, Nicolas Sarkozy et son épouse Cécilia se retrouvent sur la place de la Concorde devant 30 000 personnes venues célébrer la victoire. Artistes et musiciens fêtent le sacre de l'homme qui a conquis le pouvoir. Au milieu des cris de joie, des « *On a gagné, on a gagné* », Nicolas Sarkozy lance :

« *Je ne vous décevrai pas.* » François Fillon est toujours de la partie, au milieu de la famille Sarkozy, sur la scène. Depuis quand le président lui a-t-il promis le poste de Premier ministre ? François Fillon ne se souvient pas ou ne veut plus se souvenir de la date précise, mais il avoue que c'était dès le début de l'année 2006, plus d'un an avant le premier tour.

Il se souvient en revanche avoir répondu à Nicolas Sarkozy de ne pas se lier les mains aussi tôt dans la campagne. Pour lui, le choix du Premier ministre appartient au président mais dépend aussi des circonstances politiques. Un an avant, la donne est encore trop floue. Pendant toute la campagne, François Fillon avait entendu Nicolas Sarkozy répéter inlassablement qu'il serait son Premier ministre lui qui n'avait jamais voulu tenir cette promesse pour acquise voyait ce soir du 6 mai l'accomplissement des engagements de Nicolas Sarkozy tout juste couronné.

Après quelques jours de repos passés à Malte, Nicolas Sarkozy rentre en France. Il constitue officiellement l'équipe qui va l'entourer au Palais de l'Élysée. Le 16 mai, Claude Guéant est nommé Secrétaire général, Emmanuelle Mignon directrice de son cabinet, le jeune David Martinon, 36 ans, est nommé porte-parole de l'Élysée. D'autre part François Pérol, Jean-David Lévitte, Henri Guaino et Raymond Soubie sont également nommés. Le lendemain matin, à 8 heures 25, François Fillon, qui semble déjà désigné comme Premier ministre, arrive à l'Élysée. Une heure plus tard, il quitte le Palais sans faire la moindre déclaration. À 9 heures 50, le communiqué tombe : « *Le Président de la République a nommé François Fillon Premier ministre et l'a chargé de former un nouveau gouvernement.* » François Fillon est âgé de 53 ans. Il est le 19e Premier ministre de la Ve République.

Dans la presse, se multiplient les portraits de François Fillon, « *l'homme de l'ombre* », se multiplient. Ce gaulliste social est devenu le bras droit de Nicolas Sarkozy. À droite, on applaudit ce choix. Bernard Accoyer, président du groupe UMP à l'Assemblée nationale : « *François Fillon est un homme de dialogue et de convictions, il a une longue expérience gouvernementale, il a conduit de grandes réformes et a la capacité de mener à bien la modernisation du pays.* » Patrick Ollier, président de l'Assemblée nationale, se dit satisfait de cette nomination avant même le communiqué officiel. Il insiste sur l'importance d'un climat de confiance entre les deux têtes de l'exécutif. Luc Chatel, porte parole de l'UMP, y va de ses louanges : « *C'est un Premier ministre avec une personnalité de grand talent, un homme de rassemblement et de réforme* ». Au PS, François Hollande crie à l'imposture : « *François Fillon est tout sauf un homme neuf.* » Le socialiste Benoît Hamon déclare que « *François Fillon est là pour achever le travail : mise en cause du droit du travail, du droit de grève, du service public.* » Marc Blondel, ancien secrétaire général de Force Ouvrière, affirme : « *avec François Fillon, ça va être du gaullisme et du blairisme. C'est un homme qui abandonne la notion d'État* ». À Sablé-sur-Sarthe, on exulte. François Fillon n'oublie pas les siens et leur réservera un moment privilégié. Le maire du Mans, le socialiste Jean-Claude Boulard, qui a travaillé avec François Fillon sur les dossiers locaux, dit avoir « *attaqué sa politique, mais jamais l'homme* » et salue la nomination de François Fillon. Selon un premier sondage CSA-Cisco pour *Le Parisien-Aujourd'hui en France,* 54 % des Français se disent satisfaits de la nomination de François Fillon à Matignon.

Alors que se prépare la passation de pouvoir entre François Fillon et son prédécesseur Dominique de Villepin, Nicolas Sarkozy, intronisé la veille à son poste, consulte déjà les syndicats à l'Élysée. Geste fort. À Matignon, on déroule le tapis rouge, le personnel est rassemblé dans la cour de l'hôtel de la rue de Varenne. À 10 heures 58, tout le monde attend l'arrivée de François Fillon. À 11heures précises, accompagné de son épouse Pénélope et de Jean-Paul Faugère, son futur directeur de cabinet, il arrive à pied. À l'époque, le couple Fillon habite à 200 mètres. Pénélope, discrète et réservée, que la France découvre en fait pour la première fois, ressent une inquiétude à son arrivée : *« Lorsque j'ai vu le tapis rouge et tous les gens qui étaient là, je n'avais qu'une seule envie, faire demi-tour. J'ai eu l'impression qu'on mettait un couvercle sur la tête de François ! »* Deux ans plus tôt, François Fillon vivait son éviction du gouvernement par Dominique de Villepin en direct sur LCI. Cette fois, sa passation de pouvoir est retransmise en direct sur toutes les chaînes. Douce revanche ? Dominique et Marie-Laure de Villepin attendent sur les marches du perron. Le moment est intense pour François Fillon lorsqu'il serre la main de Dominique de Villepin. Pendant ce temps, les commentaires affluent dans les médias pour dresser le portrait du nouvel arrivant et retracer son parcours, méconnu malgré sa longue expérience. Un journaliste dira : *« Ce n'est pas un mou, c'est un réformateur. »* Un confrère commentera *« c'est un moteur à combustion lente face à un Sarkozy moteur à explosion. »* À quoi peut penser François Fillon dans un tel moment. À la revanche ? À la victoire ? À l'avenir ? *« Je ne dis pas que quelque part, au fond, je n'aie pas eu un petit plaisir,* confie aujourd'hui François Fillon, *mais la vérité c'est que dès qu'on est nommé, on ne pense plus qu'à une seule chose : le sentiment de responsabilité. Est-ce que je vais être capable de l'assumer ? Voilà ce qui a occupé la totalité de mes pensées au moment de la passation de pouvoir.* »

Après les poignées de mains et les embrassades de circonstance avec leurs épouses, les deux couples restent dans les bureaux de Matignon 30 minutes pour la passation de pouvoir. On attend, à la sortie, le discours de Dominique de Villepin. Lui qui aurait rêvé de briguer l'Élysée, lui qui avait tout fait pour barrer la route à Nicolas Sarkozy, lui qui avait évincé François Fillon en arrivant à Matignon, vit à son tour une cruelle défaite. Il laisse sa place à celui qu'il avait si froidement remercié. Mais ce jour-là, dignité oblige, la rancœur semble effacée de part et d'autre. Les deux hommes prennent place devant les micros installés à l'extérieur, aux marches du palais. Dominique de Villepin s'exprime le premier comme le veut le protocole : « *Je voudrais souhaiter bonne chance à François Fillon, lui dire mon espoir et ma confiance. Il a tous les atouts pour réussir au service de notre pays.* » Avec le sourire, Dominique de Villepin poursuit : « *Je ne connais pas de plus grand honneur, de plus grand bonheur que de servir la France. Je voudrais exprimer ma fierté et ma reconnaissance à tous les Français et je voudrais dire à tous ceux qui m'ont accompagné et qui me font la gentillesse d'être présents ce matin, même un jour férié, je voudrais leur dire merci.* » Dominique de Villepin termine « *Merci François et bonne chance* ». Une longue salve d'applaudissements fait écho à ces paroles d'adieu. Le personnel de Matignon remercie chaleureusement l'ancien Premier ministre avec lequel il a travaillé pendant deux ans.

François Fillon sort un papier de sa poche et s'adresse à l'assistance. L'émotion est perceptible sur son visage et dans ses gestes : « *Mon cher Dominique, à l'instant où le président me confie la direction du gouvernement de la France, je veux vous exprimer la gratitude de la Nation. Pendant plus de deux ans vous avez dirigé le gouvernement de notre pays avec un style, une passion et un engagement qui ont marqué les Français [...] Les élections présidentielles ont amené nos concitoyens à mener une politique nouvelle. C'est mon devoir, c'est mon mandat : je respecterai tous les engagements que nous avons pris.* » Il défend l'ouverture qu'a souhaité Nicolas Sarkozy dans son futur gouvernement, affiche sa volonté de servir la France, en quatre points : en défendant son identité, en agissant pour l'intérêt général, en invitant les concitoyens à donner à leur pays, enfin en assurant à la France une place éminente dans ce nouveau siècle. Le Premier ministre termine ainsi son discours : « *Je suis sûr, mon cher Dominique, que là où vous serez, le service du pays vous animera toujours.* » Pénélope voit encore cette image de l'ancien Premier ministre qui s'en va : « *À ce moment, je me suis dit que c'est dur la politique. Il y a toujours une fin.* »

François Fillon avait souffert de son limogeage sans explication du gouvernement de Villepin deux ans plus tôt mais a-t-il pris le soin d'appeler les anciens ministres qui n'étaient pas reconduits ? Certes les circonstances ne sont pas du tout les mêmes, il y a un changement de président. Mais François Fillon a tenu à appeler certains ministres. Pas tous. « *J'ai appelé ceux qui ne s'étaient pas comportés de manière trop désagréable à mon égard au moment de mon départ.* » Ainsi, s'inquiète-t-il de l'avenir de Renaud Donnedieu de Vabres ou de Gilles de Robien.

Le couple Fillon s'installe à Matignon sans qu'il soit question, pour Pénélope, d'y prendre goût. Elle se prépare à « *camper* », dit-elle. Le couple y emménage avec trois de ses cinq enfants, les plus jeunes : Antoine, 21 ans, Édouard, 17 ans et Arnaud, 5 ans et demi. Les deux aînés, Marie, 25 ans et Charles, 23 ans, sont indépendants. Marie s'est mariée quelques mois plus tôt, au cours de l'été 2006. Les parents de François Fillon vivent comme un vrai bonheur cette accession au pouvoir de leur fils. « *Nous avons reçu 620 lettres auxquelles nous avons répondu, des lettres de félicitations, et nous rencontrons beaucoup de personnes qui nous disent qu'ils ont voté pour le tandem Sarko-Fillon* ». Michel Fillon a gardé le mail de félicitations qu'il lui a envoyé : « *Il faut que tu sois très fier, tu as pris une part prépondérante à la victoire de Nicolas Sarkozy.* » Anne et Michel sont emportés dans le tourbillon des médias et répondent aux questions des journalistes sur leur fils. Ils sont aussi souvent déçus, blessés même, des inexactitudes qu'ils peuvent lire dans les journaux. Michel Fillon aurait toujours dit à son entourage qu'il ne voyait pas son fils devenir un jour Premier ministre « *parce qu'il est trop en retrait. Et parce que je ne le souhaitais pas vraiment non plus, je crois* ». Il sait que les bons moments ne durent pas et que la vie de Premier ministre se résume souvent à des difficultés en cascade. « *Moi, j'appréhende beaucoup, vous savez. J'appréhende beaucoup les moments difficiles.* » Leur fils lui non plus n'est pas dupe. Il ne se voile pas la face. Il lit les articles, les journaux, les revues qui applaudissent son arrivée à Matignon, qui vantent ses mérites, et lâche avec un sourire sceptique : « *J'en profite aujourd'hui car je sais que ça ne va pas durer.* »

Nicolas Sarkozy et François Fillon sont maintenant installés. Le duo de quinquagénaires à la tête de l'État donne un vrai coup de jeune à la France. Jacques Chirac vient de quitter le pouvoir à l'âge de 74 ans. Les deux têtes de l'exécutif incarnent la « *rupture* ». Ils programment une course à pied, le jour même de l'installation de François Fillon. Nommé à 9 heures 50, installé à Matignon à 11 heures 45, François Fillon arrive au Palais de l'Elysée à 12 heures 45 en short et en chaussures de sports. Grande première, il accompagne le nouveau chef de l'État au Bois de Boulogne, aux portes de Paris, pour se défouler au pas de course pendant une heure. C'est un style nouveau et décontracté qui vient de faire son entrée à l'Élysée et à Matignon. Même si ce n'est pas la première fois qu'ils sont photographiés en train de faire du sport ensemble, quelques heures après la nomination du Premier ministre à Matignon, l'image marque les esprits.

Après le temps du sport, vient celui de la composition du gouvernement. En 2005, François Fillon s'était rendu au 10, Downing Street, à Londres, en Angleterre, pour visiter le cabinet de Tony Blair. Il découvre un système beaucoup plus simple qu'en France, plus informel. Il note également une véritable parité hommes-femmes. Nicolas Sarkozy et François Fillon se sont préparés depuis longtemps à la formation du gouvernement dans le plus grand secret. Ils avaient déjà tracé quelques perspectives. Depuis longtemps, ils voulaient être prêts, il n'était pas question de nommer des ministres par surprise, d'improviser des choix, et encore moins de ne pas préparer la mise en place de leur programme. François Fillon et Nicolas Sarkozy se sont donc rapidement mis d'accord sur le gouvernement. Le Premier ministre a poussé les nominations de Roselyne Bachelot au ministère de la Santé et des Sports, de Laurent Wauquiez, secrétaire d'État auprès du Premier ministre, porte-parole du gouvernement, de Roger Karoutchi, secrétaire d'État auprès du Premier ministre, chargé des Relations avec le Parlement. Il était favorable à la nomination de Rachida Dati au ministère de la Justice, ainsi qu'à celle de Rama Yade, secrétaire d'État aux Droits de l'homme, deux nominations en forme de témoignage d'ouverture vers les femmes et les Français d'origine étrangère. C'est en 2002, alors qu'il est ministre des Affaires sociales que François Fillon croise Rama Yade, administrateur au Sénat pour la première fois. Elle souhaite faire de la politique et lui fait part de ses interrogations. 48 heures plus tard, il lui fait parvenir la biographie de Raphaël Élizé, premier maire noir de France, élu à Sablé en 1929, avec cette dédicace : *« comme quoi c'est possible »*. *« C'est à partir de là que j'ai commencé à y croire »*, confie Rama Yade. Les secrétaires d'État n'ont été nommés qu'après les législatives. Le gouvernement Fillon comporte peu d'énarques, à l'exeption de Valérie Pécresse et d'Alain Juppé, lequel quitte très vite ses fonctions après son échec aux législatives du 17 juin. Le gouvernement tranche par son ouverture politique, souhaitée par Nicolas Sarkozy et approuvée par François Fillon, comme en témoigne l'arrivée du socialiste Bernard Kouchner au quai d'Orsay, du centriste Hervé Morin au ministère de la Défense ou encore du socialiste Éric Besson secrétaire d'État à la Prospective économique. Cinq ministres dont quatre femmes n'ont jamais occupé de fonction ministérielle auparavant. Cinq sortants sont reconduits, mais à d'autres postes. C'est une équipe resserrée où la parité est respectée puisque sur les quinze ministres on compte huit hommes et sept femmes. Après les législatives, au total, onze femmes figurent dans le gouvernement Fillon.

François Fillon défend bec et ongle l'ouverture : « *C'est un des coups de maître de Nicolas Sarkozy au début de ce quinquennat. J'ai d'ailleurs moi aussi toujours pratiqué l'ouverture à Sablé-sur-Sarthe, en constituant des listes d'ouverture à chaque élection municipale. J'ai aussi distribué les postes clés d'adjoints à des gens venant de tous les horizons, notamment de la gauche. C'est d'ailleurs comme ça que j'ai toujours eu 70 % des voix à Sablé. Il nous faut continuer encore l'ouverture.* » La gauche ne manque pas de critiquer ce qui semble être une tactique. « *C'est lamentable* », « *c'est une façon d'affaiblir la gauche* » entend-on au PS. « *Les acteurs du film Sarkozy sont des traîtres* » pour le socialiste Claude Bartolone. Pour Jean Marc Ayrault, président du groupe PS à l'Assemblée, « *C'est un gouvernement qui s'inscrit dans la continuité de Jacques Chirac.* » Jean-Marie Le Pen, président du Front National, parle de gouvernement « *macédoine* ». Ceux à quoi répond François Fillon : « *Quand c'était la gauche qui voulait ouvrir, c'était bien, et maintenant que nous le faisons ce n'est plusbien ! La vérité, c'est que les socialistes n'aiment l'ouverture que lorsqu'elle est autour d'eux* ». À droite, tous saluent officiellement cette main tendue même si certains proches de Sarkozy sont déçus de ne pas avoir été récompensés pour leur fidélité. François Fillon installe son gouvernent dans un climat étrange, entre euphorie et méfiance. Un sondage vient conforter sa position dès le lendemain : 69 % des personnes interrogées se déclarent satisfaites du gouvernement contre 30 % tandis que 1 % ne se prononcent pas, selon un sondage *OpinionWay* pour

Le Journal Du Dimanche. Au palmarès des principales qualités du gouvernement Fillon, arrivent en tête le dynamisme, la jeunesse et la compétence. Les sondés estiment que le gouvernement représente fidèlement les différentes sensibilités du pays. Sur TF1, le jour de la formation de son gouvernement, François Fillon déclare avoir « *le sentiment d'être en mesure de mettre en œuvre un changement radical de la vie politique française* ».

Il accorde sa première intervention radio à Europe 1 où il définit ses objectifs et ses priorités. Le service minimum sera bouclé à l'automne, la loi sur l'autonomie des universités sera votée dès juillet, « *peut-être la plus importante de la législature* ». Sur ses rapports avec Nicolas Sarkozy, qui passionnent les médias, il déclare : « *Je pense qu'on va faire avec Nicolas Sarkozy une équipe comme on n'en n'aura jamais vue.* »

François Fillon réserve son premier déplacement à un centre d'accueil pour femmes isolées, le foyer Églantine dans le XIIe arrondissement de Paris. Le gouvernement a décidé de faire de la lutte contre la violence envers les femmes et les enfants l'une de ses grandes priorités. Après l'annonce de la composition du gouvernement, vendredi 18 mai, François Fillon est déjà sur le terrain. Il joue sans tarder la carte sociale.

Installation à Matignon

Voilà François Fillon au volant d'une « *formule 1* » aime-t-il dire, « *Il faut la conduire au maximum de ses capacités pour qu'elle soit au premier rang de la compétition internationale, en même temps il faut ménager sa mécanique et ne pas sortir de la route* ». Pour avancer, il s'appuie sur sa garde rapprochée, une équipe dont la majorité des membres l'accompagne depuis longtemps. Il aime travailler avec son groupe de fidèles collaborateurs.

Le cercle très rapproché se compose de Jean-Paul Faugère, Sylvie Fourmont, Igor Mitrofanoff, Pierre David et Jean de Boishue. Jean-Paul Faugère, quant à lui, occupe les fonctions de directeur de cabinet. En l'absence de François Fillon, il peut décider en son nom. Il organise ses rencontres et ses déplacements. Jean-Paul Faugère, 51 ans, est diplômé de l'École polytechnique et de l'Éna. Il a rencontré François Fillon lorsqu'il était préfet en Vendée, en 2001. À peine nommé préfet, il fait le tour des personnalités politiques du département et de la région. Il cherche donc à rencontrer François Fillon, président de la Région des Pays de la Loire, qu'il ne connaît pas. Il devra attendre un mois avant d'obtenir un rendez-vous qui se traduit par un déjeuner. Jean-Paul Faugère apprécie. Dans l'hôtel de région à l'architecture très moderne, François Fillon et Jean-Paul Faugère déjeunent au pas de charge, en 3/4 d'heure. Comme souvent, François Fillon parle peu. Il écoute. Il laisse s'exprimer son interlocuteur en posant de temps à autre quelques questions. Il s'attendait peut-être à ce que son invité évoque la Vendée mais Jean-Paul Faugère lui parle des institutions du pays, des questions d'ordre national plus que local et ne lui cache pas ses désaccords avec certaines positions que lui, Fillon, avait prises au sein du RPR. Autant de critiques qui ne le choquent pas. Le repas se termine. Jean-Paul Faugère a trouvé François Fillon assez froid. Il comprendra bien plus tard qu'il ne s'agit pas chez lui d'une marque d'indifférence mais de sa façon d'être à l'écoute. Ils ne se reverront pas tant que Jean-Paul Faugère restera préfet de Vendée. Mais un jour du mois de mai 2002, juste après la présidentielle, Jean-Paul Faugère reçoit un surprenant appel de François Fillon. Le nouveau ministre lui déclare : « *Je voudrais que vous veniez au ministère des Affaires sociales comme directeur de cabinet.* » Jean-Paul Faugère n'en croit pas ses oreilles. Il répond : « *Vous savez, je n'ai pas de compétences particulières dans le domaine des affaires sociales.* » François Fillon luit dit : « *Ça m'est égal.* »

En réalité, ce déjeuner en apparence banal et sans relief avait convaincu François Fillon qu'il pouvait s'entendre avec Faugère. Une anecdote qui nous ramène au François Fillon enfant, lorsqu'il réagissait après un long moment de réflexion. Les deux hommes ne vont plus se quitter. Entre 2005 et 2007, quand Fillon quitte le gouvernement, Jean-Paul Faugère retourne à la préfectorale, pour revenir ensuite au cabinet de François Fillon Premier ministre en mai 2007. Le directeur de cabinet est réputé pour avoir particulièrement planché sur le dossier des retraites. Ils sont tous deux pères de cinq enfants. Jean-Paul Faugère possède un esprit fin, pragmatique, très compétent en matière de droit, et en outre, fait preuve d'une redoutable capacité de travail. Il avoue cependant : « *Je ne faisais pas partie du cercle historique.* » Il a dû apprendre à se faire accepter par la garde rapprochée des fidèles de la première heure.

Sylvie Fourmont est la secrétaire particulière et conseillère de François Fillon, la plus ancienne de ses collaborateurs. C'est la seule femme du premier cercle. Elle a travaillé avec lui à la mairie de Sablé, et l'a accompagné dans tous ses ministères. Sylvie Fourmont a également été chargée de mission à l'antenne régionale des Pays de Loire, à Paris. Ils se sont rencontrés à 23 ans alors que la jeune Sylvie était la secrétaire de Joël Le Theule.

« J'ai connu François Fillon quand il était assistant parlementaire de Joël Le Theule en 1976. Moi, je débutais au secrétariat du député de la Sarthe. » Sylvie est la « *mémoire* » et la gardienne du temps de François Fillon, elle gère son agenda et règle chaque détail de ses rendez-vous en fonction de leur importance. Leur relation est très confiante mais elle l'a toujours vouvoyé. « *Il sait nous faire confiance, il s'intéresse à la vie de ses proches collaborateurs, c'est quelqu'un de sensible, d'attachant et de fidèle tant envers ses amis que ses collaborateurs.* » Les proches de François Fillon semblent à son image : discrets et calmes face aux événements. « *C'est une équipe soudée autour de lui, qui s'est engagée avant tout par amitié* », dit-elle de sa voix à la fois grave et douce. Dans son bureau, voisinnent des dessins du dernier fils de François Fillon, des photos de Roger Karoutchi, Claude Guéant et Rachida Dati pendant la campagne présidentielle, et des photos plus personnelles dont celle d'Alain Delon ou encore de son chien, Only. Mais la première image qui saute aux yeux dans son bureau, c'est cet article de presse agrandi et affiché : *François Fillon plaît aux Français.*

François Fillon est apprécié par tous ses proches pour sa grande fidélité. Il aime travailler avec une équipe stable. « *Il est connu pour avoir remercié un seul collaborateur, un assistant parlementaire qui ne répondait pas aux courriers qu'il recevait des électeurs* » raconte Anne Fillon, sa mère

Parmi les autres « historiques », on rencontre Pierre David, ancien directeur de cabinet de Joël Le Theule. Il a rencontré François Fillon il y a 30 ans. François Fillon avait environ 23 ans, Pierre David, 38 ans. Ils ne travaillaient plus directement ensemble depuis le décès de Joël Le Theule, mais restaient en contact. Pierre David, en poste à la direction générale de l'Aérospatiale, lui fut parfois de bon conseil sur certains dossiers. Par exemple, quand François Fillon est nommé président de la commission de Défense à l'Assemblée nationale. « *Nous avons toujours eu une relation continue mais pas intime pour autant* » dit-il. Il est aujourd'hui chargé de mission auprès du Premier ministre. Grand, toujours souriant, Pierre David se veut plus que discret.

Autre collaborateur incontournable, Igor Mitrofanoff. À 44 ans, il compte parmi les plus anciens collaborateurs de François Fillon. Les deux hommes se sont connus en 1989 alors que Mitrofanoff préparait un DEA de relations internationales et de défense à la Sorbonne. Aujourd'hui, il fait partie des conseillers les plus écoutés du Premier ministre. Il est entré dans le clan comme assistant parlementaire de François Fillon en 1991, alors député de la Sarthe. Il reste son attaché parlementaire lors des premiers postes ministériels de François Fillon puis devient chef-adjoint de cabinet au ministère de la Poste, des Télécommunications et de l'Espace, avant de devenir conseiller auprès du président de la Région des Pays de la Loire. Il est désormais celui qui écrit la plupart des discours du chef du gouvernement, celui qui a rédigé une bonne partie du projet fondateur de l'UMP en 2002. François Fillon et Igor Mitrofannoff partagent une complicité autour de l'écriture. À partir des messages que le Premier ministre veut faire passer, il élabore un plan, travaille le texte et le soumet à François Fillon qui, en général, y apporte la touche finale.

Au-delà de ce premier cercle de fidèles, d'autres proches montent la gard, tel Jean de Boishue. Cet élu de l'Essonne a suivi la plupart des aventures de François Fillon, au Cercle en 1982, avec les rénovateurs dans les années 1990 ou avec l'association France.9. Il a été secrétaire d'État chargé de l'Enseignement supérieur, chef-adjoint du cabinet d'Olivier Guichard au ministère de l'Éducation nationale, puis au ministère de l'Aménagement du territoire, du Logement et du Tourisme, secrétaire national du RPR, en charge de la culture. Il est aujourd'hui chargé de mission auprès du Premier ministre.

Dans le deuxième cercle, d'autres collaborateurs, comme Daniel-George Courtois, 51 ans. Diplômé de HEC, conseiller maître à la Cour des comptes, il est chargé de mission auprès de François Fillon qu'il a rencontré lorsqu'il était sous-préfet de la Sarthe, à Mamers, de 1991 à 1993. Il partage entre autres avec lui une passion pour les nouvelles technologies. Il y a aussi l'équipe originaire de la Sarthe : Pierre Touchard, celui qui lui a succédé à la mairie de Sablé, Pierre Molager qui l'a rejoint comme conseiller technique Culture et Communication à Matignon, Thierry Berthé qui s'occupait des affaires sarthoises à la ville de Sablé puis a travaillé au ministère de l'Éducation nationale, ou bien Jean-Marie Tissot, l'ancien maire de Solesmes, avec lequel il garde un lien très fort. Tissot est celui qui l'a épaulé lors de sa première campagne électorale. Simplicité et discrétion sont les mots d'ordre de l'équipe Fillon.

Retour aux sources

À peine 48 heures après sa nomination, le premier déplacement de Fillon sera bien sûr réservé à la ville qui l'a vu naître en politique et à ceux qui l'ont vu grandir. Plusieurs centaines de Saboliens se bousculent pour se rassembler à la mairie. Ils veulent rendre hommage à *« l'enfant du pays. »* À cette occasion, François Fillon révèle une part de sensibilité en général bien maîtrisée que l'on pouvait deviner à quelques détails. Pour la première fois en public, il est ému aux larmes. Devant la foule attroupée pour lui rendre hommage, il lance : *« Je suis submergé par une émotion extrêmement forte qui se voit, j'imagine, et qui est liée à cet accueil chaleureux dans cette ville. »* Il a passé 18 ans dans le fauteuil du maire et transformé Sablé. *« Je dois tout aux habitants de Sablé qui m'ont choisi pour la première fois quand j'avais 26 ans [...] Il fallait être audacieux pour confier de telles responsabilités à quelqu'un qui faisait peu sérieux et aussi jeune. »* Aussitôt repris dans les médias nationaux, ces moments d'émotion touchent le grand public. Mais personne mieux que les Saboliens, ne pouvait ressentir l'importance de ce déplacement, le poids de ces mots et l'émotion du Premier ministre. Personne d'autre ne connaissait mieux son parcours, ses victoires et ses échecs. Tous ses mandats, toutes les élections, ont défilé comme un film sous leurs yeux, depuis les débuts de celui qui a succédé à Joël Le Theule. *« Je ne vous quitte pas, je ne vous abandonne pas, je ne vous trahis pas. Sablé reste pour moi l'essentiel »*, déclare François Fillon aux élus réunis dans la salle du conseil municipal, et à ses parents, Anne et Michel, venus l'encourager. *« Il ne prendra jamais la grosse tête, on le connaît »*, lance un habitant. *« Bravo pour ton parcours, Fillon ! »* ajoute une femme enthousiasmée par sa venue. Un militant socialiste se manifeste : *« Non je n'ai jamais voté pour lui à l'époque, mais je n'ai jamais été contre lui. Et puis maintenant qu'il est le Premier ministre, nous sommes tous fiers !* » « *J'ai pu le toucher, je l'ai salué !* » crie un jeune adolescent. « *Je lui ai serré la main !* » Un homme arrête François Fillon pour lui rappeler des souvenirs. Le Premier ministre sourit, pas sûr d'être en phase avec son interlocuteur. « *Moi, je crois qu'il est là pour longtemps* » entend-on au détour d'une conversation entre des Saboliens restés en retrait. « *On le connait depuis trente ans, personne n'aura sa peau* » acquiesce un autre. C'est l'euphorie des grands moments. Les habitants vivent comme un honneur et une récompense l'arrivée de François Fillon à la tête du gouvernement français, sûrs que, là aussi, il accomplira sa mission avec la même réussite qu'à Sablé pendant près de vingt ans.

Le 19 mai, toujours dans la Sarthe, François Fillon aura un geste fort qui donne son sens à toute sa carrière. Il rend hommage à Joël Le Theule, son père en politique. Il se rend au cimetière, dépose une gerbe sur la tombe de l'ancien ministre. Seul, il se recueille. Seul, sans doute évoque-t-il en son for intérieur les 31 années écoulées depuis qu'il avait commencé à travailler avec lui comme assistant parlementaire à mi-temps. Celui qui a senti tout de suite la trempe d'un homme politique en devenir dans les yeux de cet apprenti journaliste âgé de 23 ans aurait été fier du parcours accompli. Ce moment d'émotion ne manque ni d'intensité ni de portée symbolique pour ceux qui savent que chaque année, au mois de décembre, François Fillon vient ici se recueillir sur cette tombe, le jour anniversaire du décès de Joël Le Theule. « *Il est à l'origine de ma carrière politique, il m'a légué le goût du consensus, et une manière de faire de la politique qui cherche à éviter les conflits les plus brutaux* » confie François Fillon.

Il est également venu annoncer à Sablé qu'il est candidat aux législatives du mois de juin, et que, s'il n'est pas élu, il quittera son poste au gouvernement. Sa nomination coïncide en effet avec le coup d'envoi des législatives. Une règle a été énoncée : tous les membres du gouvernement qui ne seront pas élus devront quitter leurs fonctions. Après sa visite à Sablé, il se rend devant des militants réunis à Brûlon, toujours dans la Sarthe. L'ovation est longue. L'émotion affleure. *« Chacun doit s'engager pour ces législatives et moi le premier »* lance François Fillon. Il en profite pour adresser une pique à son prédécesseur, Dominique de Villepin, qui n'a jamais été élu : *« Je veux que le Premier ministre soit confronté au suffrage universel, que mon gouvernement aille devant le peuple pour lui demander sa confiance. »* Il ajoute que cette bataille législative ne doit pas être sous-estimée, qu'il serait dangereux de relâcher l'effort. Rien n'est gagné. Il faut encore voter les 10 et 17 juin. C'est l'occasion pour son adversaire dans la Sarthe, le socialiste Stéphane le Foll, bras droit de François Hollande, d'ironiser : *« Il dit qu'il vient chercher la légitimité du suffrage universel, mais quand c'est facile ! Quand il est Premier ministre ! Quand Sarkozy gagne ! Mais quand il est viré du gouvernement ou quand il perd les régionales, il était où le courage du suffrage universel ? Non, il fuit les électeurs et devient sénateur. »*

La victoire aux élections législatives, c'est le premier objectif du gouvernement Fillon. Nicolas Sarkozy, lui aussi, s'engage pleinement dans la campagne à la surprise générale. La victoire sera au rendez-vous pour François Fillon, élu dès le 1er tour, le 10 juin, avec 53,4 % des voix dans la 4e circonscription de la Sarthe. Il retrouve enfin cette « légitimité électorale » du suffrage universel qui lui est chère. L'attitude et les propos de François Fillon durant cette campagne étonnent. Lors de son déplacement à Nice où il vient soutenir Christian Estrosi, il ironise sur le style présidentiel de Jacques Chirac, celui qui ne s'exprimait « *que le 14 juillet* ». François Fillon se sent libre de dire ouvertement ce qu'il pense de l'ancienne droite et de la gauche. Tous ceux qui le connaissent personnellement s'interrogent sur la violence soudaine des diatribes qu'il lance surtout à l'encontre de la gauche. « *Ce n'était pas lui, je ne sais pas du tout pourquoi il a été aussi virulent* », s'étonne Michel Legendre. Même tonalité du côté de sa famille. Pourquoi cette agressivité envers la gauche ? « *Du parti de la Rose, ne reste que les épines, les luttes de clans, les règlements de compte et les couteaux tirés. Pour prétendre rassembler le pays, encore faut-il savoir rassembler son parti !* » s'écriait-il en pleine campagne. « *Je suis rude avec la gauche, parce que je suis exigeant et respectueux vis-à-vis de mes concurrents démocratiques.* » Il parlera aussi de « *cette gauche aux grandes âmes sèches qui pratique la justice sociale comme on offre un caramel mou du bout des doigts à la sortie de la kermesse dominicale* ». Pour François Fillon, ses propos ont un seul objectif, réveiller la gauche, lui dire que la droite a besoin d'elle pour débattre. À l'en croire, il s'agirait de « vacheries » presque « *affectueuses* ». François Fillon s'en prend par exemple aux « *pitreries* » de François Hollande. « *Il est pathétique* » déclare-t-il sur Europe 1. « *Je l'ai entendu faire ce matin son numéro de comique* » ajoute le Premier ministre en réponse aux attaques de François Hollande. Le premier secrétaire du PS demandait : « *Est-ce que l'hôtel Matignon et le Palais de l'Élysée sont devenus des sièges de campagne de l'UMP ?* » Si François Fillon emploie ces mots ce jour-là et assimile les gestes de François Hollande à des « *pitreries* », c'est tout de même parce que le premier secrétaire du PS l'exaspère. « *Je me souviens de monsieur Hollande quand il participait à une émission de télé. Il s'agitait dans tous les sens avec sa bouille ronde, se moquait du gouvernement et des sarkozistes. Des pitreries, je ne sais pas comment appeler ça autrement.* »

Au plan national, au deuxième tour, une partie des électeurs de droite se démobilisent. Le réveil de la gauche a atténué la « vague bleue » annoncée après le 10 juin. Le taux d'abstention de 40 % est aussi pour quelque chose dans ce coup de frein. Au final, l'UMP décroche 320 sièges, la gauche 204 (socialistes, radicaux et citoyens). Les propos tenus par Jean-Louis Borloo et François Fillon sur la TVA sociale sont-ils la cause de ce retour de bâton ? Pour certains parlementaires UMP, ça ne fait aucun doute. Le 12 juin, François Fillon a expliqué clairement sa volonté d' « *ouvrir avec les partenaires sociaux le chantier de la TVA sociale* ». Sur France 2, il parle même d'une hausse de cinq points de la TVA en 2009 pour financer la protection sociale. Nicolas Sarkozy a dû monter au créneau *via* un communiqué, trois jours avant le second tour de scrutin, pour affirmer que des décisions seront prises « *à la fin de l'été* ». Cherchant à rassurer, le chef de l'État précise qu'il n'acceptera « *aucune augmentation de la TVA dans sa forme actuelle* ». Le résultat mitigé du second tour a nui à l'autorité de François Fillon rendu en partie responsable du ressac de l'UMP pour ses déclarations sur la hausse de la TVA. À peine installé, Nicolas Sarkozy montre qu'il réagit au quart de tour aux propos de son Premier ministre. Est-ce un désaveu pour François Fillon ? Est-ce un jeu entre les deux têtes de l'exécutif ?

Chacun se pose la question mais une chose est sûre, c'est que les relations entre les deux hommes méritent d'être suivies de près puisque le Premier ministre devra trouver sa place derrière un président présent sur tous les fronts et dans tous les dossiers

Privé de Lanterne

– « *Qu'est-ce que ça fait d'être Premier ministre ?*

– Je savais que c'était une charge difficile, mais j'ai eu le temps de m'y préparer. Pendant deux ans, j'ai été coordinateur du projet. Et j'avais réfléchi pendant des années au mauvais fonctionnement de notre système institutionnel et politique. Je suis, avec le président, dans une relation de totale confiance. Je déroule la feuille de route. Je sais que nous serons confrontés à des difficultés, mais je sais que nous les affronterons ensemble. » François Fillon s'exprime dans un entretien accordé au *Parisien,* peu de temps après sa nomination.

Est-il déjà conscient qu'il va devoir réinventer sa fonction ? Sera-t-il auxiliaire de Nicolas Sarkozy, animateur du gouvernement ? Son rôle sera-t-il celui d'un coordinateur, d'une marionnette, d'un vice-président à l'américaine, d'un superdirecteur de cabinet ou bien d'un simple « collaborateur » ? Tous ces termes reviennent sans cesse dans la bouche des uns et des autres lorsqu'on évoque le rôle du nouveau chef de gouvernement. Le Premier ministre doit donc redéfinir sa fonction, fixer ses limites, et empêcher certains de venir empiéter sur ses prérogatives. Pour la première fois dans l'histoire de la Ve République, le président est omniprésent, hyperactif et le revendique. « *Ça ne changera pas, je ne sais pas faire autrement* » déclare Nicolas Sarkozy. Depuis vingt ans, François Fillon n'a cessé de prôner la présidentialisation du régime, maintenant il va devoir la vivre. En 2000, lors du passage au quinquennat présidentiel, il avait accordé une interview dans laquelle il défendait la conception d'un Premier ministre beaucoup plus effacé. « *Il faudra tôt ou tard supprimer cette fonction* » affirmait-il.

Dans l'ombre de l'hyper-président

Premier geste symbolique de Nicolas Sarkozy, il s'accapare la Lanterne, la résidence dévolue au Premier ministre dans les Yvelines. Ce lieu de villégiature des Premiers ministres, une enclave dans le parc du château de Versailles, est un bel ancien pavillon de chasse doté d'un parc, d'une piscine et d'un court de tennis. Jean-Pierre Raffarin dira à François Fillon qu'il a laissé filé le meilleur de son job. Le nouveau Premier ministre feint de ne pas s'en offusquer : « *Ça ne m'a pas énervé car il m'a dit qu'il prendrait la Lanterne bien des mois avant. Et puis,* aux dires de François Fillon, *Rambouillet c'est pas mal..* ». En effet, avant même d'être élu, Nicolas Sarkozy avait décidé de s'approprier cette résidence.

Après les législatives, arrive pour François Fillon le temps de l'action. Le 21 juin, il se rend à Bruxelles, au sommet du Parti populaire européen. Il rencontre José-Manuel Barroso, président de la Commission européenne, Hans-Gert Poettering, président du Parlement européen et Jean-Claude Juncker, président de l'Eurogroupe. Ce déplacement du Premier ministre passe relativement inaperçu. Le lendemain, il convie les femmes du gouvernement à déjeuner. Il reçoit également Pierre Gadonneix, président d'EDF. Ses faits et gestes sont peu commentés. De son côté, le jour même de la passation de pouvoir avec son prédécesseur, le président de la République a déjà pris en main la politique européenne en se rendant à Berlin, aux côtés de la chancelière allemande Angela Merkel. Nicolas Sarkozy s'occupe personnellement des dossiers brûlants, comme la crise d'Airbus ou se charge du dossier des hôpitaux : « *Je vais m'engager très fortement pour répondre au malaise des hôpitaux. Le rôle d'un Président de la République, c'est d'aller là où ça ne va pas* » déclare-t-il le 22 mai devant le personnel soignant du centre hospitalier de Dunkerque. Quand le Président de la République laisse François Fillon inaugurer le salon de l'Aéronautique et de l'Espace au Bourget, un lundi, c'est pour mieux arriver en force un samedi, lorsque le public est présent, pour récolter les fruits de la « ferveur populaire ». Le chef de l'État est sur tous les fronts, il multiplie les consultations pour l'ouverture à gauche, assiste aux obsèques de l'acteur Jean-Claude Brialy. Le 20 juin, il est l'invité du journal télévisé le plus regardé d'Europe, le 20 heures de TF1, exceptionnellement présenté en direct de l'Élysée. Ce soir-là, le JT réunit près de 12 millions de téléspectateurs, soit 48,9 % de parts de marché. Nicolas Sarkozy monopolise le devant de la scène politique, économique, sociale, culturelle et médiatique. Il délimite les frontières de son territoire élargi. Première victime au sein de son gouvernement, Éric Woerth, ministre du Budget, qui, lors d'un meeting pour les législatives fin mai, est vertement rappelé à l'ordre par Nicolas Sarkozy pour avoir affirmé que la déduction fiscale des intérêts d'emprunt immobilier ne concernerait que les ventes actées depuis le 6 mai. Le chef de l'Etat n'a même pas laissé le soin à son Premier ministre de faire acte d'autorité. Henri Guaino, conseiller et « plume » du président, répond, lors d'une émission sur LCP, la chaîne parlementaire, pour préciser que les déductions s'appliqueront à tous les crédits en cours, *« dès les revenus de 2007 ».*

Pour autant, Nicolas Sarkozy ne laisse pas tomber son Premier ministre. Il s'applique à citer François Fillon une bonne douzaine de fois dans le discours qu'il prononce le 20 juin devant les parlementaires UMP. Ces éloges appuyés sont destinés à colmater les brèches ouvertes par la pression de son écrasante présence. Le président déclare : *« Je veux dire à François ma confiance mon amitié et ma fierté de la façon dont il a su conduire la composition de ses deux gouvernements successifs »*. Il sait pourtant que les gouvernements d'avant et d'après les législatives sont fortement marqués de son empreinte. Cette petite mécanique se reproduit à plusieurs reprises. Le chef de l'État ou ses collaborateurs empiètent sur les prérogatives du Premier ministre, lequel s'en inquiète, puis Nicolas Sarkozy arrondit les angles en témoignant de sa *« confiance »* au Premier ministre. Cette volonté d'apaisement anime Patrick Devedjian, secrétaire général délégué de l'UMP, et David Martinon, porte-parole de l'Élysée, qui tiennent à confirmer que le duo « *fonctionne à merveille* ». Si ces paroles sont, bien entendu, destinées à atténuer les inquiétudes de l'opinion et des médias sur cette quasi-absence du Premier ministre derrière un président tout terrain, elles ne suffisent pas à convaincre pleinement. « *À quoi sert Fillon ?* » se demande *Libération*. Le journal dresse un parallèle entre Sarkozy-Fillon et Giscard-Chirac en 1974, tout en soulignant « *qu'en 1976, l'histoire s'était mal terminée* ». Laurent Wauquiez, porte-parole du gouvernement, préfère le parallèle avec le couple de Gaulle-Pompidou de 1962 à 1968, « *Il ne venait à l'idée de personne de dire que Pompidou était un personnage transparent.* » Laurent Wauquiez explique que le rôle du Premier ministre est de « *mettre en musique les partitions* » écrites par le président de la République. « *Plus le président est actif, plus le Premier ministre a de travail* » déclare-t-il sur LCI. De son côté, François Fillon explique : « *Nous avons changé d'époque, ce ne sera plus jamais comme avant. La manière dont fonctionnait le couple président-Premier ministre n'était pas conforme à l'esprit des institutions. Avant, il y avait une répartition des rôles hypocrite.* » Le locataire de Matignon affirme de la sorte que son amour propre ne souffre pas de cette situation. Certes, mais comment parvient-il à suivre le président ? Lors d'un chat sur Internet, il répond par une image sportive : « *S'il s'agit d'un jogging, je ne suis pas le président, je cours au moins à son niveau* ».

La marge de manœuvre du Premier ministre rétrécit. Les ministres sont eux aussi souvent dépossédés de leurs dossiers et parfois même contredits. Pour ne pas être réduit au silence, pour ne pas tomber dans la morosité qui guette les membres du gouvernement, il faut créer sa place avec des mots. « Courage Fillon ! » a-t-on envie de lancer au Premier Ministre. « Courage Fillon », ce surnom qui lui avait été prêté par ses adversaires il y a quelques années parce qu'ils le trouvaient fuyant, passant d'un mentor à un autre. L'intéressé en a fait sa devise. Fin juin, lors de son déplacement à Berlin, avec Angela Merkel, François Fillon fait enfin parler de lui lorsqu'il définit sa relation avec Nicolas Sarkozy : *« Nous sommes interchangeables »* sur les sujets de politique étrangère. Ces propos surprennent. La politique étrangère ne serait-elle plus la chasse gardée du chef de l'État ? *« Nous parlerons d'une même voix »* précise le Premier ministre.

Discours de politique générale

Le calme de Matignon tranche avec l'ébullition permanente de l'Élysée. Le discours de politique générale donne l'occasion à François Fillon de prouver qu'il existe et de faire taire tous ceux qui lui reprochent un silence jugé préjudiciable. L'entourage du Premier ministre laisse entendre qu'il montera en puissance à partir de ce discours et lors de la rentrée parlementaire. François Fillon manifesterait même alors une certaine impatience à entrer dans l'hémicycle pour mettre un terme à son absence médiatique. La veille de son discours, la presse unanime fait monter la tension d'un cran, à coups de titres comme *« Qui gouverne ? », « Où est le Premier ministre ? », « Le chef de gouvernement a-t-il encore un rôle à jouer ? ». Le Nouvel Observateur ira jusqu'à titrer « Un fantôme à Matignon ». Libération* ajoute, un brin moqueur : *« Fillon a même le droit de parler »*. Son grand oral périlleux, il doit le prononcer le 3 juillet. La veille, il ne cache pas sa surprise lorsqu'il découvre une interview de Claude Guéant, publiée par *La Tribune,* dans laquelle le secrétaire général de l'Élysée dévoile par avance des pans entiers de la déclaration que François Fillon s'apprête à faire. Si, quelques jours plus tôt, Nicolas Sarkozy a déjà sur TF1 donné un vrai discours de politique générale, François Fillon doit maintenant faire face aux collaborateurs de l'Élysée qui s'expriment de plus en plus dans les médias, *a priori* à la demande de Nicolas Sarkozy. François Fillon déclare qu'il *« y a sûrement encore quelques réglages à faire avec des collaborateurs du président qui parlent trop ».* Jusqu'alors, il était exceptionnel d'entendre les collaborateurs de l'Élysée dans les médias. Henri Guaino est aussi visé, tout comme David Martinon qui répond *« c'est à Fillon de trouver sa place, pas à moi de me taire ».* Selon *Le Canard enchaîné*, lorsque David Martinon est interrogé sur le discours de politique générale de François Fillon, il déclare *« Nicolas Sarkozy et François Fillon ont préparé ensemble le projet présidentiel. Le Premier ministre n'aura pas à faire preuve de beaucoup d'imagination pour son discours. »* A cela, François Fillon aurait répliqué *« Quel petit con ce Martinon ! »* selon l'hebdomadaire satirique. David Martinon regrettera ensuite que ces propos aient été seulement partiellement repris. Il s'explique : *« Le discours de politique générale est toujours difficile avec des présidents qui veulent gouverner. Ça a été le cas avec Debré en 1958 derrière de Gaulle, il n'avait pas plus d'espace que Fillon. Idem pour Pompidou. Ils ont préparé ensemble le programme présidentiel et le début de ma phrase a été supprimé, ce qui a un petit peu agacé François Fillon, je comprends. Pourtant, moi, je l'aime bien, j'aime beaucoup ce type-là. C'est un modèle de droiture, d'intelligence, d'honnêteté.* » François Fillon s'est longuement préparé à ce grand oral, au point de s'isoler dans la résidence présidentielle du château de Rambouillet pour peaufiner son texte, comme Giscard le faisait parfois, en ce lieu même où de Gaulle avait donné l'ordre au général Leclerc en août 1944, de marcher sur Paris. Le travail est d'autant plus difficile que Nicolas Sarkozy a déjà pratiquement tout dit. Il faut arriver à se démarquer tout en gardant la même ligne puisque les deux têtes de l'exécutif parlent d'une même voix. François Fillon fait appel à l'académicien Max Gallo, au journaliste Alexandre Adler et à l'économiste Nicolas Baverez pour l'aider dans sa réflexion, par exemple sur l'identité de la France.

François Fillon descend dans l'arène le 3 juillet. Tous les regards sont rivés sur lui. Pénélope, son épouse, est assise dans la tribune des invités. Lorsqu'il entre dans la salle, de la gauche monte un brouhaha. Selon son entourage, Fillon entend quelques propos « *très désagréables* » lancés par certains parlementaires pour le déstabiliser. Mais le Premier ministre se sent chez lui au Parlement et il se lance dans un discours de 67 minutes. Fidèle aux orientations de Nicolas Sarkozy, il manifeste sa volonté d'engager la modernisation des institutions, se pose en réformateur tous azimuts, en garant de la rupture sarkozyenne, à l'avant-garde d'une France en mouvement. Selon Igor Mitrofanoff, François Fillon a prononcé un discours original dans sa construction par rapport à ce qu'aurait fait Nicolas Sarkozy. « *Il n'a pas commencé par l'économie mais a préféré dire aux parlementaires que la France ne va pas bien, que le pays souffre de ses institutions et de ses blocages, que les Français sont créatifs et imaginatifs.* » Pour exploiter cette énergie, le Premier ministre a défini trois grands outils qu'il faut impérativement réformer : la démocratie politique, sujet cher à François Fillon, la démocratie sociale et la créativité intellectuelle, par le biais de l'Université et de la Recherche. François Fillon compte agir sur ces trois leviers qui permettront à la France d'être fidèle à sa tradition. « *Il fallait faire sobre et montrer que sur le plan intellectuel François Fillon était exigeant,* ajoute Igor Mitrofanoff. *Nous avons échangé les idées par mail. Il a vécu cet exercice avec son flegme habituel malgré la pression. Après avoir terminé, il s'est senti soulagé et enfin prêt à travailler.* » Avant même la fin de l'exercice, les députés de la majorité se lèvent pour applaudir le Premier ministre. À la suite de ce discours, l'Assemblée nationale vote sa confiance au gouvernement de François Fillon par 321 voix contre 224.

Certains observateurs ont apprécié l'intervention conforme à la ligne du chef de l'État, d'autres regrettent son manque de relief. On a compté que le Premier ministre emploie trente fois le mot « *je* » et cinquante-trois fois le mot « *nous* », une façon de souligner qu'il n'a pas l'intention de sortir de la voie tracée par Nicolas Sarkozy ni de se mettre en avant. « *Il n'y a pas eu de surprise* » regrette un député UMP. « *Ce serait justement surprenant qu'il y ait une surprise* » lui répond un collègue du même bord. À gauche, les critiques fusent pour souligner « *la pâle copie* » du discours de Nicolas Sarkozy et pour railler celui qui ne sait pas se démarquer. Mais quelques voix à gauche se font entendre comme celle de Manuel Valls qui applaudit François Fillon : « *Je suis évidemment en désaccord sur la politique économique, budgétaire et fiscale du gouvernement, mais cela n'empêche pas de considérer que le Premier ministre a fait une intervention plutôt de qualité, à la hauteur des attentes du pays.* » L'Élysée félicitera le Premier ministre. Nicolas Sarkozy dira : « *C'est un discours bien reçu par la majorité et par la presse.* » Le 6 juillet, un sondage *Opinion Way* pour *Le Figaro* montre que « *le style François Fillon plaît aux Français* », 72 % des sondés considèrent c'est un bon choix de Premier ministre.

La technique du couac

Le premier test passé, les qualificatifs reviennent vite pour définir le Premier ministre invisible. « *François Fillon est sur le point d'être mis en examen pour emploi fictif s'il ne fait pas rapidement quelque chose* » s'amuse-t-on dans l'émission de Thierry Ardisson sur Canal+.

Pourtant, il commence à se faire entendre sur plusieurs dossiers. Lorsque, le 17 juillet à la télévision, il lui est demandé si le service minimum pourrait être étendu à d'autres domaines après les transports, comme par exemple, l'Éducation nationale, il répond : « *Écoutez, si cela marche, je ne vois pas pourquoi on ne l'étendrait pas à d'autres domaines.* » Il reprend en fait l'une des propositions de campagne du candidat Nicolas Sarkozy. Les parents d'élèves et l'opinion publique applaudissent. Mais les syndicats d'enseignants ne décolèrent pas. Ils sont déjà prêts à en découdre et le font vivement savoir. Dès le lendemain, différents membres du gouvernement tentent d'atténuer les propos du Premier ministre. Ce projet « *n'est pas à l'ordre d'un jour* », déclare Éric Woerth, ministre du Budget, « *on n'en est pas encore là du tout* ». Xavier Bertrand, ministre du Travail ou encore Xavier

Darcos, ministre de l'Éducation, tentent à leur tour de calmer le jeu. Finalement, l'Élysée monte au créneau : *« Pour l'heure, il n'y a qu'un projet, celui concernant la continuité dans les transports terrestres de voyageurs actuellement en discussion au Sénat. Il n'y a aucun autre projet en cours d'élaboration. »* François Fillon est accusé d'avoir provoqué un couac par manque de concertation. L'Élysée a recadré. Les socialistes en profitent pour demander que cessent les cafouillages au sommet de l'État. L'un d'entre eux va jusqu'à affirmer *« François Fillon a voulu se faire remarquer, pas très surprenant de sa part. »* Luc Ferry, ancien ministre de l'Éducation nationale, voit les choses autrement : *« François Fillon, c'est quelqu'un qui, sur le plan politique a un vrai talent, assez étonnant d'ailleurs parce que ce talent politique est lié à un souci de dire la vérité quant elle est difficile à dire. C'est assez rare dans ce monde politique, ce qui explique je crois qu'il se soit retrouvé au moins en sympathie intellectuelle avec Sarkozy »*

Selon Jean-Paul Faugère, Nicolas Sarkozy a toujours reconnu à Fillon une intelligence politique. Quand quelque chose ne va pas, quand il faut attaquer, François Fillon le sent. C'est un alpiniste, un pilote de course automobile. *« Il est vif, il aime aller très vite et prendre le virage au bon moment »* commente son directeur de cabinet.

François Fillon lui-même confie après coup qu'il n'était pas nécessaire de monter au créneau pour adoucir ses propos sur le service minimum. Il aime exposer franchement les choses et, fidèle à l'analyse qu'il livre dans *la France peut supporter la vérité*, il se dit que les Français sont capables d'entendre la vérité. Il pense que c'est un tort de cacher les choses, aux Français comme aux syndicats, surtout quand on recule verbalement pour ensuite passer à l'action. C'est d'ailleurs ce qui se passera plus tard avec les régimes spéciaux. Une sortie de François Fillon, une atténuation, et un passage à l'acte. Le tout en moins de quinze jours.

Régimes spéciaux

François Fillon Premier ministre obéit au président Nicolas Sarkozy. Lorsque le président le qualifie de « *collaborateur* » lors d'un déjeuner avec la presse quotidienne régionale le 21 août 2007, le Premier ministre fait savoir qu'il n'apprécie pas ce terme. « *Un collaborateur est appointé par un patron. Moi, je suis un homme politique, quelqu'un qui a des convictions et une légitimité, le suffrage universel* » réagit-il sur France Inter.

Claude Guéant, secrétaire général de l'Élysée, s'invite une fois encore dans les médias et devance d'une journée la « rentrée » de François Fillon : « *Le président autorise et même encourage ses collaborateurs les plus proches à s'exprimer.* » Claude Guéant au *Grand Jury RTL - Le Figaro - LCI* le 2 septembre, se définit comme « *le principal collaborateur* » de Nicolas Sarkozy. François Fillon ne veut plus paraître aussi lisse qu'on le dit, aussi effacé que la presse le décrit. Une fois de plus, il explique à Nicolas Sarkozy qu'il n'a pas suffisamment d'espace pour s'exprimer, écrasé par le trio Guéant, Guaino et Martinon. Il faut dire qu'un secrétaire général et un conseiller spécial de l'Élysée qui s'expriment publiquement dans les médias, qui plus est sur des sujets qui touchent à l'action gouvernementale, c'est du jamais vu.

La rentrée de septembre coïncide avec la volonté de François Fillon de sortir de sa réserve. C'est ainsi qu'il annonce sur

Canal+, sans la moindre concertation avec le chef de l'État, que « *la réforme des régimes spéciaux est prête* » et explique qu'il n'attend que le feu vert de l'Élysée. On est loin d'un dérapage. François Fillon a longuement préparé sa sortie avant de se rendre sur ce plateau de télévision. Le chef de gouvernement veut marquer son territoire, montrer que son gouvernement travaille, « *il faut quelquefois forcer le passage* » déclare-t-il. Agacé par les prises de paroles de l'entourage du président, il déclare aujourd'hui : « *C'est l'intérêt du match, j'essaie de montrer, au fond, qu'il n'y a qu'une seule chose qui m'intéresse, faire les réformes. Le reste, la popularité, peu importe. Si elle est au rendez-vous, tant mieux, mais mon objectif est de faire les réformes. L'espoir de sortir de la crise, il faut le concrétiser maintenant, et la seule façon, c'est d'aller jusqu'au bout des engagements, sans rien lâcher.* » Mais cette prise de position est loin de plaire à Nicolas Sarkozy. « *Il a voulu me forcer la main sur les retraites et je m'en souviendrai* » aurait déclaré le chef de l'État, 48 heures plus tard, lors d'un déplacement. Le 11 septembre, à Rennes, le président de la République prononce un discours devant des agriculteurs dans lequel il recadre son Premier ministre : « *Un peu de méthode ne nuit pas quand on cherche une solution à un problème.* » Le lendemain, les deux têtes de l'exécutif auront une franche explication avant le conseil des ministres.

Mais une semaine plus tard, le mardi 18 septembre, Nicolas Sarkozy choque lors de son discours sur sa stratégie de réformes sociales. Il ne cite pas François Fillon alors qu'il est nommément mentionné dans le discours écrit qu'il a sous les yeux. Il remplace son nom par « *le gouvernement* ». Lorsqu'il cite François

Fillon, c'est en tant qu'ancien ministre des Affaires sociales, qui avait mené la réforme des retraites sous le gouvernement Raffarin. Nicolas Sarkozy en revanche fait l'éloge de Xavier Bertrand, ministre du Travail qui sera chargé de conduire la réforme emblématique des régimes spéciaux de retraite. Le matin même, François Fillon avait reçu sur son bureau ce discours qu'il avait lu avec attention, s'inquiétant sans doute de ce que risquait de déclarer le chef de l'État à son sujet en cette période de turbulences. L'*« oubli »* de Nicolas Sarkozy est révélateur. Ce changement de mot suffit pour que tout le monde se pose des questions sur l'état de leurs relations quatre mois seulement après leur accession au pouvoir. Les deux caractères si différents sont-ils déjà arrivés au terme de leur collaboration ? La presse guettait depuis longtemps déjà le moindre signe de tension entre les deux hommes. La situation est scrutée par tous les journalistes et les parlementaires. François Fillon tente d'exercer pleinement sa fonction de Premier ministre, dans l'ombre du président, et marqué à la culotte par Claude Guéant. Ce dernier est désormais présenté dans la presse comme *« l'homme le plus puissant de France »* comme *« le vice-roi »*, voire *« le vice-président »*. Il jouit de la confiance du président et de l'estime de Cécilia Sarkozy.

Les deux hommes s'affrontent une nouvelle fois. La discussion est orageuse. *« Il est sanguin,* dit François Fillon, *mais je ne me laisse pas faire. »* Il ajoute : *« Je comprends qu'il puisse avoir été énervé parce que je l'avais un peu mis en demeure. »* Très vite, la pacification reprend le pas. Lors d'un entretien accordé à *Paris Match*, le Premier ministre confie qu'il a bel et bien été agacé par les propos de Nicolas Sarkozy, mais il ajoute qu' *« il arrive à chacun de commettre des imprécisions de vocabulaire. Cela m'arrive assez fréquemment. J'ai avec le président une relation plus que quotidienne. Ces incidents de parcours pour nous sont déjà lointains* ». S'agissant de Claude Guéant, Fillon estime que les proches de Nicolas Sarkozy « *s'expriment en son nom* ». Lui s'exprime au nom d'un gouvernement responsable devant le Parlement. De son côté, Nicolas Sarkozy multiplie les gestes d'apaisement. Il déclare publiquement qu'il travaille « *en accord* » avec son Premier ministre. Le 20 septembre, lors du journal télévisé en direct sur TF1 et France 2, on ne compte pas le nombre de fois où Nicolas Sarkozy cite son Premier ministre et lui renouvelle par là même toute sa confiance. « *François et moi, nous avons fait toute la campagne ensemble, s'il y a une personne qui connait le projet qui est le mien, c'est François Fillon car nous l'avons écrit ensemble [...] Il fait son travail de façon remarquable [...] François et moi nous travaillons main dans la main, nous sommes parfaitement interchangeables, c'est une équipe* ». Le mot « interchangeable » fait son retour, cette fois dans la bouche de Sarkozy. François Fillon a-t-il été jusqu'à mettre sa démission dans la balance pour obtenir cette rectification ? Son caractère autorise à envisager cette hypothèse. Leur relation se poursuit alors dans la confiance revenue, au point que même les phrases prononcées ensuite par le Premier ministre sur « *l'État faillite* » ne perturbent pas des relations à peine consolidées.

« *Je suis à la tête d'un État en situation de faillite sur le plan financier, je suis à la tête d'un État qui est depuis 15 ans en déficit chronique, je suis à la tête d'un État qui n'a jamais voté un budget équilibré depuis 25 ans* », assène François Fillon lors d'un déplacement en Corse le 21 septembre. La phrase choque et lance une nouvelle tempête. C'est une façon pour lui d'expliquer que la situation des finances publiques de la France n'est plus supportable. Ses mots interpellent, la France s'interroge. François Fillon est à la une de l'actualité, celle du *Journal du Dimanche*, invité dès le lundi matin sur RTL. Mais il trouvera une fois encore un collaborateur de l'Élysée pour venir le contredire : Henri Guaino refuse le mot « faillite » qu'il juge inadapté. François Fillon persiste et signe, c'est bien ce qu'il a voulu dire. Les deux hommes semblent s'éloigner aujourd'hui, malgrés leur précédent chemin commun avec Philippe Séguin.

En fait, à cette époque, il a laissé entendre à des conseillers qu'il est « *malheureux* » de ne plus se sentir en phase avec le président, pointant le rôle néfaste des collaborateurs de l'Élysée. En réalité, le gouvernement et son chef seraient victimes de cette impitoyable compétition entre Henri Guaino et Claude Guéant. Le premier aurait décidé de s'exprimer, et Nicolas Sarkozy, ne pourrait pas, semble-t-il, lui refuser cette possibilité. Du coup, le second renchérit. Mais c'est au Président de la République d'avoir le dernier mot dans cette rivalité. Apparemment, il ne veut pas trancher. « *C'est un problème interne à l'équipe du président, un problème qui m'échappe totalement* » soupire François Fillon.

Coincé entre le chef de l'État et ses collaborateurs, le chef du gouvernement ne manque pas de soutien chez les parlementaires UMP. Ils comprennent sa position difficile et applaudissent sa volonté de réforme. « *François Fillon est très apprécié des députés* » remarque Bernard Accoyer, président UMP à l'Assemblée nationale, au moment où le Premier ministre a besoin d'être épaulé. François Fillon donne l'impression de chercher à exister en créant la polémique, il tient à dire ce qu'il pense comme il le pense. « *Ce n'est pas en étant totalement lisse qu'on arrive à faire avancer les choses* » s'exclame-t-il. Susciter la controverse pour exister face à Nicolas Sarkozy, face à ses collaborateurs, est-ce une stratégie ? « *Exister ? Ce n'est pas mon problème,* répond-il, *je suis Premier ministre, j'existe ! Cette polémique de journaliste est ridicule, je suis Premier ministre, j'existe !* »

L'anti-Sarko

L'Élysée et Matignon. « *Les deux maisons sont interchangeables* » assure l'entourage de Nicolas Sarkozy. Il faut dire que le petit déjeuner hebdomadaire des dirigeants de la majorité se tient désormais régulièrement à l'Élysée, alors que cette réunion avait lieu traditionnellement à Matignon. Les codes volent en éclat avec Nicolas Sarkozy. « *Notre façon de gouverner et d'agir prend de court l'analyse conventionnelle* » a expliqué François Fillon devant le Conseil national de l'UMP. « *Tout cela dessine une évolution à laquelle la constitution ne peut pas rester imperméable* » a poursuivi le Premier ministre qui semble rejeter le *statu quo*.

Devant cette hyper-présidentialisation du régime, la majorité s'inquiète. Selon un parlementaire UMP, « *ce que l'on vit est brouillon, pathétique, incohérent, tous les ministres ont l'air malheureux, ils n'ont plus le sourire, ils ne réagissent plus, ils n'existent plus, ils ne savent plus où ils vont. À l'assemblée, on se demande jusqu'où ira Nicolas Sarkozy, et bien sûr jusqu'où ira son ouverture.* » Le député de l'Hérault, Jean-Pierre Grand, l'un des derniers « villepinistes », se pose une seule question : « *Est-ce que François Fillon sera celui qui va détricoter la Ve République au profit d'un régime présidentiel inspiré d'un modèle anglo-saxon ?* »

C'est peut-être à l'épreuve de ce nouveau couple exécutif qu'une nouvelle conception de nos institutions naîtra, au moins dans les mentalités des Français. Nicolas Sarkozy et François Fillon ont des personnalités plus que différentes. Sarko, c'est le feu, Fillon, l'eau, voire la glace. Dans la rupture tranquille de la campagne présidentielle, certains présentent Nicolas Sarkozy comme la rupture et François Fillon comme le tranquille. Le second est un homme de la campagne, enraciné dans la Sarthe, qui prend le temps d'écouter les autres interlocuteurs. L'autre est un homme de la ville, maire de Neuilly pendant des années, il aime les paillettes, les feux de la rampe et met en scène son côté homme pressé. Le Premier ministre reste discret dans ses amitiés, le président s'affiche avec des vedettes et des hommes d'affaires puissants et richissimes. François Fillon a des passions, comme la course automobile, l'alpinisme et sa famille. Sarkozy sacrifie tout à sa carrière car pour lui chacun de ses actes doit contribuer à l'accomplissement de ses objectifs politiques. L'un n'affiche pas ses ambitions, l'autre les étale. Mais les deux hommes se respectent et ont en commun une solide volonté d'avancer, une rage pour faire bouger leur pays. Ils regardent dans la même direction. Thierry Berthé, collaborateur de François Fillon, parle d'un « *mariage de raison* ». Et dans cette union, Michel Legendre, l'ami d'enfance du Premier ministre, fait remarquer que « *François avait dit non à Nicolas Sarkozy lorsqu'il voulait prendre la tête du RPR. En fait, Sarkozy ne l'a pas choisi mais c'est lui qui a choisi Sarkozy, au final* ».

Le tandem a travaillé plus de trois ans ensemble, avant la présidentielle. François Fillon avoue que surgissent quelquefois des divergences entre Nicolas Sarkozy et lui, des divergences d'analyse sur la manière de conduire le programme. Selon Igor Mitrofanoff, « *François Fillon est un rayon laser permettant de détecter tout de suite les capacités de l'autre, et Nicolas Sarkozy est un homme d'une franchise absolue, ce qui permet entre eux de mettre toutes les cartes sur la table* ». Et lorsque naissent des moments de tensions entre eux, François Fillon prend sa part de responsabilité.

Christine Kelly : « *On parle beaucoup de votre rôle au côté d'un président hyperactif. Comment le voyez-vous ?*

François Fillon : *J'essaie, peut-être pas toujours adroitement, de peser de tout mon poids pour que les réformes se fassent. Et je sais que je prends des risques en attaquant de mon côté.*

CK : *Quels risques ?*

FF : *Celui de provoquer un climat de tension.*

CK : *Pourquoi prenez-vous ce risque-là ? Au nom des réformes ?*

FF : *Je suis obsédé par l'idée que dans cinq ans on nous demandera des comptes, et je sais comment ça c'est passé dans le quinquennat précédent. Toutes ces réformes annoncées, qui n'ont même pas été faites à moitié.* »

François Fillon et Nicolas Sarkozy se cherchent et parfois se trouvent. Mais derrière les apparences, ce sont deux affectifs. Xavier Bertand, ministre du Travail, se souvient que durant la campagne présidentielle, François Fillon et Nicolas Sarkozy se parlaient régulièrement au téléphone, « *ils étaient très proches, et François Fillon a intégré depuis longtemps la personnalité de Nicolas Sarkozy* ». Leurs discussions orageuses leur permettent de repartir du bon pied jusqu'au prochain moment difficile. Mais « *chaque épreuve traversée renforce le tandem* » juge François Fillon. Le Premier ministre est justement en train de lire le livre de Michel Debré, *Entretiens avec le général de Gaulle,* chez Albin Michel. Une lecture édifiante : « *Vous y verrez exactement, mot à mot, la même problématique. Debré dit à un moment que le Général de Gaulle considère le Premier ministre comme un super directeur de cabinet qui ne doit s'occuper que de l'administration. Voilà, c'est un marronnier cette histoire-là !* »

CK : « *Êtes-vous prêt à démissionner si ça ne marche plus avec le président Sarkozy ?*

FF : *Ah oui bien sûr ! Je considère que dans la V*e *République, le Premier ministre ne peut pas s'opposer au président. S'il est en désaccord ou inversement, il n'a pas d'autre option que de démissionner. J'espère qu'il n'y aura rien qui nous amènera à cette solution.* »

Pour Emmanuelle Mignon, directrice de cabinet de Nicolas Sarkozy, « *François Fillon est aujourd'hui dans un rôle très compliqué, la situation institutionnelle est floue, et par ailleurs le président est très actif. Dans la V*e *République, c'est difficile d'être Premier ministre, mais le pire c'est d'être Premier* *ministre de Nicolas Sarkozy parce que c'est sans doute le président le plus interventionniste. »*

François Fillon, c'est un sourire dans le regard, une épaisse chevelure naturellement noire, une raie sur le coté gauche qui lui donne l'air d'un gendre idéal, d'un gentil garçon. Il s'est spécialisé à une époque dans un style vestimentaire anglais avec ses chemises rayées bleues et blanches et ses cravates rouges. Selon Georges Chétochine, spécialiste de l'analyse du comportement corporel, *« ses gestes sont dans ses yeux, on voit beaucoup de choses dans ses yeux, et aussi quand il penche la tête pour mieux écouter son interlocuteur. Il a une grande écoute. Il réfléchit beaucoup. Mais il est toujours en train de se contrôler. Ses gestes en témoignent. »* Peu de gens doivent vraiment savoir ce que pense François Fillon. Il a une vie profonde très intense. Il aime être le grand frère. Il donne l'impression d'être le gentil professeur, mais en réalité il est très sévère, très dur déjà avec lui-même. *« Si on nous disait que Sarkozy aime la tauromachie et la course automobile, on comprendrait. Mais si c'est Fillon, ça en dit long »* analyse Georges Chétochine. À travers ses hobbies, on devine qu'il cherche des émotions fortes pour mieux les contrôler. François Fillon semble cacher une nature passionnée sous les apparences d'un homme parfaitement serein.

Comme un vrai pilote automobile, il mesure le risque en permanence pour prendre le bon virage. Il à un regard d'aigle, un rayon laser comme disent ceux qui le connaissent bien. Il capte tout sans le dire. *« François Fillon est un homme patient qui avance ses coups tel un joueur d'échecs »* affirme Pierre Touchard, le maire de Sablé-sur-Sarthe. François Fillon sait attendre et planter une banderille au bon moment. Il dispute une invisible compétition contre lui-même. Sa façon d'aller vite, c'est d'agir au bon moment. À ce petit jeu, il a parfois échoué mais souvent gagné, sans faire de bruit. L'homme n'est pas seulement discret, il est secret.

Le socialiste Jean-Marc Ayrault, président du Groupe socialiste à l'Assemblée, avec qui il a souvent collaboré lorsque l'un était président de la région des Pays de la Loire et l'autre maire de Nantes, le décrit comme *« un homme toujours courtois, intelligent, travailleur avec qui le débat est profond et intéressant. Mais il y a chez lui une sorte de scepticisme qui le rend lucide sur les problèmes et qui en même temps l'empêche d'entraîner, de dynamiser. »* Jean-Marc Ayrault qui s'est toujours bien entendu avec François Fillon, mais qui combat sa politique : *« Fillon a également un parcours politique remarquable mais avec ce petit quelque chose d'inconstant. »* Tous les collaborateurs de François Fillon s'accordent à louer sa générosité, sa fidélité, son sens politique, son calme, sa tendance à ne pas aimer l'exposition médiatique et son obsession à faire passer l'intérêt général avant son intérêt personnel.

Daniel-Georges Courtois ajoute néanmoins qu'il faut savoir quand lui poser des questions et quand il faut se taire car il aime aller à l'essentiel et ne pas s'attarder sur les détails. Il est tout sauf effacé, tout sauf distant soulignent en chœur ses collaborateurs et ses amis. *« Lorsqu'il est chez lui et qu'il est à table en petit comité, il adore tenir le crachoir, raconter des histoires et imiter l'accent sarthois. C'est un homme qui aime beaucoup rire et faire des blagues »,* confie l'un de ses proches. Il lui arrive même d'être potache, comme le rapporte le secrétaire d'État Christian

Estrosi qui se souvient de ce jour où, en pleine séance à l'Assemblée nationale, François Fillon avait montré à ses voisins un dessin qu'il venait de recevoir par courrier électronique sur son ordinateur de poche. L'hilarité n'avait pas tardé et pour cause : il s'agissait d'une caricature représentant Jacques Chirac soulevant une table sans les mains grâce au Viagra qu'il venait de prendre. Des petits mots, François Fillon adore en faire passer pendant les réunions, et surtout en recevoir. Il en a beaucoup échangé avec Roselyne Bachelot qui le fait souvent rire aux éclats. Une amitié de longue date avec cette femme qui n'a, en apparence, rien en commun avec le caractère discret et réservé de François Fillon. Xavier Bertrand évoque une très longue séance à l'Assemblée nationale en 2003 sur les retraites, « *pendant que la gauche faisait traîner les débats, il gardait son calme olympien parce qu'en dessous du tiroir il était en train de lire un manuel sur la tauromachie* ». Xavier Bertrand confirme que le chef du gouvernement a du tempérament. « *Il donne une apparence de calme et de sérénité mais dans les questions au gouvernement, par exemple, c'est quelqu'un qui montre beaucoup de caractère. On l'a vu aussi pendant la campagne législative, quand il a quelque chose sur le cœur, il ne l'envoie pas dire.* »

Un proche approuve : « *Quand il n'est pas en confiance il est taiseux, mais certains le ressentent presque comme sournois. On ne sait pas quand il dit ce qu'il pense, il a un ton tellement conventionnel. Il y a même une espèce de glace qui s'installe dans la relation avec ses interlocuteurs lorsqu'il sent de l'hostilité.* » En résumé, il n'est pas effacé, il s'efface, ce qui est très différent.

Luc Ferry partage avec lui l'amour des voitures de courses. « *Il a beaucoup d'humour et il a des passions de petit garçon.*

On le voit bien dans l'œil qu'il y a quelque chose qui pétille chez lui, sous des airs assez secrets et sérieux. Il est extrêmement sympathique et c'est peu dire qu'il a oublié d'être bête. C'est un homme de compétences, de dossiers et qui est extrêmement rapide intellectuellement. Honnêtement c'est là qu'il est le plus impressionnant, ce n'est pas la peine de lui dire trois fois la même chose. Il va à une vitesse folle. »

Pour Roselyne Bachelot, François Fillon a la pudeur d'« *un anxieux perfectionniste* ». Il a l'obsession du sans-faute qu'il satisfait grâce à sa capacité élevée de concentration. Il se fixe des objectifs et se protège de possibles digressions. Son esprit est tourné vers la méthode et l'ordre. La ministre de la Santé et des Sports ajoute qu'il a « *souvent du mal à dire à quelqu'un qu'il l'aime* », donc il cache ses sentiments derrière une forme de dérision. Très à l'aise dans l'abstraction, François Fillon se retient souvent, bride ses pulsions afin de canaliser son énergie pour agir. En pleine négociation sur les retraites en 2003, Marc Blondel, leader de Force Ouvrière, aimait installer un long silence avec son partenaire pour le maîtriser et l'inciter à parler le premier, ce qui plaçait le syndicaliste en position de force. À ce petit jeu, François Fillon n'a jamais perdu. Dans toutes les situations, il garde son calme apparent. Rama Yade dit de lui : « *Il m'intimide plus que Sarko, il est en émotion rentrée* ». Lors de la course automobile du Mans Classic en 2004, lancé à 250km/h au volant d'une Ferrari 275 GTB de 1966, il a fait preuve d'un sang-froid inouï lorsque les freins ont lâché

En 2003, François Fillon a été plébiscité par le magazine *Elle* qui l'a classé parmi les hommes les plus sexy de l'année, entre l'acteur américain George Clooney et le comédien anglais Hugh

Grant. « *Il a le sens du contact et de la séduction. Il aime séduire avec son regard et son sourire. Il a une vraie popularité chez les femmes, qu'elles quelles soient et partout où il passe* » confie l'un de ses proches. Nicolas Sarkozy s'est amusé lors d'un déplacement avec François Fillon à lancer : « *Mais il n'arrête pas de me piquer toutes les femmes qui s'intéressent à moi !* » Ses airs, mesuré et sûr de lui, en font un grand séducteur, mais il reste dans la limite du respect de la famille qu'il a construit.

Le Premier ministre porte également une attention particulière aux membres de son gouvernement. Il discute souvent avec chacun d'eux, y compris par SMS, parfois pour encourager, parfois pour tancer. Christian Estrosi, secrétaire d'État à l'Outre-mer, témoigne des relations de François Fillon avec ses ministres . « *Il agit en vrai coach avec ses équipes. J'ai remarqué qu'il est très attentif aux nouveaux arrivants, à ceux qui font leur première expérience dans un ministère. D'une façon générale, il est très attentif aux ministres, très à l'écoute et disponible. Il prend très vite des décisions. On peut compter sur lui pour trancher. Lorsque je lui ai demandé des moyens pour les Antilles après le passage du cyclone Dean, il a été très réactif.* » Les deux hommes ont travaillé ensemble après la catastrophe. Le secrétaire d'État à l'Outre-mer s'est vite rendu en Guadeloupe et en Martinique, et François Fillon n'a pas hésité à retourner sur le terrain avec lui pour constater les dégâts et montrer sa solidarité à l'égard des victimes du cyclone. Comme lors de déplacements avec Nicolas Sarkozy, les deux hommes ont fait un footing matinal ensemble en Martinique, avant de survoler au pas de charge les zones affectées et d'aller à la rencontre des habitants.

Lorsqu'on le présente comme un homme effacé, ça l'agace : « *Ça m'énerve, je ne le montre pas mais ça m'énerve. Je ne suis absolument pas froid, au contraire, j'essaie de faire attention de ne pas me mettre en colère car je peux dire des choses que je pourrais regretter* ».

« *Sa faiblesse ? Il a du mal à être méchant quand il le faut. Il joue un rôle de composition, ce n'est pas sa nature, avance Thierry Berthé. Les choses désagréables, il les confie plutôt à quelqu'un d'autre.* »

François Fillon est un calculateur qui fait mine de ne pas calculer. Il ne donne pas le sentiment d'être dévoré par l'ambition. Il a toujours affirmé n'avoir jamais eu d'autre horizon que ses mandats en cours. Patrick Poivre d'Arvor dit de lui qu'« *il a un ego relativement moins développé que certains hommes politiques, et de bonnes intuitions. C'est un homme lucide, qui n'est jamais dans l'excès* ». Vestige de son éducation chez les bons pères jésuites, François Fillon ne révèle pas ses désirs facilement. Mieux, s'il les sent sur le point d'être dévoilés, alors il les enfouit. Pénélope Fillon ou Michel Legendre décrivent avec les mêmes mots l'homme politique François Fillon : « *Ce n'est pas un tueur, ce n'est pas un excité, c'est un type qui veut diriger, qui veut gouverner, qui veut, peut-être contrairement à d'autres hommes politiques, que ses idées passent et soient appliquées.* » Son adversaire socialiste Stéphane Le Foll lui, pense que François Fillon est simplement un opportuniste. Le meilleur mot pour le décrire. « *Ce n'est pas quelqu'un de facile, surtout dans la défaite, et quand il est dans la difficulté ce n'est pas quelqu'un d'une nature conciliante. Il est loin d'être ouvert contrairement à l'image qu'on veut donner de lui en général.* »

Assis dans le fauteuil instable de Matignon, il a été secoué dès son arrivée. Quatre mois après sa nomination, on parlait déjà de remaniement. François Fillon use de sa tactique habituelle, celle qui lui a réussi lors de ses arrivées au ministère des Affaires sociales en 2002, ou au ministère de l'Éducation nationale en 2004 : il prend son temps. Les critiques fusent, on le juge en retrait, on se moque de son absence dans les médias. Et, lorsqu'il a bien évalué depuis son poste d'observation, il sort du bois pour passer à l'action. Sauf que cette fois, son retrait est doublement mis en évidence par l'hyperactivité de Nicolas Sarkozy. Aussi a-t-il dû communiquer plus et plus vite, faire savoir ce qu'il fait, lui qui ne jure que par le travail.

Lancé sur la rampe à Matignon, comment envisage-t-il la présidentielle de 2012, la dernière marche qu'il lui reste à gravir ? Sa réponse sonne comme un cri du cœur.

– « *Non, je n'en n'ai pas envie.*

– *Pourquoi ?*

– *Ce que j'ai vu pendant la campagne présidentielle, c'est trop dur. C'est une implication tellement totale, dans tous les sens du terme, une implication 7 jours sur 7, 24 heures sur 24, vous ne pouvez rien faire à côté. Je n'ai jamais tout donné à la politique, jamais, et je pense qu'on ne peut pas être candidat à l'élection présidentielle sans tout donner, tout, et tout sacrifier. Et accepter de tout sacrifier le cas échéant, je crois que ce n'est pas possible. Et puis deuxièmement, je pense qu'on a un Président de la République excellent, et qui sera encore là en 2012, qui fera deux mandats.*

– *Et dans 10 ans ?*

– *Ce sera peut-être la gauche, je n'en sais rien, mais ça sera une autre génération, ce sera différent.*

– Mais vous n'aurez que 63 ans…

– S'agissant de la vie politique, c'est vrai que la seule fonction au-dessus de celle de Premier ministre, est celle de Président de la République. Mais tout ce que je souhaite, c'est sortir de Matignon avec un bilan.

– Et que ferez-vous après ? »

– Après je ne sais pas. Je n'ai pas envie de faire ce que font tous les hommes politiques, c'est-à-dire redescendre. Ça ne m'excite pas.

– Qu'est-ce qui vous tente alors ?

– Des fonctions internationales. Ou alors accomplir le rêve de tout homme politique qui ne le réalise jamais, aller faire vraiment autre chose, aller dans le privé. Du conseil à de très grands chefs d'entreprises du monde entier sur les relations internationales, comme Hubert Védrine, ça me tente. Ça me donnerait peut-être aussi le temps d'écrire. C'est ce qui, au fond, me plairait le plus : écrire et vivre de mes écrits.

– Dans quel état d'esprit êtes-vous là, maintenant ?

– Je ne me réveille pas tous les matins à Matignon en me disant : je vais agir comme ci ou comme ça parce que je pense à la case suivante. Non, franchement. Je compte simplement sur ma bonne étoile. »

Remerciements

Je tiens à remercier chaleureusement tous celles et ceux qui ont accepté de me recevoir. Parmi eux, François Fillon, son épouse Pénélope et ses parents Anne et Michel Fillon.
Merci aussi aux hommes politiques, ministres et parlementaires, qui m'ont accordé leur confiance et leurs témoignages. Je n'oublie pas ceux qui n'ont pas tenu à être cités mais dont les informations m'ont été précieuses.
Un grand merci à Yves Derai, mon éditeur, et à Jean-Claude Dassier, directeur général de LCI, qui m'ont permis, chacun à leur façon, de faire ce livre.
Enfin, une pensée pour Isabelle, Floriane, Emmanuelle et Sébastien pour leur professionnalisme et leur soutien.

Table des matières